Auf den Spuren der Großen Steine

Fernand Niel

Auf den Spuren der Großen Steine

Stonehenge, Carnac und die Megalithen

Pawlak

Diese Ausgabe basiert auf den beiden Werken von Fernand Niel
STONEHENGE (Le temple mystérieux de la préhistoire), 1974, und
CONNAISSANCE DES MÉGALITHES, 1976. Diese Originalausgaben
sind bei den Éditions Robert Laffont, Paris, erschienen.

Die Übersetzung aus dem Französischen besorgten Angela von Hagen
(II., III.), Christoph Burgauner (V., Zusammenfassung) und Frank
Weyrich (I., IV.)

Register: Irene Matthes

Lizenzausgabe 1989 für
Manfred Pawlak Verlagsgesellschaft mbH,
Herrsching
© 1974, 1976 Editions Robert Laffont, Paris
© 1977 Paul List Verlag KG, München
Alle Rechte vorbehalten
Printed in Yugoslavija
Umschlaggestaltung: Bine Cordes Weyarn
Umschlagfoto: Bavaria Bildagentur GmbH, Gauting
ISBN: 3-88199-644-3

INHALT

Noch nicht gefunden hat man jenen Stein der Weisen, der uns die Erklärung der megalithischen Denkmäler ermöglichen könnte.

JAMES FERGUSSON

Selten sind die archäologischen Hypothesen, die zur Gewißheit werden konnten; im Überfluß gibt es hingegen jene, die, zu Dogmen erhoben, ernsthafte Hindernisse für den Fortschritt darstellen.

COMMANDANT DEVOIR

VORWORT DES HERAUSGEBERS

Die Welt birgt große und kleine Rätsel, sichtbare und unsichtbare, verborgene und provokante – sofern wir nur offenen Auges in ihr reisen. Man kann mit dem Mikroskop auf Rätselsuche und auf die Lösung ausgehen, man kann mit dem Hubschrauber über so ausgedehnte Ruinenfelder wie das von Zimbabwe oder des alten Chorasmien fliegen und man wird unsere alte und so vielfach umgepflügte Erde immer wieder unergründlich finden und auch dort noch rätselhaft, wo alle Fragen längst beantwortet zu sein scheinen.

Nichts aber fordert uns selbst in dem uns so vertrauten europäischen Kontinent so standhaft heraus wie jene Großen Steine, denen wir neben Autostraßen und Küstenhotels, an Badestränden und am Rand von Campingplätzen begegnen. Längst haben wir gelernt, mit ihnen zu leben. An der Loire gibt es ein Weinlokal, das man mit einem der schönsten uralten Stein-Gänge unter Dolmen kombiniert hat, und in Carnac fährt man mit dem Auto zwischen den Steinsetzungen so selbstverständlich hin, als handle es sich um Hopfengärten. Diese Menhire und Dolmen, diese aufragenden Steinzähne und behäbig vor uns daliegenden Steintische wurden keineswegs für die Touristen, für die Fremden hingesetzt, sondern beschäftigen die Gemüter der Ansässigen und der frühen Reisenden seit vielen Jahrhunderten, zwingen sie, mit dem Rätsel zu leben, zwingen sie zu der täglichen Frage nach Herkunft und Sinn dieser Denkmäler.

Verlassen wir Europa, so stoßen wir im nördlichen Südamerika, aber auch im Innern verschiedener pazifischer Inseln auf ganz ähnliche Male, so daß wir uns auf eine bestürzende und erregende Weise mit einem steingewordenen Wunsch, sich auszudrücken, konfrontiert sehen, auf Bergen und an Küsten, an Flußufern und auf Inseln.

Was den Laien daran nur verblüfft und allenfalls neugierig macht, hat die Wissenschaft immer wieder beschäftigt, und als sich herausstellte, daß dieses weltweite Rätsel höchstens da und dort Teil-Erklärungen fand und finden konnte, trat die Pseudowissenschaft auf den Plan und bemächtigte sich dieses eindrucksvollen Themas mit ebenso phantastischen wie suggestiven Erklärungen. Denn wenn es auf der ganzen Welt sehr alte Denkmäler gibt, die einander gleichen, ist der Gedanke eines weltweit reisenden Megalithvolkes naheliegend. Damit stehen wir aber vor dem faszinierenden Schluß auf früheste Seefahrt, auf vorgeschichtliche Welt-Entdeckung und einen Magellan, der seine mit Menhiren beladene Nußschale durch die Ozeane steuerte, noch ehe Rom gegründet, noch ehe Troja erobert war . . .

Für die technisch interessierten Betrachter ergaben sich Fragen aus dem Gewicht vor allem der Steinplatten, die auf den senkrechten Wänden ruhten. Hier mußten unbekannte Architekten den Flaschenzug gekannt haben, hier mußte es Taue, Walzen, schiefe Ebenen und anderes gegeben haben, was sich nach unserem Schulwissen bedächtig-folgerichtig im alten Orient als Mosaik unseres logischen Denkens zusammengefunden hatte. Woher also sprang diese Intuition, diese mathematisch-physikalische Kenntnis unter ein unbekanntes Volk am bretonischen Strand oder auf einem Bergrücken von Fatu-Hiva, auf den Hebriden?

Das sind Fragen und Überlegungen, die uns in bedenkliche Nähe jener phantastischen Theorien bringen, die inzwischen weltbekannt geworden sind und sich ungeachtet aller Widerlegungen in der Gunst des Leserpublikums gehalten haben, Theorien, die von astralen Invasionen wissen wollen, von geheimnisvollen Kulturbringern aus dem All, die landen, flüchtige Kontakte mit Erdbewohnern aufnehmen und es sogar fertig bringen, von der prähistorischen Erde auch wieder zu starten.

Nun, wer immer sich mit den Großen Steinen beschäftigt, mit den Megalith-Bauten und Steinsetzungen in Europa und anderswo, braucht an vorgeschichtliche Astronauten nicht zu denken, denn unser Thema hat des Phantastischen und Faszinierenden, auch ohne absurde Annahmen, noch immer genug zu bieten. Die Megalithen sind, eben weil sie aus verschiedenen Epochen stammen und sich in verschiedenen Ländern fanden und erhalten haben, der Fachwissenschaft stets unbequem gewesen – sie respektierten nämlich weder die historischen noch die geographischen Grenzen. Um so dankbarer muß man darum Männern wie Fernand Niel sein, die ein Leben daransetzen, Jahrzehnte des Fleißes und der nimmermüden Vertiefung, um sich mit einem Rätsel herumzuschlagen, dessen Lösung schon ganze Generationen vergeblich versucht hatten.

Unter der kundigen Führung dieses findigen und begabten Liebhabers lüftet sich für uns mancher Schleier, und je mehr wir zu erkennen meinen, je tiefer wir in die rätselhafte Welt der Großen Steine vordringen, desto faszinierender wird die Fülle der Bezüge und Zusammenhänge, desto reizvoller erscheint das ganze Problem. Die Großen Steine wandern nicht, sie stehen vor uns, stumm, grau, unerbittlich, und doch vermögen wir ihnen nachzugehen, können wir einem Weg folgen, den sie uns vorgezeichnet haben; es ist ein Weg zum Horizont unseres Wissens. Ist er somit auch unendlich weit, so hat er doch einen Ausgangspunkt, den wir kennen und der uns eine Richtung weist – nämlich das Steinrund von Stonehenge mit seinen deutlichen kosmischen Bezügen. Es verdiente zweifellos jenes eingehende Studium, das Fernand Niel ihm widmete, denn von allen Theorien, die über die Großen Steine umgehen, ist doch zweifellos keine schöner und erhebender als der Gedanke, daß ein Volk der Seefahrer und Steinsetzer die Küsten unseres kleinen Erdteils abgefahren sei, um eine Religion zu verbreiten, um missionarisch für eine Himmelskunde zu wirken, in der die Gestirne noch Götter sind. Insofern hätten die Steine allerdings keine Spur gezeichnet, sondern sich selbst uns als die Spur präsentiert, sich uns überliefert als Zeugnis von uralter Frömmigkeit und Himmelssehnsucht.

München, im August 1977   Hermann Schreiber

I.
Die megalithischen Denkmäler

BEGRIFFSBESTIMMUNG

Der Ausdruck »megalithische Monumente« oder einfacher »Megalithen« (aus griechisch μέγα = groß und λίθος = Stein) bezeichnet ein Ensemble aus rohen, manchmal grob bearbeiteten Steinen, das vor vier- oder fünftausend Jahren errichtet wurde. Möglicherweise sind sie auch älter. Diese Denkmäler findet man in den verschiedensten Gegenden der Alten Welt; sie sind in großer Zahl vorhanden, und obwohl sie sich stark unterscheiden, lassen sie sich in zwei Grundtypen zusammenfassen: Menhire und Dolmen. Die Menhire gehören der einfacheren Gruppe an, da es sich bei ihnen um Steine handelt, die in die Erde gesteckt sind. Die Dolmen dagegen sind etwas komplizierter im Aufbau; hier wurden Steine mit der Schmalseite auf den Boden gesetzt, es entstand so ein Zwischenraum, der durch eine Steinplatte überdeckt ist. Wir werden dies später genauer erklären. Da man bei diesen Monumenten häufig Blöcke bis zu sechzig Tonnen findet, ist der Begriff »megalithisch« sehr zutreffend und glücklich gewählt.

Er wurde in die Fachterminologie der Archäologen schon anläßlich des internationalen Kongresses für Anthropologie und Archäologie aufgenommen, der 1867 in Paris stattfand. Schon vorher bediente man sich bei der »Société Polymathique« in Morbihan dieses Begriffes. Ein Archäologe aus Vannes, René Galles, hatte ihn vorgeschlagen, um die Bezeichnung »keltische Monumente« zu ersetzen, die bislang gebraucht wurde.

Der Ausdruck »megalithisch« umfaßt sowohl die Dolmen als auch die Menhire.

Die beiden letztgenannten Bezeichnungen gaben Anlaß zu Kritik, die aber nach unserer Ansicht wenig gerechtfertigt ist. Im Handbuch von Déchelette findet man folgende Passage: »Die Keltomanen des 18. Jahrhunderts bezeichneten die megalithischen Monumente mit Namen, die aus dem Niederbretonischen stammen. Sie wußten nicht, daß deren Erbauer zweifelsfrei nicht keltisch gesprochen haben und daß das moderne Bretonisch sich vom Keltischen ebenso unterscheidet wie Französisch und Latein.«

Trotzdem blieben diese Bezeichnungen in Frankreich üblich und wurden in das wissenschaftliche Sprachgut übernommen. Zum erstenmal geschah dies durch Legrand d'Aussy 1799. In seiner Rede vor dem Institut de France über die nationalen Grabdenkmäler trug er vor: »Man hat mir mitgeteilt, daß die rohen Blöcke in der Niederbretagne ›Ar-Men-Hir‹ (= langer Stein) genannt werden. Ich übernehme sehr gern diesen Ausdruck, da er lange Umschreibungen erspart und eine klare Vorstellung gibt; darüber hinaus ist die Aussprache des Wortes nicht zu unangenehm . . . Der Bürger Coret (La Tour d'Auvergne) spricht in seinem Buch *Origines Gauloises* über einen der Steintische in Locmariaquer, die in der Niederbretagne ›Dolmin‹ genannt werden. Ich übernehme diesen Begriff, da er zur klaren Definition der Steinplatten notwendig ist, über die ich spreche.«

Déchelette fügt hinzu: »Der Gebrauch der beiden Begriffe Dolmen und Menhir wurde alsbald üblich durch die Schriften der Académie Celtique und die Lehren der Keltomanen, von denen sich die Mitglieder der Akademie inspirieren ließen.« Wir haben nicht die geringste Absicht, die vergessene Keltomanie wieder aufleben zu lassen, aber wir sind ebenfalls für den Gebrauch der Begriffe Dolmen und Menhir, ebenso wie Legrand d'Aussy. Wenn sich auch die Keltomanen irrten, als sie die megalithischen Monumente den Kelten zuschrieben, so gibt es doch keinen Grund anzunehmen, sie hätten sich auch bei der Übernahme der niederbretonischen Bezeichnung geirrt. Im Gegenteil, diese Ausdrücke sind besonders gut gewählt; sie stammen aus der Bretagne, dem klassischen Land der Megalithen, wo man zahlreiche der schönsten Megalithen der Welt findet. Es ist doch das Natürlichste, von einem Dolmen als Steintisch und einem Menhir als einem langen Stein zu sprechen.

Nach unserem Wissen wurde offiziell keine andere Bezeichnung als Ersatz vorgeschlagen. Es gab sicherlich Tendenzen,

Begriffe wie »Megalithgrab« für Dolmen einzuführen, aber es scheint, daß Dolmen sich durchgesetzt hat.

Auch wird letztere Bezeichnung im Ausland verwendet, und es ist bemerkenswert, daß man weder in Frankreich noch in anderen Teilen der Alten Welt einen ursprünglichen oder allgemeinen Ausdruck kennt, der aus der Zeit der Errichtung dieser Monumente herstammen könnte.

Immer handelt es sich um relativ neue Bezeichnungen, und bis zum Aufkommen der Ausdrücke Dolmen und Menhir gab es offenbar keine allgemeinen Begriffe; der ursprüngliche ist, vorausgesetzt, es hat jemals einer existiert, verlorengegangen.

Das ist nicht ungewöhnlich, aber es ist doch bemerkenswert, daß es auf alle Gebiete mit Megalithen zutrifft.

Die Kelten kannten die Menhire und Dolmen; sie hatten sie vielleicht sogar übernommen und benützt, aber sie haben uns dennoch keine Bezeichnung überliefert. Ebenso erstaunlich ist die Tatsache, daß weder die Römer, zu deren Zeit diese Monumente noch zahlreicher und besser erhalten waren als heute, und die Araber in Palästina, Nordafrika und Spanien keine Bezeichnung gefunden haben. Man hat sich wohl immer auf lokale Bezeichnungen beschränkt, die auf Beschreibungen, Überlieferungen oder Sagen zurückgingen. Es hat auch den Anschein, daß die Megalithen, soweit man auch immer in die Vergangenheit zurückgeht, ein Rätsel darstellten. Die einzige Ausnahme finden wir bei den Hebräern, die mit dem Begriff »beth-el« bestimmte Steine bezeichneten, die aus religiösen Gründen aufgestellt waren.

Wir sollten also mit den Bezeichnungen Dolmen und Menhir zufrieden sein.

Die megalithischen Monumente bestehen nicht nur aus einfachen Steintischen oder einzelnen aufrecht stehenden Steinblöcken. Häufig bestehen die Stützen der Dolmen aus zwei mehr oder weniger langen Reihen, so daß eine Steinplatte nicht ausreicht. Es mußten dann mehrere Platten benutzt werden; diese Monumente nennt man »Allée Couverte« oder »Galeriegrab«.

Diese Bezeichnung wurde wahrscheinlich um 1860 von dem französischen Archäologen Arcisse de Caumont eingeführt. Aber die Unterscheidung zwischen Dolmen und Galeriegrab ist häufig fließend.

Die Menhire können so plaziert sein, daß sie bestimmte Figuren bilden. Stehen sie in einer Reihe, so haben wir ein »Alignment« oder eine »Steinreihe«; stehen sie im Kreis, einer Ellipse, einem Viereck oder einer anderen Figur, so haben wir einen »Kromlech«. In England wird das Wort Dolmen fast nicht benutzt; man verwendet die Bezeichnung »Chamber Tomb« oder »Burial Chamber« (Kammergrab). Seit 1603 kennt man aber das Wort Kromlech für Dolmen, zweihundert Jahre, bevor sich dieser Begriff in Europa ausbreitete.

Darum bedienen die Engländer sich des Ausdrucks »Stone Circle«, um einen Kreis von aufrecht stehenden Steinen zu bezeichnen. Andere ausländische Archäologen haben dieses Verfahren übernommen; trotz der zweifelhaften Etymologie werden wir in diesem Buch alle Ensembles von Menhiren mit Kromlech bezeichnen, die in einer mehr oder minder geometrischen Figur im Gelände aufgestellt sind.

SAGEN

Die Feen

Die megalithischen Monumente haben die Phantasie der Menschen stets aufs lebhafteste beschäftigt. Selbst der Laie bemerkt beim Anblick eines Dolmens sofort, daß ein solches Ensemble nicht von der Natur geschaffen sein kann. Ihm wird auch rasch klar, daß enorme Anstrengungen notwendig waren, um Menhire senkrecht aufzustellen oder die Steinplatte eines Dolmens auf die Säulen zu legen. Ein Bauer, dessen Hütte in der Nähe eines großen Dolmens lag, sah sich außerstande, solche gewaltigen Blöcke zu bewegen, auch wenn ihm die Hilfe aller Männer der Dörfer, die seine Welt bildeten, sicher gewesen wäre. Folglich war es ganz selbstverständlich, wenn er diese Monumente dem Werk übernatürlicher Wesen zuschrieb.

Auch ferne Sagen und Überlieferungen von geheimnisvollen Wesen, die die Wälder, Ebenen und Hügel bevölkerten, unterstützten diesen Glauben; es gab unsichtbare Riesen, Zwerge und Feen, die über das Schicksal der Menschen entschieden und bei diesen Monumenten ihr Wesen trieben.

Dieser Glaube muß fest verwurzelt gewesen sein, da das Christentum ihn nicht völlig ausrotten konnte. Bemerkenswert ist die Tatsache, daß in den Gegenden, die in Frankreich sehr dicht mit Megalithen besetzt sind, einerseits das Christentum am meisten verbreitet ist, andererseits aber der alte Glaube an die Überlieferung noch am besten erhalten ist.

Vor der Christianisierung wurden also die Dolmen und Menhire mehr oder weniger direkt mit diesen geheimnisvollen Wesen in Verbindung gebracht. Unter ihnen standen zweifellos die Feen an erster Stelle.

Wer waren diese Wesen? Das Wort kommt vom lateinischen »fata«, was Schicksalsgöttin bedeutet, aber wahrscheinlich wurden die Feen von den Kelten eingeführt. Man kennt sie auch unter anderen Namen wie Parzen, Elfen, Nornen oder

Trolle in den meisten Sagen. Die Feen besaßen die Macht, den Menschen bei der Geburt zu beschenken, oder sie beeinflußten dessen Leben in guter oder böser Weise. Möglicherweise geht auch die Vorstellung vom Schutzengel auf sie zurück. Die berühmtesten von ihnen sind Melusine, Urgèle, Viviane und Morgane. Wenn man Perrault liest, sieht man, wie weit ihr Einfluß gereicht hat. Es ist also keineswegs überraschend, wenn man die Feen mit den Dolmen und Menhiren in Verbindung gebracht hat. Für sie genügte ein Zauberstab, um die tonnenschweren Blöcke zu heben und zu transportieren. Die Zahl der Megalithen, die mit Feen in Verbindung gebracht wurden, muß beträchtlich gewesen sein.

Noch vor etwa hundert Jahren war das Wort »Feengrotte« eine häufige Bezeichnung für Dolmen. So führt ein altes Verzeichnis der französischen Gemeinden von 1864 unter zahlreichen Auskünften auf, daß bei Surzur (Morbihan) keltische Menhire und zwei verfallene Feensteine zu finden seien. Diese Bezeichnung kommt neben den volkstümlichen Varianten Fados, Fades, Fadas, Fadettes, Mascos, Fadarelles, Donas, Encantadas (in Katalonien) sehr häufig vor.

Hier eine Liste von zufällig herausgegriffenen Namen:

La maison des Fées (Feenhaus): zahlreiche Dolmen in den Departements Maine-et-Loire, Hérault und Indre-et-Loire. In der Auvergne und der Languedoc heißen sie »oustal« oder »houstaou de las fados«, was ebenfalls Feenhaus bedeutet.

La Roche aux Fées (Feenstein): Menhire in den Departements Orne, Aisne, Indre, Saône-et-Loire, Creuse und der große Menhir in Locmariaquer (Morbihan).

Weitere Namen sind:

Feenhütte, Feengrab, Feengrotte, Feentisch, Feenkammer, Feenspindel usw.

Die Feen geben den megalithischen Monumenten nicht nur den Namen. So wurde das Galeriegrab von Essé (Ille-et-Vilaine) von Feen erbaut, welche auf dem Kopf und in der Schürze die Steine herbeischafften und dabei gleichzeitig spannen. Ebenso wurden die Steine des Dolmens von

Saint-Aigny (Indre) und die Menhire der Säulenreihe von Pleslin (Côtes-du-Nord) transportiert. Auch der Menhir von Guernsey und der von Urou (Orne) waren das Werk der Feen. Der Dolmen von Genillé (Indre-et-Loire) diente ihnen als Aufenthaltsort, und sie kamen jeden Abend dorthin. Um den Dolmen von Sainte-Cécile-du-Cayrou (Tarn) wurde nachts getanzt, ebenso auf der Platte des Dolmens von Saint-Gelven (Finistère), um die Menhire von Brennilis (Finistère), Château-Lavalière (Indre-et-Loire) und um den Menhir des Berges von Bourg d'Oueil (Haute-Garonne), der seltsamerweise »Peyra de Peyrahita« oder Stein von Pierrefitte genannt wird.

Der Dolmen von La Jarne (Charente-Maritime) wurde von der Fee Melusine errichtet. Bei Ceyrac (Aveyron) befindet sich ein Dolmen, der »Cabano de los mascos« genannt wird oder Feenhütte, weil sie die Steine auf der Spitze ihrer Spindel herbeigeschafft hatten und des Nachts phantastische Tänze um das Monument aufführten.

Die Feen ließen auch den Menhir von Monsireigne (Vendée) tanzen und brachten ihn in der Weihnachtsnacht geräuschlos in den benachbarten Fluß, um ihn zu waschen.

Dank der Macht der Feen können sich die beiden Menhire Jean und Jeanne de Runello auf Belle-Isle von Zeit zu Zeit einander nähern; sie waren früher ein Liebespaar, welches auf Veranlassung der Druiden von Hexen in Steine verwandelt wurde. Niemand darf das Zusammenkommen der beiden Steine beobachten, da er sonst von ihnen zerdrückt würde. In Viala-du-Pas-de-Jaux (Aveyron), nahe dem Dolmen der »Fadarelles«, bemächtigte man sich einer Fee, als sie gerade ihre roten Strümpfe anzog; man sperrte sie in ein Haus, das noch 1880 gezeigt wurde, die Fee selbst konnte allerdings entkommen.

Viele Sagen über Feen wurden unter dem Einfluß der Kirche umgewandelt. Hunderte wurden auf die Hl. Jungfrau übertragen. So hat zum Beispiel die hl. Maria die Steine des Dolmens von Pérignagols (Aveyron) getragen, einen auf dem Kopf und die beiden anderen unter den Armen; auch hier hat die Hl. Jungfrau gleichzeitig gesponnen. Das gleiche gilt für den Dolmen von Labastide-Rouairoux (Tarn). Bemerkenswert ist, daß die Sagen offenbar zeigen, daß die Dolmen immer aus drei Elementen zusammengesetzt waren: eine Platte und zwei Stützen. Die volkstümliche Anschauung gibt oft interessante Aufschlüsse.

Vielleicht sind auch die Monumente den Feen zuzusprechen, die an nicht genau zu bestimmende weibliche Personen erinnern. Wir nennen die »Chaise à la Dame«, ein Menhir in Saint-Pierre-du-Champ (Haute-Loire), die »Pierre de la femme« von Saint-Georges-sur-Moulon (Cher), die »Pierre-Femme« von Champagnac (Creuse). Der Dolmen von Lande-Saint-Siméon (Orne) heißt »Pierre à la demoiselle« und ist Aufenthalt eines geheimnisvollen Wesens.

Aberglaube und Brauchtum

Man wird leicht begreifen, daß die Denkmäler der Megalithzeit häufig mystischen Wesen zugeschrieben wurden, die mit übernatürlichen Kräften ausgestattet waren. Dazu gehören auch die Zwerge, die in der skandinavischen Mythologie eine wichtige Rolle spielen. In Frankreich werden sie vor allem in der Bretagne mit Dolmen in Verbindung gebracht. Wir weisen besonders auf die »Maison des Korrigans« (Dolmen von Pont-Croix, Finistère; von Guidel und Plumélec, Morbihan), den »Zwergenberg« (Dolmen von Plouharnel, Morbihan) und die »Maison des Follets« (Dolmen von Saint-Gravé, Morbihan) u. a. hin.

Die »Gorrikets«, eine Art Zwerge, hüten die Schweine, welche um die Dolmen von Trébeurden (Côtes-du-Nord) geistern. Der Kromlech von Guern (Morbihan) ist von den »Korrigans« verzaubert, die ihre Mahlzeiten in den Löchern der Menhire zubereiten. Zwerge bewohnen auch das Galeriegrab von Poullan-sur-Mer (Finistère) und spielen mit den dazugehörigen Steinen. Auch im Dolmen von Brennilis findet man sie, und noch kurz nach der Französischen Revolution glaubte man, »Krions«, Zwerge von zwei bis drei Fuß Größe, aber wesentlich stärker als Riesen, hätten die Steinreihe von Carnac errichtet.

Auch in Deutschland bewohnten Zwerge bestimmte Dolmen; diese Sagen hängen zweifellos mit der geringen Höhe der Dolmen zusammen. Diese Zwerge wohnten in den Bauten von Riesen, ihren Nachbarn, die ihnen aus Mitleid mit ihrer Schwäche feste Unterkünfte errichtet haben; ein Loch in einer der Steinplatten stellte den Eingang zur Behausung dar. Nach der gleichen Sage waren die Riesen mit enormen Kräften ausgestattet; sie konnten die einzelnen Steine, aus denen die Bauwerke bestanden, auf der Schulter tragen. In Indien werden gewisse Dolmen als »Haus der Pandous« angesehen, Heroen des Mahabharata.

Man erzählte auch, daß die Menschen vor der Sintflut nicht gestorben seien, sondern im Alter einschrumpften und dann weder Essen noch Getränke zu sich nahmen. In diesem seltsamen Zustand wurden sie unter den Dolmen eingegraben, zusammen mit ihren Waffen und Gebrauchsgegenständen. In anderen Gegenden Indiens wird die Errichtung der Dolmen den »Pandyars« zugeschrieben, einer ausgestorbenen Menschenrasse. Sie waren kaum eine Elle groß, konnten aber nach Belieben gigantische Ausmaße annehmen. In diesem Zustand konnten sie eine Palme entwurzeln, um sich einen Zahnstocher zu schnitzen; um in ihre Behausung zurückzukehren, mußten sie aber wieder ihre Zwergengestalt annehmen.

In Nordafrika wurden die Dolmen »Kobeur el-Djouala« (Grab der Djouala) genannt, heidnische Wilde, die das Land vor der Islamisierung bewohnten. In Irland nannte man zahlreiche Dolmen »Bett von Diarmid und Gaine«. Diarmid hatte Gaine, die Tochter eines irischen Königs, der im 3. Jahrhundert herrschte, geraubt. Von Finn, dem Rivalen Diarmids verfolgt, baute das Paar jede Nacht einen Dolmen, um sich darin zu verstecken.

Weit verbreitet ist die seltsame Ansicht, daß die Dolmen und Menhire sich bewegen können. Dies geschieht an bestimmten Tagen und Stunden; die Steine drehen sich dann entweder um sich selbst oder entfernen sich mehr oder weniger weit von ihrem Standort, um dann wieder zurückzukehren.

Daher stammen zweifellos solche Bezeichnungen wie »Pierre qui vire« oder »Pierre qui tourne« (Drehstein) für den Dolmen von la Rochepot (Côte-d'Or), den Menhir von Poligny im Jura, den Dolmen von Champigny (Haute-Saône), die Menhire von Trosly-Breuil (Oise) und Sautin bei Chimay (Belgien) oder »Pierre qui danse« (Tanzstein) für den Dolmen von Sers (Charente) und den Menhir von Naillac (Creuse) usw.

Im Departement Haute-Saône gibt es zwei Menhire mit Namen »Pierre qui vire« und einen anderen, der »Pierre qui tourne« genannt wird.

Man kennt auch die Bezeichnung »Pierre qui fuit« (Fliehender Stein), ein Menhir bei Paley (Seine-et-Oise), und man muß mit der Sage der beweglichen Steine auch die sehr zahlreichen »Pierres folles« (Verrückte Steine) verbinden, wie den Menhir von Monsireigne (Vendée), den Dolmen von Montguyon (Charente), das Galeriegrab von Bournand (Vienne) usw. Auf einer Karte des 15. Jahrhunderts wird der Dolmen von Glenne (Saône-et-Loire) als »Pierre fol« bezeichnet. Bei Thenac (Charente-Maritime) gibt es einen »Pierre qui saute« (Springstein), und der Menhir von Sailly (Saône-et-Loire), »Pierre folle« genannt, pendelte früher hin und her; heute ist er allerdings unbeweglich.

Im allgemeinen bewegt sich der Stein an einem bestimmten Tag des Jahres einmal um sich selbst. So tut es in der Weihnachtsnacht der Menhir von Gouvix (Calvados), »Pierre tourneresse« genannt, und der von Poligny im Jura.

Der Menhir von Cangy (Indre-et-Loire) dreht sich am Mittag oder in der Nacht des Weihnachtstages; der Dolmen von Villedomer (Indre-et-Loire) tut dies ebenfalls alle hundert Jahre. Der Menhir von Montmerei (Orne) richtet sich jedes Jahr am Johannistag vor Sonnenaufgang empor, um dann wieder auf seinen Platz zurückzufallen, der von Naillac, einer sehr hoch gelegenen Ortschaft, tanzt, wenn die Glocken läuten und erzittert beim Grollen des Donners. Immer um Mitternacht erhebt sich die »Pierre cornue«, ein Menhir bei Condé-sur-Ifs (Calvados), geht den Hügel hinab und erfrischt sich im Flüßchen Laizon. So taten es auch die Menhire von Plouhinec (Morbihan), die in dem Flüßchen Etel an jedem ersten Tag des Jahres ihren Durst löschten. Die Steine von Carnac gehen heute noch in der Weihnachtsnacht ins Meer, um zu baden. Der Menhir von Quintin (Côtes-du-Nord) tanzt, wenn es Mitternacht läutet, und der von Culey-le-Patry (Calvados) dreht sich während der Nacht mehrmals um sich selbst, um beim ersten Hahnenschrei wieder stillzustehen. Der große Menhir von Dol (Ille-et-Vilaine) rammt sich alle tausend Jahre um Daumesbreite tiefer in die Erde; wenn er verschwunden sein wird, schlägt die Stunde des Jüngsten Tages.

Schließlich weisen wir noch auf den Dolmen von Geay (Charente-Maritime) hin: Er wird »Pierre de Saint-Louis« genannt, weil sich der König hier am Abend vor der Schlacht von Taillebourg ausruhte; gleichzeitig heißt er aber auch »Pierre qui vire«, und dies zeigt einmal mehr das frühere Vorhandensein von Sagen, bevor die heutigen Bezeichnungen aufkamen.

Man weiß wirklich nicht, wie man für diese Sagen eine triftige Erklärung finden kann. Und doch haben sie einen Ursprung und sind zu weit verbreitet, um der Phantasie eines einzigen Gehirns entsprungen zu sein.

Vielleicht sind sie eine Erinnerung an die Zeit der Errichtung dieser Monumente, da die Steine sich zweifellos mindestens einmal bewegt haben müssen. Dies unterscheidet sie von allen anderen unbearbeiteten Blöcken, die man findet. Man mußte sie zu ihrem Standort transportieren, sie vielleicht drehen, und sie »tanzten«, je nach Beschaffenheit des Geländes, auf den Holzrollen, auf denen sie befördert wurden. Auch eine andere Vermutung wäre zu beachten: Man kann die Bewegung von bestimmten Megalithen als Tatsache annehmen. Wir sagen bewußt »Bewegung« und nicht »Entfernung vom Standort«. Es ist tatsächlich möglich, daß die

Steinplatten der Dolmen beweglich waren, und es ist nicht ungewöhnlich, daß dies heute nicht mehr der Fall ist. Bis heute hat man diese Vermutung vernachlässigt. Jedenfalls würde sie zum Teil die seltsamen Sagen erklären, zumindest was die Dolmen angeht, denn die Beweglichkeit der Menhire ist nicht erklärbar.

Wie dem auch sei, diese Sagen stehen sicher in Zusammenhang mit Sonnenkulten, da sie sich bevorzugt zur Wintersonnenwende in Bewegung setzen; wohl hat niemand je diese Bewegung gesehen, aber dafür kommen zwei Gründe in Betracht: Einmal spielt sich die Bewegung so schnell ab, daß das menschliche Auge sie nicht bemerken kann, und zum andern kann der Aufenthalt bei den sich drehenden Steinen lebensgefährlich sein.

Auch der Glaube an Schätze, die sich bei den Monumenten oder in ihrem Innern befinden, ist weit verbreitet. So soll ein goldenes Kalb unter dem Menhir von Chaudes-Aigues (Cantal) verborgen sein, eine Sage, die auch den anderen Menhiren dieses Departementes gemeinsam ist.

Zu Beginn des 19. Jahrhunderts grub ein Soldat nach Schätzen und wurde durch den umfallenden Stein erdrückt. In den Dolmen von Berry befinden sich Schätze, die von Feen bewacht werden. Natürlich hat dieser Glaube zur Zerstörung zahlreicher Dolmen geführt.

Es gäbe noch viele Sagen zu erwähnen, wie etwa die über den Dolmen von Trie-Château (Oise), von dem die Einheimischen glaubten, er sei wie eine Pflanze aus der Erde gewachsen. Im Galeriegrab von La Sauvagère ruhen phantastische Hasen, und wenn der Kuckuck zum ersten Mal im Jahr ruft, dreht sich der Menhir von Passais (Orne) dreimal um sich selbst; wer dann so klug ist, seinen Geldbeutel zu berühren, wird eine gute Ernte einbringen. Die »Pierre du Diable« bei Orgères (Ille-et-Vilaine) wurde von der Druidin Irmanda gegen den hl. Martin geschleudert, der das Land christianisieren wollte; die Handabdrücke der Druidin sind noch auf dem Stein zu sehen. Chrétien de Troyes erzählt in seinem Roman *Le Chevalier au Lion* von einem Stein im Wald von Brézilian (Brocéliande) in der Bretagne, der Unwetter entfesseln konnte, wenn man ihn mit Wasser begoß. Zu der »Pierre de Gargantua«, einem Menhir bei Doingt (Somme), kamen die Hexen und Feen zum Rundtanz. Zahllose Sagen dieser Art könnte man noch anführen.

Auch außerhalb dieser Sagen waren die megalithischen Denkmäler Gegenstand bestimmten Brauchtums. Es war zum Beispiel eine weitverbreitete Sitte, bei diesen Steinen Gericht zu halten. So werden mehrere Dolmen in den Departements Oise, Seine-et-Oise und Eure-et-Loir »Pierre de la justice« (Stein der Gerechtigkeit) genannt.

Nach einer Urkunde von 1530 hielt man nahe beim Menhir von Mesvres (Saône-et-Loire) Gericht; das gleiche geschah in Fère-en-Tardenois, Chauvigny und Vauxrézis. Der bekannte Menhir von Plœven (Finistère) diente als Pranger bis zum 18. Jahrhundert. Die Verurteilten wurden mit Stricken festgebunden, die durch zwei noch heute sichtbare horizontale Kerben gezogen wurden. Im 14. Jahrhundert hielten Herren bei einem Dolmen Gericht, der in der Umgebung von Auxerre lag; ihre Vasallen leisteten hier auch den Lehnseid. In Skandinavien erfolgte die Herrscherproklamation auf gewaltigen Steinen, die von einem weiteren Stein gekrönt waren; bei der Anlage, die angeblich von Giganten errichtet war, handelte es sich offensichtlich um einen Dolmen.

Im Brauchtum zeigt sich das besondere Interesse, das die ältesten Völker den megalithischen Denkmälern entgegenbrachten. Neben vielen anderen war noch vor hundert Jahren der Dolmen von Saint-Michel-de-Vax (Tarn) Gegenstand der Verehrung durch Einheimische. Zum Dolmen von Besné (Loire-Atlantique) fanden Wallfahrten statt, und zu Johanni tanzte man um den Dolmen von la Roque Balan (Guernsey):

> J'irons tous à la Saint-Jean
> Dansaïr à la Roque Balan.
>
> (Laßt uns alle am Fest Johanni
> tanzen um die Roque Balan)

Man tanzte auch, wohl in Erinnerung an alte heidnische Tänze, um bestimmte Menhire in Irland. In der Spitze des Menhirs von Breches (Indre-et-Loire) befand sich eine Aushöhlung, in welcher man zuweilen Geldstücke oder verschiedene Nahrungsmittel wie Brot, Käse oder Früchte fand. Die Gaben waren von Leuten dargebracht, die diesem Stein wunderbare Kräfte zuschrieben. Noch vor etwa hundert Jahren mußte der Menhir von Ploemeur zerstört werden, da Frauen und Mädchen ihn zu gewissen Praktiken benutzten. Der durchbohrte Menhir von Draché (Indre-et-Loire) hatte zahlreiche Eigenschaften. Das in ihm befindliche Loch diente den Händlern zur Geldübergabe. Die Bauern schrieben den durch dieses Loch gesprochenen Eiden einen besonderen Wert zu, und Verlobte ruhten nicht eher, bis sie ihr Gelöbnis durch den Stein ausgetauscht hatten. Das Gras, welches am Fuße des Steines wuchs, diente als vorzügliches Mittel gegen alles Unheil. Verwundete oder kranke Gliedmaßen versuchte man zu heilen, indem man sie in die Öffnung hielt. Auch der durchlöcherte Menhir von Stenness auf den Orkneys, genannt »Stein des Odin«, war sehr berühmt. Walter Scott erwähnt ihn in seinem Roman *Der Pirat*. Jeder Eid, der mit gefalteten Händen durch die Öffnung geleistet wurde, galt als feierlich und unwiderrufbar, selbst vor Gericht.

Der Menhir von Draché war nicht der einzige, dem man Heilkraft zuschrieb. Man kroch zum Beispiel unter den Dolmen von Ymare (Seine-Maritime), um Kreuzschmerzen zu lindern. Der Dolmen von Guimaec (Finistère) heilte Fieber, und kranke Kinder wurden auf den Dolmen von Pizou (Dordogne) gebracht. Unfruchtbare Frauen setzten sich unter den Dolmen von Cressac (Creuse) oder kauerten sich am Fuße des Menhirs von Decines-Charpieux, um Kinder zu bekommen.

Noch gegen Ende des 19. Jahrhunderts brachten die Bauern heimlich Tiere oder kranke Menschen zum Menhir von Nanteau (Seine-et-Marne). Der Gang zum Menhir wurde drei- oder siebenmal durchgeführt, unter Aufsagen von bestimmten Formeln. Diese Sprüche wurden von den Benutzern nicht mehr verstanden; sie sind uns leider nicht erhalten. Bis um 1800 versäumten Pilger es nicht, wenn sie den von der Kirche geweihten Weg zur Quelle und Kapelle von Besné (Loire-Atlantique) gingen, am »Pierre à Berthe« (Berthastein) genannten Dolmen vorbeizugehen. Dieses Monument hatte den Ruf, die Schmerzen derer zu heilen, die hierher kamen und sich die kranken Gliedmaßen rieben. In Trie-Château (Oise) befand sich ein Dolmen mit einem Loch, dessen Durchmesser etwa 35 Zentimeter betrug. Durch diese Öffnung wurden noch um 1800 Kinder gereicht, um ihre Krankheit zu heilen. Auch in Cornwall in England gab es ähnliche Dolmen mit gleichen Eigenschaften. Da der Menhir von Polaincourt (Haute-Saône) eine Aushöhlung von der ungefähren Form eines Auges besaß, hatte er die Kraft, Augenleiden zu heilen; durch ein Loch im Menhir von Jouaignes (Aisne) steckte man den Kopf, um sich vor Unheil zu bewahren. Bei den Steinreihen von Lestridiou (Finistère) befanden sich zwei wunderbare Quellen, deren Wasser sehr begehrt war zur Heilung von Hautkrankheiten.

Bei den Steinreihen und Quellen wurden sogar Prozessionen abgehalten. Nach dem Beispiel des Menhirs von Draché hielt man einen Menhir bei Gouesnon (Finistère) für heilkräftig, wenn man kranke oder verwundete Körperteile in ein dort befindliches Loch hielt. Um diesen Aberglauben zu beenden, ließ ein Pfarrer den Menhir entfernen, um ihn in der Kapelle aufzustellen, doch der Glaube hielt sich bis zum Beginn des 19. Jahrhunderts. Nach allem Dafürhalten sind Heilungen bei diesen Monumenten vorgekommen, da sich sonst diese Tradition nicht hätte halten können.

Zu allen Zeiten haben die Menschen an Wunderheilungen geglaubt. Ein seltsamer Brauch war verbunden mit dem großen Menhir von Kerloaz (Finistère). Neuvermählte begaben sich zum Fuß dieses riesigen Steines und rieben an einer bestimmten Stelle die Genitalien an dem Menhir, der Mann auf der einen, die Frau auf der anderen Seite. Nachdem dieser Ritus vollzogen war, gingen die Gatten glücklich nach Hause; der Mann war sicher, daß er männliche Nachkommen haben würde, die Frau erhoffte sich dagegen, während der Ehe die Macht über ihren Mann zu haben. Junge Burschen und Mädchen befragten den Menhir von Cast (Finistère), indem sie Steine nach seiner Spitze warfen. Blieb der Stein oben liegen, waren sie sicher, noch im gleichen Jahr zu heiraten, gelang dies nicht, so mußten sie noch warten. Ein Menhir, der »Pas de Sainte Geneviève« bei Boussy-Saint-Antoine (Seine-et-Oise), diente sogar als Wallfahrtsort. Er wurde zerstört und 1845 vergraben. Ein Dolmen auf der Halbinsel Quiberon hatte auf der Oberseite vier Aushöhlungen, in welche die Fischer oder ihre Frauen klopften, um günstigen Wind zu erhalten; man hielt diese Aushöhlungen für Symbole der vier Himmelsrichtungen. Für viele Menschen waren die Megalithen aber nicht nur Gegenstand des Aberglaubens, sondern auch der Furcht. In bestimmten Gegenden wagte niemand, eine Hacke in das Innere eines Dolmens zu tragen. Schäfer suchten nur bei heftigen Unwettern hier einen Unterschlupf. Niemals näherte man sich bei Nacht, und man vermied es sogar, sie anzuschauen. Noch 1886 konnte man lesen: »Mit Angst und Entsetzen wird man von den Leuten empfangen, wenn man um nähere Angaben oder um Auskunft über den Weg zu den Dolmen bittet. Man ist im voraus überzeugt, daß der Fremde die Schatten der Vergangenheit aufweckt, wenn er die Steine besucht, die sie selbst am Abend und in der Dämmerung gemieden haben.«

Ohne Zweifel ist auf diese Angst die Erhaltung zahlreicher Monumente zurückzuführen.

Viele Sagen über die Menhire und Dolmen, von denen wir nur einige Beispiele geben konnten, sind sicher für immer verloren, da unsere Zeit die Bräuche und Überlieferungen zerstört, weil man sie für kindisch oder einfältig hält, obwohl sie einen tiefen Sinn haben.

Zum Schluß möchten wir darauf hinweisen, daß die volkstümlichen Überlieferungen, die an den Grabcharakter der Dolmen erinnern, sehr selten sind. Schon zu Beginn des 20. Jahrhunderts wies Salomon Reinach darauf hin:

»Der Gedanke, daß die Dolmen Gräber darstellen, der sich

erst seit kurzer Zeit in der Wissenschaft durchgesetzt hat, scheint auf dem Lande sehr wenig verbreitet gewesen zu sein. Dort wo er anzutreffen ist, könnte man oft glauben, daß er entweder von den Gelehrten stammt oder nach dem Auffinden von Gebeinen angenommen wurde. Volkstümliche Bezeichnungen, die von diesem Einfluß zeugen, sind: Riesengräber, Heidengräber usw. Man fand diese Namen in den Pyrenäen, der Charente und der Lozère; aber es ist bemerkenswert, daß sich wenig Spuren einer solchen Ansicht in der Bretagne finden lassen. Sie scheint auch nie über die übrigen Sagen gesiegt zu haben, indem sie die Erinnerung daran auslöschte.«

Dies ist alles richtig, und die Frage wird noch lange diskutiert werden, denn Salomon Reinach vergaß eine Tatsache, oder wollte sie nicht berücksichtigen: Dolmen, die keine menschlichen Gebeine ·enthalten, sind vor allem in der Bretagne nicht selten. Wie konnte er also auf den Gedanken kommen, eine Anlage als Grab einzustufen, die keinerlei menschliche Überreste enthält? Und selbst wenn man sie gefunden hätte, der gesunde Menschenverstand hätte sich geweigert, hier eine Grabstätte zu sehen. Wie dem auch sei, nichts beweist, so weit man auch in die Vergangenheit zurückgeht oder die Überlieferungen des Volkes untersucht, die Hypothesen der Wissenschaftler. Die »Vox Populi« widersetzt sich immer dem »Magister Dixit«. Wer hat recht?

DIE DATIERUNG
DER MEGALITHISCHEN DENKMÄLER

Es ist nicht leicht, die Megalithen zu datieren. Strenggenommen wäre dies sogar unmöglich, wenn wir nicht einen Anhaltspunkt hätten, über den am Ende des Kapitels zu sprechen sein wird.

Bei der Datierung bedient man sich der ältesten Gegenstände, die während der Ausgrabungen gefunden wurden, aber nichts beweist, daß die Megalithen nicht noch älter sind als diese Funde. Auch kann mit dem Fortschritt der archäologischen Wissenschaft die Datierung der Funde sich ändern und damit natürlich auch die der megalithischen Denkmäler. Seit etwa 50 Jahren mußte man bereits die Datierung um 500 Jahre vorverlegen. Außerdem muß man berücksichtigen, daß sich die Errichtung der Denkmäler über längere Zeit hinzog, vor allem wenn man die Dolmen und Menhire in ihrer Gesamtheit betrachtet. Es ist wohl nicht wirklichkeitsfremd, wenn man behauptet, daß die Dolmen und Menhire über einen Zeitraum von fünf oder sechs Jahrhunderten aufgestellt wurden.

Waffen oder Werkzeuge aus Metall, Kupfer oder Bronze wurden im allgemeinen nicht in den tiefsten Schichten der Dolmen gefunden. Man fand hier nur Waffen und Werkzeuge aus Stein. Im Verhältnis zu den Geräten aus Stein waren die kleinen metallenen Gegenstände, wie Schmuckstücke, sehr selten.

Der Überfluß der Steingeräte und die Schmuckstücke aus Bronze und Kupfer lassen eine Datierung gegen Ende der Jungsteinzeit und zu Beginn der Eisenzeit mit großer Wahrscheinlichkeit zu. Es ist die Übergangsperiode, die man auch als Kupfer- oder Bronzezeit bezeichnet. Sie wird zwischen 2500 und 2000 vor Christus angesetzt, und diese Zeit wird heute allgemein als mittleres Alter der Megalithen angenommen. Eine exaktere Datierung ist fast unmöglich. Es muß auch gesagt werden, daß zwischen verschiedenen Gruppen Differenzen von mehreren Jahrhunderten bestehen können.

Die Grundidee, die zur Errichtung der megalithischen Monumente führte, bestand nicht nur in verschiedenen Räumen, sondern auch zu verschiedenen Zeiten. Die Dolmen der Bretagne oder des Tals der Loire können somit aus einer anderen Zeit stammen als die der Ardèche oder des Aveyron. Noch größer wird der Zeitunterschied zu den Dolmen von Dänemark oder Andalusien sein. Das Problem ist noch längst nicht zur allgemeinen Zufriedenheit gelöst, denn letzten Endes hängt die Lösung von der Interpretation der bei den Ausgrabungen gemachten Funde ab.

Eine Frage ist schwer zu beantworten, da es vorkommt, daß der gleiche Dolmen von prähistorischen Stämmen verschiedener Epochen benutzt wurde. Wenn man nun in dem Denkmal Ausgrabungen durchführt, findet man zuerst die Spuren des letzten Benutzers. In dem Maß, wie die Grabungen voranschreiten, findet man dann die Reste der älteren Populationen, um schließlich bei der anzukommen, die mit der Erbauung des Monuments identisch ist oder doch als solche angenommen wird. Da die Monumente ununterbrochen benutzt wurden, kann es vorkommen, daß sich keine Spuren der ältesten Population mehr finden, und man schreibt dann automatisch die Erbauung des Monuments einem jüngeren Volk zu. Die Unterschiede können mehrere Jahrhunderte betragen.

Bei den Menhiren ist das Problem der Datierung noch schwieriger, wenn nicht gar unlösbar, zumindest, wenn man diese Steine in ihrer Gesamtheit betrachtet. Steine wurden zu allen Zeiten aufgestellt. Jedoch wurden Ausgrabungen am Fuße einiger Menhire durchgeführt, ebenso in Kromlechs oder im Bereich von Galeriegräbern. Diese Grabungen haben Geräte zutage gebracht, die denen der Dolmen gleichen. Man darf also annehmen, daß diese Typen aus der gleichen Epoche stammen wie die Dolmen. Einschränkend muß gesagt werden, daß diese Grabungen vor allem in der Bretagne durchgeführt wurden und weder systematisch noch zahlreich waren.

Auch die sogenannte C-14-Methode (Radiokarbondatierung) zeigt, daß die Datierung nicht sicher ist. Tests in den Dolmen der Bretagne, die an Holzkohlestückchen durchgeführt wurden, die man bei Ausgrabungen fand, zeigten folgende Ergebnisse: 2470 ± 120, 3215 ± 130, 3270 ± 75 und 3880 ± 300 vor Christus. Daraus geht hervor, daß die Dolmen, zumindest einige von ihnen, älter sind, als man bisher angenommen hat. Natürlich muß man die Ergebnisse anderer Versuche abwarten, bevor man allgemeine Schlüsse aus diesen Ergebnissen zieht. Im Moment halten wir uns an das Datum 2500 vor Christus, welches bereits weiter oben vorgeschlagen wurde. Wenn wir dann einen Spielraum von 500 Jahren mehr oder weniger akzeptieren, werden wir uns kaum von der Wahrheit entfernen. Man sollte sich aber immer vor Augen halten, daß diese Epoche den ältesten Funden entspricht, die man in den Dolmen gemacht hat.

Über die Dolmen außerhalb Westeuropas fehlen noch wesentliche Informationen zu den Funden. Die Dolmen in Palästina sollen zwischen 2500 und 3000 vor Christus erbaut worden sein und würden also zeitlich mit den westeuropäischen übereinstimmen. Die indischen Dolmen sollen erst aus dem 2. oder 3. Jahrhundert vor Christus stammen, aber diese Datierung kann nur mit Vorbehalten akzeptiert werden, da nur wenige Ausgrabungen stattgefunden haben. Nicht nur in den Dolmen Indiens hat man Eisen gefunden.

Zwischen 3000 und 2000 vor unserer Zeitrechnung war das Kupfer seit langer Zeit in Ägypten bekannt, die Bronze taucht zur Zeit des Pyramidenbaus auf, also gegen 2800 vor Christus. Die Dynastien von Memphis waren untergegangen, und das Zeitalter des Mittleren Reiches hatte begonnen. Kupfer, dann Bronze, erschienen in der Ägäis, in Assyrien, Sumer, im Iran, in Indien und Kleinasien, wo das erste Troja zerstört und durch das zweite ersetzt worden war. Tyrus und Gazah waren gegründet, und in Indien blühte die Kultur von Mohenjo-Daro . . . Kurz, die megalithischen Monumente müssen zu einer Zeit errichtet worden sein, als die Menschheit beträchtlich entwickelt war.

Heißt dies, daß das letzte Wort darüber bereits gesprochen

ist? Wir glauben es nicht. Bisher gibt es keine exakte topographische Zusammenstellung der Menhire, die in Sichtweite voneinander aufgestellt sind. Es ist doch offensichtlich, daß zwei Menhire, die einige hundert Meter auseinanderstehen, ein System bilden könnten, das sehr genau zusammenpaßt. Falls dieses System sich an verschiedenen Orten wiederholen würde, könnte man sehr wertvolle Berechnungen anstellen. Aber dies geht die Leute an, die sich für megalithische Monumente begeistern.

Die meisten der Archäologen betrachten das Eindringen der Astronomie oder anderer Wissenschaftszweige in ihre Disziplin sehr mißtrauisch. Oft argumentieren sie sehr ironisch, was bereits Goethe schon erkannt hat, als er sagte: »Man hat immer die Neigung, sich über Dinge zu mokieren, die man nicht versteht.«

Zusammenfassend sei noch einmal gesagt: Man hat zwar die Funde bei den megalithischen Monumenten datiert, aber nicht die Monumente selbst. Ist daher eine Datierung unmöglich? Sicher wird es genügen, die Funde zu datieren, die für die Datierung maßgeblich sind, aber solange wir diese nicht haben, bleibt eine exakte Datierung immer eine Mutmaßung.

GEOGRAPHISCHE VERBREITUNG

In diesem Kapitel werden die Megalithen im allgemeinen Sinn behandelt. Da die französischen und andere ausländische Archäologen mehr am Inhalt der Dolmen interessiert sind als am Denkmal selbst, werden häufig sehr verschiedene Gruppen dieser Art von Denkmälern zugerechnet.

Oft sind die Beschreibungen sehr unklar, und man weiß häufig nicht, ob es sich nun wirklich um einen Dolmen handelt oder um einfache Steinkistengräber. Man könnte einwenden, daß die Unterscheidung oft nicht leichtfällt, da es kleine Dolmen und große Kistengräber gibt, und man hat die Dolmen nie anders definiert als durch die Anordnung ihrer einzelnen Teile. Wir fügen hinzu, daß ein Dolmen aus der Megalithzeit stammen muß und der Transport und die Aufstellung der Steine ohne Hilfsmittel unmöglich ist. Selbst wenn wir diese Einschränkung vornehmen, sind die Dolmen sehr zahlreich, und ihre geographische Verbreitung wird von der in diesem Kapitel genannten nicht sehr abweichen.

Diese Verbreitung der megalithischen Monumente setzt einen sehr in Erstaunen. Man kann sie beinahe mit der der Kathedralen, Kirchen und Kapellen vergleichen, die nach der Ausbreitung des Christentums erbaut wurden. Sie sind zwar nicht in ganz Europa anzutreffen, aber ihre Zahl ist überraschend groß. Man trifft die Monumente auch in sehr verschiedenen Gegenden der Alten Welt, aber am spektakulärsten ist ihre Zahl in Westeuropa, etwa von Skandinavien bis hin zur Iberischen Halbinsel. Die nördlichsten Denkmäler Europas und wohl auch der ganzen Welt sind die der Shetlandinseln. Diese Kromlechs und Menhire liegen nördlich des 60. Breitengrades, der nördlichste ist zweifellos der Kromlech von Crussa Field auf 60° und 45'. Südöstlich von Oslo findet man den einzigen erhaltenen Dolmen von Norwegen, und wir glauben nicht, daß nördlich des 61. Breitengrades noch megalithische Monumente existieren.

In Schweden findet man Dolmen auf der Insel Öland und

von Karlskrona bis hin zur norwegischen Grenze, das heißt entlang der südlichen und westlichen Küste Schwedens. Im Landesinnern sind einige Galeriegräber bekannt, und auf Bornholm trifft man auf zahlreiche Megalithen. Die schwedische Gruppe ist mit der dänischen durch den Sund verbunden. In Dänemark selbst sind die Monumente sehr zahlreich vorhanden. Viele Gelehrte wollten darum hier den Ursprung und Ausgangspunkt der megalithischen Denkmäler sehen. So weist allein die Insel Seeland, die die gleiche Fläche wie das Departement Finistère hat, 3500 Denkmäler der Megalithzeit auf; das ist ein absoluter Rekord.

Auch die anderen Inseln sind, ohne diese Zahl zu erreichen, doch sehr gut mit Megalithen ausgestattet. Von der Halbinsel Jütland ausgehend erstrecken sich die Denkmäler nach Schleswig-Holstein, um sich dann über den gesamten Norden Deutschlands auszubreiten, man findet sie vom Baltikum bis nach Holland. In Norddeutschland zählt man etwa 900 Dolmen, wobei aber ein guter Teil von Kistengräbern miteinbezogen ist. Die beiden Dolmen von Breslau, die von den großen Gruppen völlig getrennt sind, kann man wohl als völlig isoliert in diesem Teil Europas ansehen. In Holland befinden sich 53 Dolmen im Norden, ein 54. bei Utrecht, der ebenfalls völlig isoliert ist. Zudem ist die Existenz dieses Dolmens unsicher, wir selbst haben ihn nie gesehen.

So bilden die megalithischen Denkmäler von Schweden, Dänemark, Deutschland und Holland eine ziemlich gleichmäßige und eigenständige Gruppe.

Dann muß man, selbst wenn man den umstrittenen Dolmen von Utrecht hinzurechnet, fast eine Strecke von 200 Kilometern nach Süden gehen, um bei Namur in Belgien erneut auf einen megalithischen Bau zu treffen. Diese Tatsache ist von großer Bedeutung, denn sie zeigt, daß, wenn der megalithische Gedanke sich durch Vorrücken ausgebreitet hat, dies nicht auf dem Landweg geschehen sein kann.

Belgien ist relativ arm an Megalithen; wir haben bereits den Dolmen von Namur erwähnt, ein anderer, die »Pierre du Diable«, wurde 1820 zerstört. Es bleibt kaum mehr als eine kleine Gruppe südlich von Liège, in der Umgebung von Marche und Spa (Sinsin, Oppagne, Weris, Solwaster), die einige Dolmen, Menhire und Kromlechs zählt.

Diese Gruppe ist ebenfalls ziemlich isoliert, da sich die nächsten Monumente fast 100 Kilometer südwestlich davon befinden; dazu gehören der Dolmen von Rumigny und die Menhire von Château-Regnault sowie Ham-sur-Meuse im Departement Ardennes.

Auf den britischen Inseln sind die Menhire und Kromlechs der Shetlandinseln, wie bereits gesagt, die nördlichsten überhaupt. Daneben gibt es einen Kromlech auf der Insel Unst, etwa 200 Kilometer vom Polarkreis entfernt. Weiter südlich finden wir Monumente auf den Orkneys, darunter einen der bekanntesten Kromlechs in Kreisform, den Ring von Brodgar. Über Schottland und England zieht sich dann die Spur, und wir finden die größte Dichte in Wales. Im Süden von England liegt das Meisterwerk unter den megalithischen Denkmälern, Stonehenge, das übrigens die Endphase der Megalithzeit zu kennzeichnen scheint und umfangreiche Einzelstudien erfordert. In der Umgebung von Stonehenge finden wir den größten uns bekannten Kromlech, den von Avebury in Wiltshire. Auch in Irland finden wir eine bemerkenswerte Dichte von Monumenten, vor allem entlang der östlichen und südlichen Küste. Besonders zu erwähnen ist die kleine Grafschaft Sligo im Norden der Insel, die mehr als 150 Dolmen besitzt.

Was Frankreich betrifft, so genügt ein Blick auf die Karte, um zu sehen, wie sehr dieses Land begünstigt ist. Das ganze französische Gebiet ist praktisch mit Megalithen übersät. Nach unserer Zählung müßte es in Frankreich 4350 Dolmen, 2070 Menhire, 130 Kromlechs und 110 Steinreihen geben. Auf den Karten sieht man weiterhin, daß im Gegensatz zu anderslautenden Meinungen Menhire und Dolmen nebeneinander auftreten. Bemerkenswert ist die große Anzahl von Dolmen in Südfrankreich, und zwar besonders in den Departements Lot, Tarn-et-Garonne, Aveyron, Lozère, Herault, Gard und Ardèche. In diesen 7 Departements befinden sich fast 44% der französischen Dolmen. Den Vorrang darf allerdings die bretonische Gruppe beanspruchen, und zwar sowohl was ihre Anzahl als auch was ihre Großartigkeit betrifft.

Eine der ersten Statistiken über die Megalithen Frankreichs erschien 1875 im »Bulletin de la Société d'Anthropologie de Paris«. Sie enthielt etwa die Hälfte der existierenden Dolmen, aber es wurde bereits festgestellt, daß in Aveyron eine starke Konzentration der Denkmäler vorhanden war. In der gleichen Zeitschrift erschien 1891 eine neue Statistik, die auf die Zählung von Alexandre Bertrand zurückging und mit Karten versehen war. 1901 folgte die Statistik für die Menhire von Adrien de Mortillet und 1906 die für die Dolmen von Déchelette. In unserem kleinen Werk *Dolmens et Menhirs* und in dem Buch *Civilisation des mégalithes* haben auch wir eine Statistik veröffentlicht. Wegen der Ungenauigkeiten der Auskünfte aus den verschiedenen Quellen wird im vorliegenden Werk auf diese Angaben verzichtet. Es werden tatsächlich sehr widersprüchliche Zahlen genannt, die sicher zum Teil auf einen gewissen Lokalpatriotismus zurückgehen. Im Gegensatz zu der Statistik von Déchelette über die Verbreitung der Dolmen in Frankreich ist die von Adrien de Mortillet über die Menhire, obwohl noch manchmal benutzt, wertlos. Dies liegt daran, daß er in seine Zählung auch Menhire aufnahm, die sich in der Gesamtanlage von Kromlechs und Steinreihen befanden. So kam er allein im Departement Morbihan auf 3450 Menhire. Jedoch wurde bereits 1880 von der Commission des Monuments mégalithiques ein nach Departements aufgegliedertes Inventar erstellt, welches ziemlich exakt war: 3380 Dolmen, 1602 Menhire, 44 Steinreihen und 451 Kromlechs. Hat Adrien de Mortillet dieses Inventar nicht gekannt? Die Pyrenäen trennen die französischen Megalithen von ihren Nachbarn auf der Iberischen Halbinsel, die bereits sehr zahlreich am Südhang dieses Gebirgszuges auftreten. Von Katalonien bis Guipuzcoa zählt man mehrere hundert Dolmen, die allerdings in Hocharagon sehr selten sind. Von den baskischen Provinzen erstrecken sie sich über Galicien nach

Portugal, wo eine bemerkenswerte Gruppe von Menhiren und Kromlechs bei Renguengos de Monsaraz im Süden der Evora zu vermerken ist. Seit 1734 hat man 315 »antas«, d. h. Dolmen, auf dem gesamten portugiesischen Gebiet identifiziert.

Jenseits der Evora findet man noch Dolmen im südlichen Andalusien.

Man kann also in Westeuropa vier große Gruppen unterscheiden:

Skandinavien, Norddeutschland und Niederlande;

Britische Inseln;

Frankreich;

Iberische Halbinsel.

Die letzten beiden Gruppen sind über die östlichen Pyrenäen verbunden; zumindest sind die Dolmen am Nord- und Südhang des Gebirges vom gleichen Typ. Es ist jedenfalls festzuhalten, daß die katalonische Gruppe nicht klar mit der der baskischen Provinzen verbunden ist. Es gibt hier in einem Zwischenraum von etwa 100 Kilometer Luftlinie nur drei bis vier Dolmen.

Bevor wir Westeuropa verlassen, ist noch folgendes zu bemerken: Neben den bereits erwähnten isolierten Dolmen von Oslo, Schlesien, Utrecht und Belgien gibt es noch einige Besonderheiten wie die megalithischen Denkmäler auf den Scilly-Inseln, wo die Dolmen im allgemeinen bis zur Höhe der Deckplatte eingegraben sind. Auch die anglo-normannischen Inseln Jersey und Guernsey sowie die kleinen französischen Inseln im Kanal und Atlantik (Ouessant, Sein, Groix, Belle-Isle, Hœdic, Noirmoutier, Yeu, Oléron) besitzen alle Dolmen oder Menhire.

Im Mittelmeergebiet finden wir Megalithen auf Menorca, aber es befinden sich nach unserer Kenntnis keine auf Mallorca und Ibiza. Auf den Balearen haben wir durchlöcherte Menhire gesehen. Sie scheinen bearbeitet worden zu sein und sind immer verbunden mit einem Talayot oder Taula, jenen mysteriösen Bilithen. Auf Menorca hat man 4 Dolmen

1   *Menhir im Freilichtmuseum von Filitosa bei Propriano, Korsika*

2 *Eine »anta«, freistehendes Megalithgrab bei Alvio/Prov. Alentejo, Portugal*

3 *Der 1840 von Prosper Mérimée entdeckte Dolmen von Fontanaccia bei Tizzano, Korsika*

4   *Die Steinreihen (Alignments) von Renaggiu bei Tizzano, Korsika*

5 *Die Menhire von Palaggiu bei Tizzano, Korsika*

6 *Die prähistorische Ausgrabungsstätte von Filitosa, Korsika*

gezählt; sie könnten strenggenommen mit denen des Kontinents verglichen werden, aber ihre Stützen bestehen nicht aus auf der Schmalseite aufgestellten Steinplatten. Sie haben nur eine durchlöcherte Stütze wie gewisse Dolmen in Frankreich, Palästina, im Kaukasus und in Indien.

Es ist aber wohl nicht richtig, wie es einige Wissenschaftler getan haben, den Ausgangspunkt der Dolmen auf der Insel Menorca zu vermuten.

Auf Korsika gibt es mindestens 13 Dolmen, 27 Menhire und 2 Steinreihen; die Insel ist also reich an Megalithen, vor allem wenn man die seltsam bearbeiteten Steine von Filitosa hinzurechnet. Bemerkenswert ist, daß die weit größere Nachbarinsel Sardinien wesentlich weniger Megalithen aufzuweisen hat. Man findet hier die Nekropole von Anghelu Ruju sowie einige Dolmen in Budduso, Borore und Abbasanta, über die uns aber genauere Auskünfte fehlen. Wir haben sie vergeblich gesucht. Auch soll es Steinreihen bei Macomer, einen großen Menhir bei Ossida und seltsame warzenförmige Menhire gegeben haben, aber mehr ist über die große Insel nicht zu erfahren.

Wichtig ist das Vorkommen von Dolmen auf der Insel Malta; sie ist bemerkenswert in bezug auf Megalithen, und noch niemand hat sich, nach unserer Kenntnis, mit diesen Denkmälern befaßt. Man war offenbar zu sehr beschäftigt und abgelenkt durch die berühmten Funde von Tarxien.

Italien besitzt beinahe keine megalithischen Denkmäler. Man hat wohl Kromlechs in der Lombardei (Sommaplateau) gefunden sowie zwei beieinanderliegende Dolmen bei Otranto, aber ihre Wände bestanden aus übereinandergeschichteten Steinen. Echte Dolmen sollen bei Saturnia (Toskana) existieren, aber wir konnten sie nicht identifizieren. In der Gegend von Bisceglie (Apulien) gibt es einen als klassisch anzusehenden Dolmen, der gut zu denen von Korsika und Katalonien paßt. Nordafrika besitzt Dolmen und Menhire im nördlichen Teil des Maghreb, von Marrakesch bis Hammamet in Tunesien. In Marokko gehen sie nicht über die Kette des Hohen und Mittleren Atlas hinaus. In Algerien sind die Hauptzentren bei Lascara, Tiaret, Guyotville, Sétif und Constantine. In dieser Region finden sich zahlreiche Dolmen. Vermutlich wurden aber in die Statistik viele Kistengräber und Gräber aus der Römerzeit mit einbezogen. Es ist auch schwierig, Dolmen von der Größe 1,10 Meter × 0,60 Meter den megalithischen Monumenten zuzuordnen oder auch entsprechend kleine Menhire. Es handelt sich vielleicht bei den Kromlechs und Steinreihen, die aus solch kleinen Menhiren bestehen, lediglich um einfache Einfriedungen für Vieh, und vermutlich erreicht die Zahl der echten Megalithen kaum ein Zehntel der genannten Zahlen. Über Tebessa und Es-Snam verläuft die Zone der Megalithen durch die großen Zentren von Haidra, Kef und Enfida mit einer Gruppe von etwa 15 sehr schönen Galeriegräbern bei Ellez, zwischen Kef und Kairouan.

Weiter im Süden bis Dakar gibt es nördlich des Gambia eine sehr seltsame Gruppe, die sich aus runden Kromlechs zusammensetzt und oft selbst eine Kreisform bildet. Weisen wir auch auf die gravierten Menhire in Abessinien hin, südwestlich von Addis Abeba. Diese Monumente sind schlecht beschrieben, und es hat den Anschein, daß es sich um Kistengräber oder mit Platten überdeckte Gräben handelt. Der Vollständigkeit halber erwähnen wir auch die von Déchelette und Morgan aufgeführten Dolmen in der Wüste von Edfou in Oberägypten. Das Vorhandensein von Megalithen in Ägypten wäre nach unserer Ansicht sehr interessant. Leider haben wir keine Bestätigung für die von Morgan vorgebrachte Vermutung. Auch in Palästina läßt sich eine starke Konzentration von Megalithen feststellen.

Über das Schwarze Meer gehen wir nach Bulgarien, wo man etwas nördlich der türkischen Grenze eine wichtige Gruppe von etwa sechzig Dolmen findet. Bei Adrianopel in der europäischen Türkei findet sich eine kleinere Gruppe, die man der benachbarten bulgarischen zurechnen kann. Auf der Halbinsel Krim finden sich ebenfalls Dolmen und Menhire, weitere entlang des Kaukasus und in der Nähe des Kaspischen Meeres. Ein Galeriegrab zeigt starke Ähnlichkeiten mit denen von Westeuropa. Seltsamerweise aber finden sich keine Megalithen im Norden Kleinasiens.

Wir müssen nun sehr weit nach Osten gehen, um von neuem auf Megalithen zu stoßen. Wir finden sie in Indien, wo nach Westeuropa die größte Anzahl vorhanden ist. Darum hat man auch hier den Ursprung des megalithischen Gedankens vermutet. Besonders zahlreich sind die Dolmen auf der Halbinsel von Dekkan, entlang der Westküste von Malabar, den Bergen von Nelgherries, den Hügeln von Pulney und den Bergen von Shivarai. Man hat auch Hinweise auf Megalithen nördlich der Nordgrenze von Ostpakistan und in diesem Land selbst, besonders in der Gegend von Peshavar. Darüber hinaus hat man Steinreihen und Kromlechs in Tibet gefunden.

Die Megalithen enden im Fernen Osten. Korea besitzt fast 300 Dolmen, die meisten an der Westküste und auf den Inseln des Golfes von Seoul. Auch an der Ostküste kommen sie vor und erreichen China an der Halbinsel von Liao-Toung. Auch in der Gegend von Mukden sollen sie vorkommen, aber was die Dolmen dieser Region betrifft, so hat man Erdgräber, die mit Steinplatten bedeckt sind, mit hinzugerechnet. Diese Art von Gräbern gehört nicht in den Rahmen des behandelten Gegenstandes.

Man hat noch Dolmen in vielen Gegenden von Europa und Asien gefunden: in Rußland, Persien, Japan, Sumatra usw. Aber wenn auch die Hinweise darauf von kompetenten Personen kommen, so sind doch die Auskünfte nur gering und beschränken sich auf wenige Worte. Es gibt keine Zeichnungen oder Fotografien. Die Beschreibungen stammen nie aus erster Hand. Oft plaziert man Dolmen einfach dorthin, wo ihr Auftreten wichtig zur Untermauerung einer Theorie ist. Daher ist es schwierig, wenn nicht unmöglich, eine genaue und vollständige Beschreibung über die geographische Verbreitung zu geben. Alle Probleme des Vorhandenseins von Megalithen in der Welt sind weit von der Lösung entfernt. Dabei wäre es wichtig, daß einige Fragen geklärt wären, wie zum Beispiel die der Megalithen von Madagaskar, Arabien und andere. Andererseits ist es möglich, daß man neue Denkmäler entdeckt, in Gegenden, an die man heute nicht denkt. Aber wir glauben doch, daß unser Überblick genügt, um eine Vorstellung von der erstaunlichen Verbreitung der Megalithen auf der Welt zu geben.

Zusammenfassend sei folgendes gesagt:

Die megalithischen Monumente sind auf bestimmte Regionen des Globus begrenzt. Es gibt außerordentliche Anhäufungen, die wir schon genannt haben: die Insel Seeland, Holland, die Gegend von Sligo in Irland, Roknia in Nordafrika. In Frankreich besitzt die Gemeinde Saint-Just (Dept. Ille-et-Vilaine) 3 Dolmen, 21 Menhire, 8 Steinreihen und 7 Kromlechs. Das kleine Gebiet zwischen Erdeven und Locmariaquer (Dept. Morbihan) hat mindestens 113 Dolmen, 37 Menhire, 10 Steinreihen und 5 Kromlechs. Es gibt aber auch sehr bemerkenswerte Lücken, bemerkenswert darum, weil sie nicht gerechtfertigt sind, etwa weil es an geeignetem Baumaterial fehlte. Zu diesen Lücken gehören Mallorca, Kleinasien, Arabien und China . . . Solche Lücken findet man auch in Gebieten größerer Dichte. So besitzt der Norden des Departements Ardèche sehr wenig Megalithen, während der südliche Teil Hunderte von Dolmen aufweisen kann. Ähnlich ist es auch im Osten und Westen des Departements Hérault, das von Gebieten größerer Dichte umgeben ist und wo es sicher nicht an geeignetem Baumaterial mangelte. Die geographische Verbreitung scheint weder einem wirtschaftlichen noch einem geologischen Gesetz zu gehorchen. Man findet Megalithen in Gegenden mit Kalkstein oder mit Granit, in fruchtbaren und unfruchtbaren Regionen sowie in Ebenen oder auf Bergen. Zwei Dolmen in Oberaragon liegen auf 1500 Meter Höhe, in einer Gegend, wo es wahrscheinlich keine Bewohner gab; zumindest hat man keine Spuren von ihnen gefunden.

Man hat darauf hingewiesen, daß die Gegenden besonderer Dichte nahe der Küste liegen. Dies stimmt zum Beispiel für die Bretagne, wo die Zahl der Megalithen geringer wird, je weiter man sich von der Küste entfernt; aber in vielen anderen Gegenden muß man weit ins Landesinnere gehen, um etwas zu finden. Dies gilt vor allem für Nordafrika und Palästina. Alle Gebiete am Golf von Lion besitzen praktisch keine Denkmäler, aber man findet sie mehr als 10 Kilometer von der Küste entfernt im Überfluß. Es scheint, daß bestimmte Regionen am Meer die Erbauer der Megalithen interessierten, daß sie aber nicht zögerten, tief ins Landesinnere einzudringen. Drei der größten und schönsten Dolmen Frankreichs und der Welt sind mehr als 120 Kilometer in direkter Linie vom Meer entfernt. Das schönste Galeriegrab, das von Essé (Dept. Ille-et-Vilaine), ist 70 Kilometer vom Mont-Saint-Michel entfernt. Der beste Beweis dafür, daß die Kultur der Megalithen durch ein Volk von Seefahrern übermittelt wurde, ist der insulare Charakter, den die Ausbreitung dieser Monumente manchmal trägt. Die Shetlandinseln, Irland, Korsika oder Malta gehören zu den besten Beispielen, und wir werden noch Gelegenheit haben, darauf näher einzugehen.

II.
Menhire, Kromlechs, Steinreihen

DIE MENHIRE

Ein Menhir ist, wie bereits gesagt, ein einfacher in die Erde
gesteckter Stein. Man erkennt ihn an mehreren schwer defi-
nierbaren Einzelheiten. Zuerst einmal ist er »vertikal«. Die
Höhe ist im allgemeinen größer als die anderen Flächenaus-
maße. Sodann steht er sehr oft an einer Stelle, an der er als
Findling nicht stände. Man begegnet ihm oft auf einer Wiese,
inmitten eines Feldes oder auf einer Heide, und er macht
deutlich den Eindruck, von anderswoher an einen vorher bestimmten Ort transportiert worden zu sein. Wir kennen
keine echten Menhire, die unter Findlingen aufgestellt sind.
Wenn es welche gibt, sind sie sicher selten. Jedenfalls muß
man, um einen Menhir aufzustellen und in seiner Lage zu
halten, ein Loch graben können, also über lockeren Boden
verfügen.

Durch Aussehen und Lage verraten die Menhire schnell ihren künstlichen Charakter. Meist sind es rohe Steine, aber es
gibt auch welche, die offenbar behauen sind, vor allem einige
der großen bretonischen Menhire, Dol, Plouarzel, Porspoder, usw. Es sind die schönsten, wir kommen noch auf sie
zurück. Sie sind sehr hoch und sehr elegant, von welcher
Seite man sie auch betrachtet. Mit ihren harmonischen Proportionen – wenn man die Natur des Materials berücksichtigt
– sind sie Kunstwerke. Im Schnitt zeigen sie manchmal eine
elliptische Form, deren große Achse doppelt so groß ist wie
die kleine. Da die Höhe über dem Boden das vier- oder fünf-
fache dieser großen Achse ist, scheint ein gewisser ästheti-
scher Effekt beabsichtigt gewesen zu sein. Diese Menhire
sind gleichzeitig die höchsten, ihr mittlerer Umfang erreicht
neun Meter. Unter allen Megalithbauten und in der Kategorie Menhire bilden sie eine Gruppe, die sich klar von anderen
errichteten Steinen unterscheidet.

Der größte Menhir der Welt war zweifellos der bereits genannte von Locmariaquer. Er liegt heute am Boden, in vier Teile zerborsten, die aneinandergelegt eine Länge von 20,60 m haben. Vielleicht fehlt ein Stück, dann wäre die Gesamtlänge dieses Kolosses 23 m (wie der Obelisk auf der Place de la Concorde), aber das ist umstritten. Er scheint nach dem Vorbild der anderen großen bretonischen Menhire so gearbeitet, daß er einen elliptischen Schnitt von 4 m für die große Achse und 2 m für die kleine hat, 9 m von der Basis ab gemessen. Er muß sich ungefähr 18 m über den Boden erhoben haben, also bis zur Höhe eines fünf- oder sechsstöckigen Hauses, und etwa 350 000 kg schwer gewesen sein. Selbst zerbrochen ist er noch aufsehenerregend; sein künstlicher Charakter fällt sofort ins Auge, da die riesigen Teile kaum in den Boden eingesunken sind. Er ist von drei großen Dolmen von Locmariaquer, dem Mané-Rutual, dem Mané-Lud und der Table des Marchands, umgeben, letzterer ist nur etwa 30 m von ihm entfernt. Er war offenbar berühmt und, wie Stonehenge, auch in Griechenland bekannt. In einem Werk mit dem Titel *Beschreibung Griechenlands*, Scymnos von Chios, einem Geographen des 1. Jh. v. Chr., zugeschrieben, ist zu lesen:
»Die Kelten haben griechische Bräuche . . . An der äußersten Grenze ihres Landes befindet sich eine Säule (στήγη), ›colonne du nord‹ genannt . . . sie erhebt sich gegen das Meer vor den stürmischen Wogen . . . die Bewohner der Gebiete um diese Säule sind die letzten Kelten und die Veneter.«
Die Erwähnung der letzteren ist bezeichnend und beweist, daß die »colonne du nord« sich wirklich im Morbihan befand. Die Zerstörung dieses Granitkolosses durch den Blitz wurde bereits erwähnt. Nur eine gewaltige Erschütterung konnte ihn umstürzen und zerbrechen. Es erhebt sich auch die Frage, ob das nicht auf zwei Ereignisse zurückgeht. Heute liegen drei Stücke in einer normalen Reihe, eins nach dem andern, aber das erste, wahrscheinlich die Basis des Monuments, hat

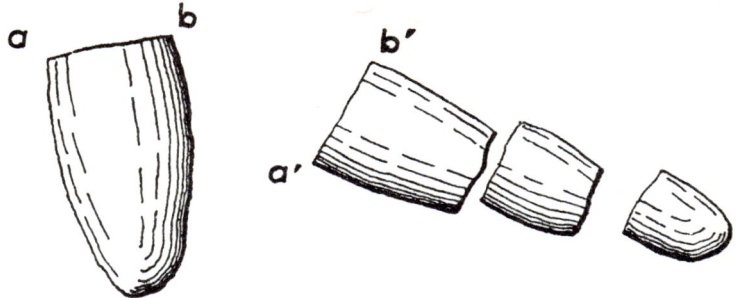

Der große Menhir von Locmariaquer; heutige Lage seiner Bruchstücke

einen Winkel von 120 (oder 60) Grad zur Steinreihe der anderen. Es scheint kaum glaubhaft, daß die Erschütterung, die
den Sturz und den Bruch des Ganzen verursacht hat, anschließend diesen Block von 9 m Länge und mit einem Gewicht von 180 000 kg umgedreht hat. Die Zerstörung des Königs der Menhire stellt ein vielleicht schwerer zu lösendes
Problem dar als seine Aufrichtung.
Gewiß, die allgemeine Meinung neigt zur Erklärung durch
Blitzschlag. Nach 1880 hat die Tradition die Erinnerung
daran bewahrt. Aber das verwirrendste Merkmal ist jener
eben besprochene Winkel zwischen den beiden Hauptteilen
des Monuments. Betrachten wir die Abbildung. Möglicherweise hat der Blitz den Block erst in zwei Teile gespalten. Wie
hat der eine unter der Einwirkung des Schlages eine solche,
für derartige Massen doch beträchtliche Drehung vollbracht?
Man kann das mit einer Reaktion erklären, durch die ein Teil
in seinem Fall und seiner Bewegung den anderen weggesto-
ßen hat. Nun, wenn man *a′b′* und *ab* aufmerksam betrachtet,
sehen sie relativ eben aus, keine größere Unebenheit kann
einen so starken Stoß ausgelöst haben. Im ganzen gesehen
wird es bei *ab* wohl eher ein »Rutschen« als ein »Stoß« gewesen sein, daher sind wir geneigt, an zwei aufeinanderfol-
gende Blitzschläge zu denken.
Wenn ein einziger Schlag diesen gigantischen Monolithen

zertrümmert hätte, wäre er durch den Schlag, der ihn bei *ab*,
d. h. nahezu einem Drittel seiner Höhe, getroffen hat, halbiert worden, der obere Teil wäre zu Boden gestürzt und dadurch in drei Teile zerbrochen. Wie gesagt, eine Reaktion auf
diese Bewegung hätte den unteren Teil gedreht, aber dann
hätte der Stoß fast unwahrscheinlich stark gewesen sein
müssen, um auch noch den untersten Block zu stürzen, zu
drehen, und, nicht zu vergessen, »bloßzulegen«. Denn dieser Block von 180 Tonnen hatte seine Basis wahrscheinlich
ungefähr 4 m unter der Erde. Solch ein Vorgang ist schwer
vorstellbar. Ein Stoß, der solche Bewegungen verursachen
konnte, hätte die zwei Teile des Monolithen mindestens ein
Dutzend Meter voneinander trennen müssen, also das Doppelte des heutigen Abstands*.
Natürlich ist die Hypothese einer absichtlichen Zerstörung
auch nicht zurückzuweisen. Sie konnte relativ einfach sein,
wenn nicht gar gefährlich, wenn die Basis des Menhirs einmal losgelöst war. Dagegen glauben wir nicht an eine Erderschütterung. Die beiden sehr nahen Dolmen, der Mané-Lud
und vor allem die Table des Marchands, wären dann auch
losgelöst worden. Wie dem auch sei, eins könnte die Frage
etwas aufhellen: die Entdeckung des Loches, in dem der
Menhir steckte. Das Geld, das man ausgegeben hat, um den
angeblichen Grabhügel der Table des Marchands wiederherzustellen, wäre viel besser dazu verwendet worden, den genauen Ort des Königs aller Steinbauten festzustellen.
Schließlich ist eine letzte Möglichkeit ins Auge zu fassen, die,
wenn sie Bestätigung fände, alles wieder in Frage stellen
würde. Wir sind davon ausgegangen, daß der große Menhir
auf der Basis des größten Bruchstücks aufgerichtet war, und
das ist auch die naheliegendste Vorstellung. Aber nehmen
wir einmal an, das Gegenteil wäre der Fall. Denn was wissen

---

* Ein Umstand konnte allerdings die Drehung des Bruchstückes noch begünstigt haben: die am Boden aufliegende Oberfläche ist ziemlich verjüngt. Vielleicht war sie das während des Bruchs noch mehr, so daß ein geringer Kraftaufwand genügt hätte, den Block in irgendeine Richtung zu
bewegen.

wir schon? Bei den Megalithbauern muß man auf alles gefaßt sein, wie man bald sehen wird. Wenn also der Granitkoloß auf seinem schwächsten Ende aufgestellt war, muß die Frage der jetzigen Lage der Bruchstücke ganz neu gestellt werden. Jede Diskussion über diesen Punkt ist allerdings müßig, solange das Loch nicht festgestellt ist, in das der größte Stein eingesetzt wurde, den ein Mensch jemals aufgerichtet hat. Wenn man bedenkt, daß ein paar Tage Erdarbeit reichen würden . . .!

Wir hatten, wie merkwürdig das auch klingt, keine Kenntnis von den Bräuchen, vom Aberglauben oder den Legenden um dieses Monument. Man nannte es im Land selbst einfach nur »Pierre de la fée« oder »Grande pierre«. Die zweite Benennung scheint die Erinnerung an ein intaktes Monument zu enthalten. Wann aber fand nun die Zerstörung statt?

1659 wurde im Lauf der Untersuchung eines Schiffbruchs vor der Küste bei Locmariaquer angegeben, daß man vom Ort des Schiffbruchs aus die »Grande pierre de Locmariaquer« sehen konnte. Auf diesem Küstenstrich ist der am nächsten am Meer gelegene Menhir der am Eingang des Galeriegrabes der »Pierres Plates«, aber er ist nur 2,60 m hoch. Es handelt sich also in dem Bericht von 1659 wohl um den großen Menhir, der in diesem Jahr noch gestanden hätte. Weiterhin hat ihn M. de Robien, Parlamentspräsident der Bretagne, 1727 so gezeichnet, wie er heute ist. Im Zeitraum dieser 68 Jahre hat also die Zerstörung stattgefunden. Seltsamerweise ist nichts über dieses doch zweifellos ungewöhnliche Ereignis bekannt.

Eine letzte Frage: Könnte dieses außerordentliche Monument restauriert werden? Bei den industriellen und mechanischen Mitteln, die heute zur Verfügung stehen, kann das durchaus bejaht werden. Es ist nur eine Frage des Kredits. Man müßte bloß alle Bruchstücke wie die Steinschichten einer klassischen Säule betrachten. In der Mitte müßte man ein Loch bohren, um einen Metallstift einzusetzen, der stark genug wäre, allen Einwirkungen standzuhalten. Diese Lösung wäre eleganter und vielleicht auch wirtschaftlicher, als die

riesigen Bruchstücke von außen mit Klammern zusammen-
zuhalten.

Zum Ruhm der Prähistoriker der 1880er Jahre sei gesagt, daß
dies ernsthaft erwogen wurde. 1882 begaben sich Henri Martin, Lisch und de Mortillet eigens nach Locmariaquer, um die
Möglichkeit auszukundschaften, den großen Menhir wieder
aufzurichten. Aber anscheinend war in diesem Gelehrtentrio
nur Henri Martin wirklich von dem Projekt begeistert. Lisch
sprach von den Stürmen in dieser Gegend, und de Mortillet
brachte vor, daß behauptet würde, dieser Menhir hätte
niemals gestanden! Schließlich gaben alle einstimmig das
Projekt auf, da die Ausgaben auf 60 000 Francs geschätzt
wurden. Wieviel Millionen heutiger Francs entsprechen
diese 60 000 Francs von 1880? Welcher Mäzen, welche Regie-
rung würde solche Arbeiten finanzieren? Da muß man resi-
gnieren. So bald wird die »colonne du nord« nicht wieder
vom Ozean aus zu sehen sein . . .

Nach dem König der Menhire kommt der von Kerloaz im Finistère, zwischen Saint-Renan und Plouarzel, dem oft eine
Höhe von 12 m zugesprochen wird. Damit wäre er der höchste heute noch stehende Menhir der Welt. Diese Größe ist allerdings übertrieben. Nach unseren eigenen Berechnungen
erreicht der Menhir von Kerloaz kaum 9 m, was schon viel ist.
Es soll ihm vom Blitz das obere Ende abgebrochen worden
sein, und vorher soll er die Höhe von 12 m gehabt haben. Das
ist nicht unmöglich, da der Gipfel dieses herrlichen Monuments heute schräg abgeschnitten ist.

Der höchste Menhir ist unserer Meinung nach der von Plésidy in den Côtes-du-Nord mit 11,12 m, eine bereits 1885 an-
gegebene Höhe. Bevor wir über die Ausmaße dieser Granitriesen mehr Einzelheiten bringen, aber noch eine Bemerkung. Die genaue Bestimmung der Höhe bleibt eine heikle
Angelegenheit. Ohne geeignete Leiter (man bräuchte manchmal Feuerwehrleitern!) ist der Gipfel nicht im direkten Auf-
stieg zu erreichen, um oben das doppelte Dekameter zu ent-
rollen. Eine approximative Methode ist die, eine Person mit

bekannter Größe vor das Monument zu stellen und zu foto-
grafieren. In einer Heide ist nur schwer eine lange gerade
Stange zu finden, dann ist es das Sicherste, von einem bekannten Abstand vom Fuß des Menhirs aus einen Winkel
auszumessen. Dazu ist ein Winkelmesser nötig und die
Kenntnis der Anwendung der Elementarformeln der Trigo-
nometrie. Aber da frägt man am besten die Prähistoriker . . .
Die Höhenmaße aus den verschiedenen Studien über diese
Frage können also nur mit Vorbehalt übernommen werden.
Als Beispiel hier die verschiedenen Höhen des großen Men-
hirs von Glomel, Côtes-du-Nord: 10 m, 8,64 m, 11 m, 8,50 m
und 9,50 m. Unter Berücksichtigung der vorher gemachten
Bemerkungen hier die Höhen der bekanntesten Menhire:
– Höhe über 10 m: Plésidy (Côtes-du-Nord), Plouarzel? (Fi-
nistére), Louargat (Côtes-du-Nord).
– Höhe = 10 m: Saint-Véran (Côtes-du-Nord), Grignogan
(Finistère), Plourin? (Finistère), Plainevez-Moedec (Côtes-
du-Nord), Saint-Samson (Côtes-du-Nord), Bubry (Morbi-
han).
– Höhe zwischen 9 und 10 m: Kerien (Côtes-du-Nord), Glo-
mel (Côtes-du-Nord), Dol (Ille-et-Vilaine).
– Höhe zwischen 8 und 9 m: Tregon (Côtes-du-Nord), Pleu-
cadeuc (Morbihan), Tregunc (Finistère), Saint-Nicolas-du-
Pelem (Côtes-du-Nord), Saint-Servais (Côtes-du-Nord),
Pedernec (Côtes-du-Nord), Pleumeur-Boudou (Côtes-du-
Nord), Porspoder (Finistère), Scaer (Finistère).
Wir haben eben aufgezählt, was wir als die »bretonischen
Riesen« bezeichnen. Es sind größtenteils wunderbare Monumente: erstaunlich, daß sie nicht mehr Begeisterung ausgelöst haben. Wie gesagt, man könnte sie als Kunstwerke bezeichnen. Eine ihrer Eigentümlichkeiten ist, daß sie einzeln
stehen. Plötzlich trifft man auf einen, meist unvorbereitet,
und wir denken an unsere Überraschung, die schnell zu Bewunderung und Ehrfurcht wurde, als wir das erste Mal vor
einem dieser Granitriesen standen. Es war der von Porspoder . . .
Es gibt auch in anderen Ländern große Menhire, aber sie ha-

ben nicht die Majestät und den Umfang der bretonischen Gruppe. Außerdem konnten wir über die meisten keine präzisen Auskünfte erhalten. In Sardinien erreicht die Pedra longa d'Ossida 10 m, und in Indien, bei den Khasias, mißt ein Menhir 9 m Höhe. 7 m Höhe hat auch der größte Menhir in Großbritannien, der Rudstone in Yorkshire, und der höchste in Nordafrika, in El-Haria, bei Constantine. Der höchste Menhir von Portugal war offenbar der von Meada; er erreichte 6,70 m. Heute ist er in zwei Stücke zerbrochen.

Schließlich gibt es noch die zahllosen Menhire mit nicht mehr als fünf oder sechs Metern Höhe. Die mit fünf Metern oder darüber sehen noch imposant aus, wie die der Orkneys oder die meisten der großen Menhire von Avrillé. Unter drei Metern werden die einzeln stehenden Menhire noch zahlreicher, aber es ist weitgehend fraglich, ob es sich dabei um Megalithen im eigentlichen Sinne handelt. Man versteht darunter Blöcke, die nicht mehr als 2 m, manchmal weniger, über den Boden hinausragen – was diese Kategorie betrifft. Oft handelt es sich um irgendwann in irgendeiner Absicht aufgestellte Steine. Wohlgemerkt, es geht nicht um Menhire innerhalb komplexerer Bauten, Kromlechs und Steinreihen. In Carnac z. B. haben die kleinsten Steine kaum 50 cm Höhe.

Menhire können die verschiedensten Formen annehmen. Meistens sind es Blöcke, die auf der Oberfläche liegen. Die umgefallenen zeigen keine Spuren von Sprüngen, wenigstens keine sehr alten. Oft sind sie von schöner geometrischer Form, wie der Menhir von Malves (Aude), fast 5 m hoch, der ein ziemlich regelmäßiges Parallelepiped darstellt. Dagegen ist der von Rollright (Warwickshire, England) verdreht und am Gipfel breiter als an der Basis. Der große Menhir von Kerscaven in Penmarc'h ähnelt aus einer bestimmten Perspektive einem gigantischen Polypengehäuse, und einer der zwei Menhire von Avrillé läßt an eine große in die Erde gesteckte Scheibe denken. Viele einzelne Monolithen erscheinen auch in der Form von enorm großen Platten mit undeutlich viereckiger Kontur; sie sind auf einem ihrer Seitenränder eingesetzt. Es sind die unschönsten, vor allem von den großen Flächen her gesehen. Einer der typischsten dieser Art ist der Menhir von Challans (Vendée). Kurz, die Menhire bieten ein sehr verschiedenartiges Erscheinungsbild, und wir glauben nicht, daß sie mit irgendeiner Absicht ausgewählt worden sind.

Manchmal sind zwei Menhire zusammengebaut. Von den bekanntesten nennen wir die »Causeurs« von der Insel Sein und »Jean et Jeanne de Runello« auf der Belle-Isle. Man berichtet auch von welchen in Cambrai (Nord), Mont-Saint-Eloi (Pas-de-Calais), Sartène (Korsika), Holyhead (Insel Anglesey, Wales), Aith (Mainland, Shetland-Inseln), Lacabarède (Tarn) usw. Die Zwillingsmenhire von Plougoumélen, im Finistère, haben ein aufgesetztes Kreuz. Sie werden einfach »les deux Croix« (die zwei Kreuze) oder »les Croix longues« (die langen Kreuze) genannt. Man hat die Hypothese aufgestellt, daß es sich um ein Symbol für das männliche und weibliche Prinzip handelt, als Mittelpunkt eines Fruchtbarkeits- und Zeugungskults. Sie stehen in Gruppen zu dritt oder zu viert, ein Dreieck oder ein Viereck bildend. Sie stehen so nah beieinander, daß man sie als ein Ganzes ansehen kann und nicht mit den Resten eines Kromlechs verwechseln sollte: Grossa (Korsika), Plufur (Côtes-du-Nord) usw.

Bei allen Zwillingsmenhiren oder beieinanderstehenden Menhiren, die wir kennen, gibt es eine festgelegte Verbindungslinie. Die Richtung folgt manchmal der Ost-West-Linie, aber die nord-südliche herrscht vor. Daran fällt auf, daß zwei sichtbar zusammengehörige Menhire – welchen Abstand sie auch immer voneinander haben – manchmal eine festgelegte Verbindungslinie haben, was in zahlreichen Fällen bestätigt worden ist. Schließlich haben wir auch Menhire auf dem Scheitel eines rechtwinkeligen Dreiecks gesehen. Ist das Zufall? Eine detaillierte Studie über die Topographie der Menhire wäre von großem Interesse.

Wir sprachen bereits über durchlöcherte Menhire. Das Loch in diesen Monolithen ist meist natürlich, aber es sieht so aus, als seien sie eben wegen dieses Loches ausgewählt worden, das, wie gesagt, manchmal besondere Eigenschaften hat, namentlich Draché und der Pierre d'Odin. Andere durchlöcherte Menhire scheinen sich von normalen nicht zu unterscheiden: Coulmiers (Côte-d'Or), Luzech (Lot), Aroz (Haute-Savoie), Jethou (Kanalinseln) usw. Der von Nod-sur-Seine (Côte-d'Or) hat ein Dutzend dieser natürlichen Löcher. Wir kennen keine künstlich durchlöcherten Menhire, zumindest nicht in Frankreich. Jedoch scheint der Menhir von Kircowan, an der Grenze von England und Wales, künstlich durchlöchert zu sein. Das Loch ist zu tief und regelmäßig. Nach einer Sage diente der Stein als Verbindungsglied zwischen zwei jungen Nachbarvölkern, die beschlossen, Freuden und Leiden zu teilen. Vor den versammelten Stammesgenossen gaben sich die zwei Häuptlinge durch das Loch hindurch die Hand. Ein Artikel darüber hat den Titel: »Un anneau de finançailles peu banal« (Ein ungewöhnlicher Verlobungsring). In der Tat. In einem alten Tempel auf Zypern hat man zwei Monolithen von dort unbekannter Herkunft entdeckt. Es waren anscheinend künstlich durchbohrte Menhire.

Man hat sich nach dem Zweck der Menhire gefragt, und natürlich wurden alle möglichen Hypothesen aufgestellt. Die meisten beruhen auf Einzelfällen und wurden fälschlicherweise auf alle errichteten Steine angewandt. Z. B. wurde oft wegen ihres phallischen Aussehens auf einen Fruchtbarkeitskult geschlossen. Wenn auch einige tatsächlich dieses Aussehen haben – wir sprechen nicht von den behauenen Menhiren –, so sind doch die von der phallischen Form abweichenden Menhire häufiger, etwa die plattenförmigen. Aus dem Auftreten von errichteten Steinen auf oder bei Grabhügeln wurde geschlossen, daß Menhire auf Grabstätten hinweisen. Doch wie viele Grabhügel ohne Menhire und wieviel Menhire ohne Grabhügel gibt es? Dagegen stehen bisweilen, vor allem in der Bretagne, Menhire mit Dolmen zusammen. Eines der bekanntesten Beispiele ist das der Pierres Plates von Locmariaquer.

Es wurde auch angeführt, daß Menhire an bedeutende Ereignisse erinnern oder daß sie mit gewissen Kulten in Zusammenhang stehen; Beispiele dafür gibt es im Orient, im Mittelmeerraum. Auch wurden sie mit Grenzsteinen oder Grenzanzeigern verglichen; eine der ungewöhnlichsten Hypothesen lautet jedoch, diese errichteten Steine seien Blitzableiter gewesen. Ihre spitze Form mache sie geeignet, den Blitz aufzufangen, und sie seien an Orten aufgestellt worden, die für Stürme bekannt wären. Außerdem seien mehrere vom Blitz am oberen Ende zerbrochen oder geköpft worden. Wir für unsern Teil entfernen uns zwar bei drohendem Sturm von bestimmten Menhiren, aber ihre Form erlaubt meistens nicht, sie mit Blitzableitern zu vergleichen. Sie haben sicher nur zufällig dazu gedient. In der Bretagne stehen welche als Menschen aus Stein, und sie sollen wohl eine Person darstellen, deren Andenken man nach dem Tod verewigen wollte.

Waren es Sonnenuhrzeiger, d. h. eine Art von Sonnenuhren? Möglicherweise. Die oft spitze Form wäre dazu geeignet gewesen, und sehr wahrscheinlich haben Bauern sie oft so benutzt, zumindest, um die Tagesmitte abzulesen. Aber auch das konnte nur in bestimmten Fällen so sein, da die nicht zugespitzten Menhire sehr viel häufiger sind.

Alles in allem läßt diese Frage mehrere Antworten zu. In irgendeiner Absicht einen Stein aufzustellen, ist ein weitverbreiteter Brauch, zeitlich wie räumlich. Jedoch nehmen wir die sehr hohen Menhire aus, vor allem die Riesen der Bretagne. Transport und Errichtung solcher Massen sind ein zu bedeutender Vorgang für ein simples Ereignis, zu dem ein Stein von geringeren Ausmaßen ebenso gut gedient hätte. Es mußte ein mächtiges Motiv für die Errichtung dieser Granit-Kolosse geben, sicher ein religiöses. Das Rätsel der großen bretonischen Menhire ist ganz und gar ungelöst.

DIE HEILIGEN STEINE

In der Bibel wird eine oft zitierte und daher sehr bekannte Episode aus dem Leben Jakobs erzählt. Wir rufen sie kurz ins Gedächtnis. Jakob fürchtet den Zorn seines Bruders Esau, den er um das Erstgeburtsrecht betrogen hat, und flüchtet nach Mesopotamien.

».. . und [Jakob] kam an eine Stätte, da blieb er über Nacht, . . . Und er nahm einen Stein von der Stätte und legte ihn zu seinen Häupten und legte sich an der Stätte schlafen. Und ihm träumte . . .«* (1. Mose 28,11)

Es folgt der Traum von der Leiter oder Treppe, auf der die Engel auf- und niedersteigen. Ganz oben steht Gott und spricht zu Jakob, er beruhigt ihn über seine Zukunft und die seiner Nachkommen.

»Als nun Jakob von seinem Schlaf aufwachte, sprach er: ›Fürwahr, der Herr ist an dieser Stätte, und ich wußte es nicht!‹ Und er fürchtete sich und sprach: ›Wie heilig ist diese Stätte! Hier ist nichts anderes als Gottes Haus, und hier ist die Pforte des Himmels.‹ Und Jakob stand früh am Morgen auf und nahm den Stein, den er zu seinen Häupten gelegt hatte, und richtete ihn auf zu einem Steinmal und goß Öl oben darauf und nannte die Stätte Bethel.« (1. Mose 28,18)

Dieser Bericht – gewiß das älteste schriftliche Zeugnis – ist sehr interessant als Beispiel für die Errichtung eines richtigen Menhirs. Wenn wir den Bibeltext wörtlich nehmen, hat Jakob gewiß keinen sehr großen Menhir aufgestellt, da er ja allein war. So wird es übrigens auch mit dem »Kromlech« sein, den Josua nach der Überschreitung des Jordans bauen ließ: 12 Männer nahmen jeder einen Stein auf die Schulter (Josua IV, 8,9). Dagegen scheint der »große Stein«, den derselbe Josua an einem Gott geweihten Ort unter einer Eiche aufstellte oder aufstellen ließ (Josua XXIV, 26), ein imposanterer Menhir gewesen zu sein. Um auf Jakob zurückzukommen, so

---

* Zit. n. »Die Bibel . . . nach d. Üs. M. Luthers«, Stuttg. 1972

kann das Ereignis auf ungefähr 1800 v. Chr. datiert werden. Das liegt nicht weit vor der Zeit der meisten Megalithbauten. Darüber hinaus hat der Menhir Jakobs einen Namen. Der Stein wird Bethel genannt, d. h. »Haus Gottes«. Es steht also außer Zweifel, daß für die alten Hebräer ein errichteter Stein unter Umständen eine enge Beziehung zu Gott darstellen konnte. So haben wir wenigstens über einen Ort auf der Welt mit vielen Megalithbauten eine präzise Angabe über Sinn und Bestimmung eines Menhirs und die einzige bekannte Herkunftsbenennung.

Wahrscheinlich aber hat sich unter dem Einfluß der Phönizier der Brauch, geweihte Steine zu errichten, auch woanders als in Syrien und Palästina verbreitet. Sie erhielten einen griechischen Namen, der offensichtlich von dem semitischen Wort »bethel« abgeleitet war. Wort und Begriff von »bethylos« gelangten nach Griechenland, sicher über Kreta, ein Land, das seit langem Kontakt zu den syrisch-phönizischen Gebieten hatte. Auf jeden Fall gibt uns Pausanias einige interessante Aufschlüsse über die heiligen Steine im archaischen Griechenland. In Orchomenos wurde ein Sonnengott durch einen Bethyl dargestellt. In Hyette in Böotien stand ein roher Stein als Bild des Herkules, was auf phönizischen Einfluß hinweisen dürfte. Ein anderer, in Thespis, auch in Böotien, wurde für die älteste und am meisten verehrte Darstellung des Eros gehalten. Pausanias nennt die dreißig heiligen Steine mit den Namen vieler Gottheiten in Pharai unter der Statue des Hermes, und fügt hinzu, daß die ältesten Götterbilder der Griechen in dieser Art enthalten sind.

Die Form dieser Steine mußte sich natürlich seit Jakob geändert haben. Es war nicht mehr der rohe Stein, sondern ein grob behauener, in undeutlich konischer oder in Parallelogramm-Form. Der konische Stein erinnerte an einen aufgerichteten Phallus, und in den syrisch-phönizischen Ländern gehörte er bisweilen zum Berg-Kult, aber im Prinzip stellte er einen Gott dar. Die Form des Parallelepipeds war, auch nach

Pausanias, dem Hermes geweiht. Diese beiden Formen von heiligen Steinen finden wir bei vielen Menhiren des abendländischen Europa wieder, sie kommen zusammen in den Steinbauten von Stonehenge vor.

Es scheint übrigens, daß der Bethyl-Kult, der Kult der heiligen Steine, sich lange gehalten hat, vielleicht sogar bis zur Römerherrschaft. Es werden alte Tempel in Byblos* und in Paphos erwähnt, in deren Mitte sich ein einfacher konischer Stein erhob. Auch der schwarze Stein der Sonne in Emesa wird erwähnt, dessen Priester Heliogabal war, bevor er Kaiser wurde. Dieser Stein war vielleicht ein Meteorit, wie der berühmte schwarze Stein der Kaaba in Mekka.

Obwohl wir uns damit von den Menhir-Bauten entfernen, kommen wir auf die Bibel zurück: dort ist häufig die Rede von Altären für Gott. Noe baut als erster einen (Genesis VIII, 20). Abraham errichtet mehrere (Genesis XII, 7,8; XIII, 18; XXII, 9), desgleichen Jakob, darunter einen, den er »El-Eloché-Israel«** nennt (Genesis XXXIII, 20). Außerdem baut er einen bei seiner Rückkehr nach Kanaan am Ort El-Bethel, an dem sich ihm Gott geoffenbart hatte, als er vor seinem Bruder Esau floh und wo er bereits einen Stein errichtet hatte. Auch Moses baut einen und nennt ihn, man weiß nicht genau warum, »Der Herr mein Feldzeichen« (Exodus XVII, 15). Einen weiteren errichtet er auf Sinai, mit zwölf aufgerichteten Steinen (Exodus XXIV, 4). »Und als sie zu den Steinkreisen des Jordan kamen, die noch im Lande Kanaan liegen, bauten die Söhne Ruben, die Söhne Gad und der halbe Stamm Manasse dort am Jordan einen Altar, groß und ansehnlich.« (Josua XXII, 10) Bileam läßt sieben errichten (Numeri XXIII, 4), usw.

Man kann sich fragen, was für Altäre die alten Hebräer zu so vielen Gelegenheiten gebaut haben. An anderen Stellen werden sie als Altäre aus rohen Steinen beschrieben: »Von

---

* In Byblos erinnert der phönizische Obelisken-Tempel, obwohl aus behauenen Steinen gebaut, eher an eine Steinreihe oder einen Kromlech als an eine Säulenhalle.
** »Gott ist der Gott Israels«

unbehauenen Steinen sollst du diesen Altar dem Herrn, deinem Gott, bauen . . .« (Deuteronomium, XXVII, 6). »Einen Altar von unversehrten Steinen, die mit keinem Eisen behauen waren.« (Josua VIII, 31) Laut Definition ist ein Altar ein Tisch. Die Hebräer begnügten sich also nicht damit, Steine in der Vertikalen aufzustellen, sie taten es auch in der Horizontalen. Lagen die letzteren direkt auf dem Boden? Das ist wenig wahrscheinlich. Das Wort »errichten« oder »bauen« wäre schlecht gewählt für einen so rudimentären Vorgang. Der horizontale Stein lag ganz gewiß auf anderen, und das ähnelt stark der Bauweise eines Dolmen. Jedoch warfen die Hebräer keine menschlichen Gebeine unter ihre Altäre, da ja einige Dolmen in Palästina auf natürlichen Steinbänken gebaut sind. Wer diese Monumente gesehen hat, zögert nicht, in ihnen die vielen Altäre der Bibel zu sehen.

DIE KROMLECHS

Die Kromlechs können rund, viereckig, rechteckig, elliptisch oder anders geformt sein. Die häufigste Figur ist der Kreis. Die kreisförmigen Kromlechs kommen oft in Großbritannien vor, man zählt von den Shetlandinseln bis Land's End mehr als 200; viele sind von einem Graben oder einer Böschung umgeben. Aber es sind auch woanders als auf den Britischen Inseln welche zu finden, vor allem in der Bretagne (Ile-aux-Moines, Morbihan; Tregunc, Crozon, Finistère), im Zentrum und im Süden Frankreichs (Obazine, Corrèze; la Can de Ceyrac, Gard), in Nordafrika und Senegal. Es gibt auch welche in Amerika, vor allem in Colorado und Peru, merkwürdige Bauten, von denen wir noch sprechen werden. Der größte bekannte Kromlech der Welt ist der von Avebury in England, dem wir ein eigenes Kapitel widmen werden. Sein Durchmesser beträgt ungefähr 350 m. Der kleinste ist sicher der von Beaulieu in Indre-et-Loire, dessen Durchmesser nur 4 m mißt. In Frankreich sind wohl die größten die auf der Ile-aux-Moines (90 m) und in Can de Ceyrac (95 m).

Es wäre ein Irrtum zu glauben, daß die Figuren, die die kreisförmigen Kromlechs beschreiben, immer perfekte Kreise sind. Gewiß, oft ist die Kurve sehr regelmäßig, aber manchmal beschreibt sie auch einen abgeflachten Kreis, eine Art Ellipse mit schwacher Exzentrizität. Als einer der typischsten Fälle wird der Kromlech von Boscawen-Un im englischen Cornwall bezeichnet. Er ist ellipsoidisch, seine große Achse, genau ost-westlich orientiert, mißt 25 m und die kleine 22 m. Angesichts der Regelmäßigkeit der Kurve erhebt sich die Frage, ob das beabsichtigt war. Die Ellipse kann sehr langgezogen sein, wie bei dem Kromlech der Halbinsel Kermorvan im Finistère, dessen Achsen 60 und 39 m messen. Wenn der kreisförmige Kromlech mit Sonnenkulten in Zusammenhang steht, könnte ein abgeflachter Kreis die Sonne darstellen, wie sie manchmal während des Auf- oder Untergangs aussieht. Sie wird auch auf den zahlreichen ägyptischen Gemälden so gezeichnet.

7   Standbilder mit primitiver Menschendarstellung in Filitosa (2000
     bis 1600 v. Chr.)

8   Steinreihe von Renaggiu, Korsika

9 *Menhire von Palaggiu, die schon vor Jahrtausenden umgestürzt worden waren*

Die Kromlechs sind an sich schon Bauten von ziemlich rätselhaftem Charakter, es gibt aber Beispiele, wo dieser Charakter noch verstärkt ist. So der berühmte Kromlech »Les Bonnettes« von Sailly-en-Ostrevent im Pas-de-Calais. Auf einem kleinen Hügel, von dem sich der Blick weit ausdehnt, steht ein Hügelgrab, und auf diesem Grab ein Kromlech. Soweit nichts Besonderes, obwohl ein Kromlech auf einem Grabhügel ungewöhnlich aussieht. Die Steine des Monuments sind so verwirrend: Heute sind es fünf, aber früher waren es einmal sieben; der eine aus der Mitte des Kreises, den die sechs anderen bildeten, ist verschwunden; daher der Name »les sept bonnettes« (die sieben Kappen). Wie soll man diese Steine beschreiben? Sie wurden mit »Pistolenkolben« oder »Haken« verglichen. Die Steine sind nicht sehr hoch, kaum einen Meter, und könnten zu den behauenen Menhiren gehören. Sie stecken aber tief in der Erde, und wahrscheinlich ragten sie früher höher über den Grabhügel. Nebenbei gesagt, dieser ist nur unwesentlich, man konnte ihn aber immerhin ins Neolithikum datieren.

Was bedeutet »Les Bonnettes«? Der Ort selbst wurde »Signal aux feux« genannt, und zwar dreihundert Jahre lang. Seine beherrschende, weithin sichtbare Lage berechtigte ihn zu diesem Titel; heute ist er aber unter dem Namen »Mont des Bonnettes« bekannt. Man hat auch »Sept fillettes« oder »Sept marconnettes« gesagt. Früher einmal ging die Kunde von sechs Mädchen, die versteinert wurden, weil sie zur Stunde der Messe tanzten: Der Menhir in der Mitte stellte den Spielmann dar, der ihnen aufspielte. Das Monument soll auch die Erinnerung an eine Schlacht ins Gedächtnis gerufen haben, aber jeder weiß, daß die Archäologen niemals verlegen sind um die richtige Erklärung: »Bonnette« wurde für »Bornette« – »kleiner Grenzstein« – gesetzt. Dieselbe Erklärung galt für »Marconnette« (marque = Zeichen).

Die kreisförmigen Kromlechs können auch aus zwei konzentrischen Kreisen bestehen, wie in Sine (Senegal), oder aus zwei sich berührenden Kreisen. Der letztere Fall ist selten, wir kennen fast nur den von Er-Lanic im Golf von Morbihan.

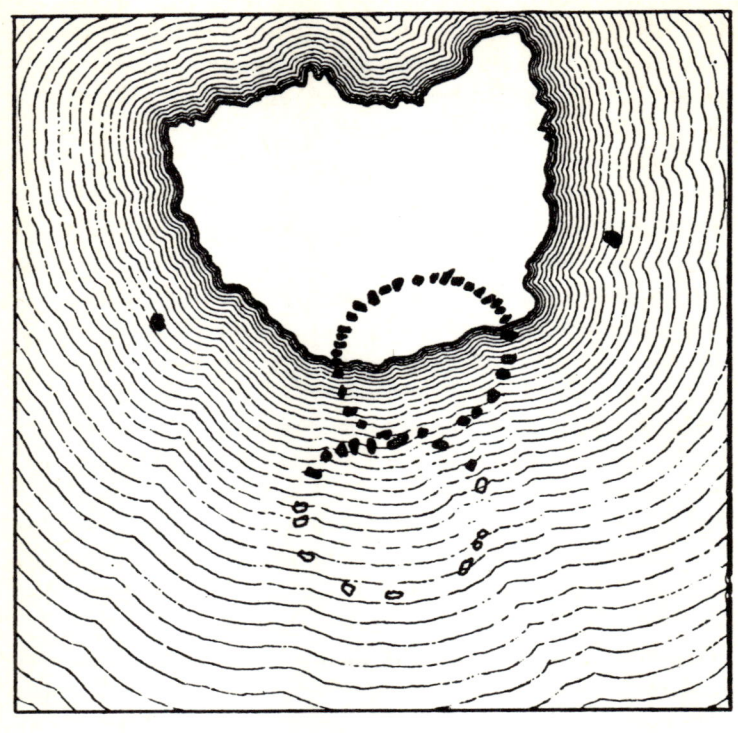

Der Kromlech von Er-Lanic (Golf von Morbihan)

Drei Viertel dieses Monuments sind versunken, das Ganze ist nur während außergewöhnlich tiefer Ebbe zu erkennen. Hören wir Closmadeuc, einen Archäologen aus Vannes: »Im Oktober 1872 besuchte ich noch einmal den Kromlech von Er-Lanic (den ich bereits vor sechs Jahren studiert hatte), diesmal bei Gezeiten von 114, d. h. an einem Tag, an dem das Meer ungewöhnlich stark zurückgehen mußte. Mittags kam ich an, zur Zeit der Ebbe. Noch nie war das Meer so weit zurückgewichen. Wie überrascht war ich, als ich unter dem bereits entdeckten Kromlech einen zweiten Kreis von Steinen erkannte, der den ersten berührte und fast die gleichen Ausmaße hatte. Nur sieben oder acht Menhire standen ganz im Trockenen; aber die anderen, obwohl versunken, ließen

66

sich doch an ihrer Spitze auf gleicher Höhe mit dem Wasserspiegel erkennen. Am äußersten Rand des Kreises ragte ein riesiger Menhir einen Meter über das Wasser. Es war derjenige, den Beautemps-Beaupré 1820 auf seiner Karte als zu vermeidenden Felsen angegeben hatte. Die Fischer nennen diesen Menhir ›Roche du Forgeron‹ (Fels des Schmiedes).«

Ein Viertel des Kromlechs liegt auf der kleinen Insel Er-Lanic (die kleine Heide), die nicht einmal einen Hektar Oberfläche hat, genau 86 Ar. Die Kreise haben etwa 50 m Durchmesser, aber die Figuren sind unregelmäßig und beschreiben eher Ellipsen mit schwacher Exzentrizität. Die Menhire haben eine mittlere Höhe von 3 m, einer ragt halb über das Wasser, zwei einzelne stehen fast symmetrisch zum Monument. Die Verbindungslinie ist genau ost-westlich ausgerichtet und berührt den Kreis. Die kleine Insel Er-Lanic und ihre Kromlechs waren den Fischern wohlbekannt, sie mieden die versunkenen Menhire wie Klippen. Die beiden Kreise entsprachen angeblich den beiden äußersten Punkten des Sonnenstands; das ist durchaus möglich. Von den unglaublich vielen Gegenständen, die in der Mitte dieses Monuments gefunden worden sind, sprechen wir später.

Nehmen wir aus reiner Neugierde einmal an, wir hätten den archäologischen Ort von Sillustani im Distrikt Puno in Peru vor Augen. Es gibt dort gut sichtbar zwei teilweise zerstörte Stein-Kreise, die aber sehr charakteristisch sind und sich berühren wie die eben genannten.

Es wäre noch von einem sehr bekannten und oft mit einer Zeichnung erwähnten kreisförmigen Kromlech zu sprechen. Es ist der von Puy de Pauliac (Obazine, Corrèze). Sein Durchmesser beträgt ungefähr 35 m; es stehen noch vierzig Gneis-Platten von etwa 1 m Höhe. Seltsamerweise hat man eine sehr schwache Erklärung abgegeben. In Wirklichkeit haben die errichteten Steine nur die Abstände der dort stehenden Felsen, und die dienen als Steine des Kromlechs.

Auch die rechteckigen oder viereckigen Kromlechs sind selten. Wir nennen die von Morbihan (Erdeven, Carnac, Saint-Philibert), von Lanvéoc (Finistère), oder von Oise mit dem von Cuise-Lamothe. Letzterer wird manchmal erwähnt; er bildet ein unsymmetrisches Trapez. Die Steine sind unregelmäßig angeordnet, dazwischen liegt Erde. Es ist fraglich, ob es sich um einen richtigen Kromlech handelt oder um einen alten befestigten Platz. Es gab einen rechteckigen Kromlech in Portugal (Monsaraz), aber er ist zerstört. Es wäre der einzige in diesem Land bekannte dieser Art.

Wir weisen noch auf die halbkreisförmigen Kromlechs am Anfang von Steinreihen hin, wie etwa in Ménec (Carnac). Eine ganz besondere Kategorie ist die der schiffsförmigen Bauten. Sie kommen nur in Skandinavien vor, z. B. in Blomsholm (Schweden). In Dänemark gibt es einundzwanzig, davon sechs auf der kleinen Insel Bornholm. Ihre Erbauung wird den Wikingern zugeschrieben, aber sie stehen nur in Megalith-Gebieten.

Wenden wir uns im Augenblick mehr einigen der bemerkenswertesten Kromlechs zu.

Avebury

Avebury ist der größte bekannte kreisförmige Kromlech der Welt. Er bedeckt eine Fläche von 11 Hektar und liegt in Südengland, 120 km westlich von London und 12 km westlich von Marlborough in Wiltshire.

Wahrscheinlich wurde das geräumige Monument an der Stelle eines älteren Heiligtums erbaut. Dieses bestand einfach aus einem runden Erdwall mit einem äußeren Durchmesser von ungefähr 400 m, aus einem Graben und einer Böschung; innen gelangte man durch drei oder vier ausgesparte Eingänge in den Erdwall. Diese Art von Bauten ist typisch für Großbritannien, wo sie »henge monuments« genannt werden. Die Bezeichnung kommt von »Stonehenge«, das ebenfalls im Innern eines solchen Erdwalls erbaut wurde.

Hierzu eine interessante Anmerkung: In Avebury, wie in allen Henge-Monumenten, liegt der Graben innerhalb der Böschung. Das Gegenteil ist der Fall bei entsprechenden Bauten

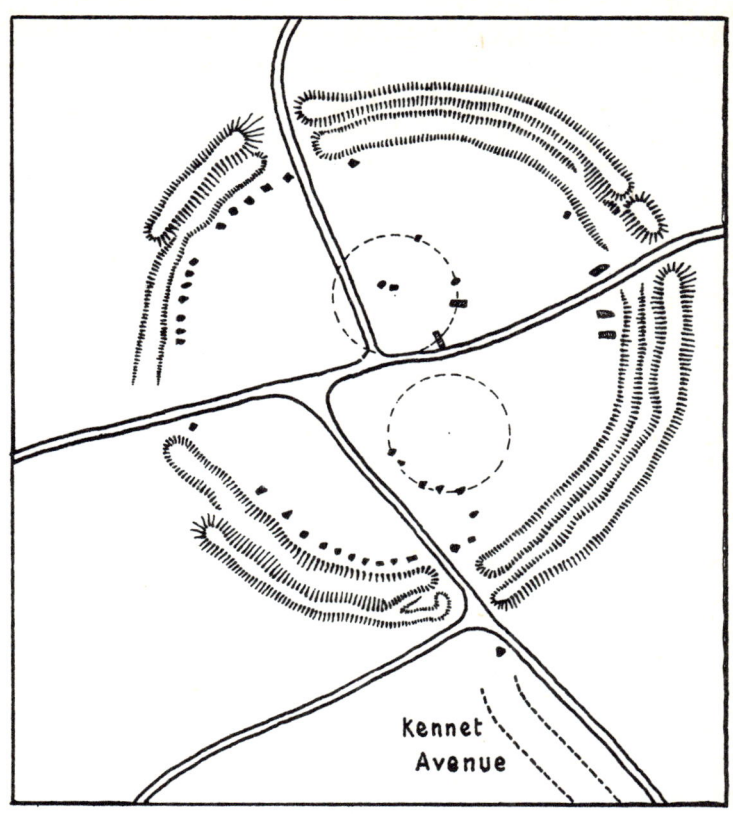

Kennet Avenue

Das Henge-Monument von Avebury (England); gegenwärtiger Zustand

zu Verteidigungszwecken – verständlicherweise. Daher hält man die Henge-Monumente mit vollem Recht für Kultstätten und nicht für alte Verschanzungen. Andererseits konnte man den Kromlech von Avebury mit guten Gründen ebenfalls für eine Kultstätte halten, da er ja in der Mitte eines solchen Orts gebaut wurde. Außerdem hat man innerhalb des Kromlechs keine Spur einer Niederlassung oder auch nur eines bewohnten Ortes gefunden. So ist Avebury ein schwerwiegender Beweis für die Annahme, daß die Kromlechs religiöse Bauten waren.

Der Menhir-Kreis mit einem Durchmesser von ungefähr 345 m bestand ursprünglich aus etwa hundert Steinen. Die Figur ist ziemlich unregelmäßig, das scheint aber an der Unregelmäßigkeit des Henge-Monuments selbst zu liegen, dessen Spur man folgte. Die Steine waren 10 m voneinander entfernt. In der Nähe der Eingänge waren große quadratische Blöcke mit einer Kante in die Erde gesteckt worden, so daß sie einem Rhombus glichen. Leicht hat man es sich wirklich nicht gemacht. Es stehen noch siebenundzwanzig Steine, und drei liegen am Boden. Anstelle der fehlenden Steine wurden kleine Beton-Pyramiden eingesetzt. Keine sehr glückliche Lösung.

Innerhalb des großen Kreises befanden sich zwei weitere von etwa 100 m Durchmesser. Sie berührten sich beinahe, die zwei Kreislinien waren 12 m voneinander entfernt; sie sind jedoch nicht ganz mit denen von Er-Lanic zu vergleichen. Der nördliche Kreis hatte dreißig Steine, von denen nur noch zwei stehen und zwei am Boden liegen. Der südliche Kreis hatte zweiunddreißig; fünf davon sind heute noch an ihrem ursprünglichen Platz. Man hat angenommen, daß es einen dritten Platz im Norden gab, da Löcher für Menhire bestimmt zu sein schienen, aber das bleibt hypothetisch. Dieser Kreis wäre nicht nur über den Graben und die Böschung, sondern auch über den großen Kromlech selbst hinausgegangen. Es wäre trotzdem nicht unmöglich: im englischen Cornwall überschneiden sich drei Kromlechs.

Innerhalb der zwei Kreise beschreiben weitere Menhire bestimmte Figuren, deren Konturen schwer zu rekonstruieren sind. Wahrscheinlich stand ihre Lage mit den wichtigsten Sonnenaufgängen in Zusammenhang. In der Mitte des südlichen Kreises stand ein Stein, der »Obelisk«, der heute verschwunden ist, aber im 18. Jh. noch existierte. Schließlich stand zwischen dem südlichen und dem großen äußeren Kreis ein durchlöcherter Menhir, der jetzt halb zerstört ist.

So also sah der große Kromlech von Avebury aus. Heute ist sein Gesamtverlauf nur noch aus der Luft festzustellen, denn die Häuserreihen des Dorfes Avebury durchqueren ihn von einem Ende zum anderen. Anfangs hatte man vermutlich nur im Inneren eine genaue Vorstellung. Die Böschung des runden Erdwalls, sicher höher als heute, behinderte größtenteils die Sicht von außen. Avebury hat oft die Ehre, in ein- und demselben Werk Stonehenge an die Seite gestellt zu werden, aber es sind Bauten von ganz verschiedenem Entwurf und Stil. Es trennen sie allerdings nur 28 km. Und die Herkunft der Steine ist dieselbe, sie kommen aus den Marlborough Downs, einige Kilometer im Nordosten von Avebury.

Interessant und eigentümlich ist an dem größten Kromlech der Welt, daß er mit einem zweiten Kromlech verbunden ist; das ist alles, was wir wissen. Vom Südeingang ging eine Straße aus, eine Allee von Menhiren, die über eine Strecke von ungefähr zweieinhalb Kilometern zu einem Kromlech, dem sogenannten »Sanktuarium«, bei Overton Hill führte. Es hatte nur 40 m Durchmesser und bestand aus zwei konzentrischen Steinkreisen. 1724 wurde es zerstört, heute sind keine Spuren mehr vorhanden. Der Steinbau stand anstelle einer hölzernen, ebenfalls kreisförmigen Vorrichtung.

Die »West Kennet Avenue«, so genannt nach einem Dorf, das sie durchquert, war von über hundert Menhir-Paaren im Abstand von ungefähr 25 m gesäumt. Es gibt noch welche bei West Kennet. Ihre Hauptrichtung bildet mit dem Norden einen Winkel von 30 Grad, aber sie ist leicht gekrümmt, was viele Altertumsforscher des 18. und 19. Jh. glauben ließ, daß sie eine Schlange darstellen sollte.

Hierzu eine sonderbare Begebenheit. Gegen 1740 glaubte William Stukeley, einer der berühmtesten englischen Altertumsforscher seiner Zeit, die Spuren einer zweiten Straße zu erkennen, ausgehend vom Osteingang von Avebury, die Bekamton Avenue, im Verlauf identisch mit der West Kennet Avenue. Die beiden Alleen, in bezug auf Avebury symmetrisch, bildeten eine Schlange, die den großen Tempel durchquerte und deren Kopf das »Sanktuarium« war. So wurde das Ganze, nicht nur für Stukeley, sondern auch für viele andere, eine »Dracontia«, ein dem Schlangenkult geweihtes Monument. Dieselbe Bezeichnung und Bestimmung wurde auch den Steinreihen von Carnac gegeben, die sich nach Art eines Reptils winden. Wir glauben nicht, daß man Spuren der Bekamton Avenue wiedergefunden hat. Stukeley war jedoch ein ausgezeichneter Beobachter, was er in Stonehenge bewiesen hat.

Die große Anlage, das »Sanktuarium«, die West Kennet Avenue und der große Tempel von Avebury, mußte sehr eindrucksvoll gewesen sein und einen großartigen Anblick geboten haben. Trotz des fast zerfallenen Zustandes bleibt sie das schöne Zeugnis einer großen Zeit. Sie war sicher ein wichtiges religiöses Zentrum, bevor Stonehenge gebaut wurde. Die englischen Archäologen datieren Avebury auf ungefähr 1900 vor unserer Zeitrechnung.

Durch Ausgrabungen im großen Kreis konnte 1938 ein Drama rekonstruiert werden, das sich Anfang des 14. Jh. abgespielt hat: Das Skelett eines Mannes wurde entdeckt, der von einem fallenden Menhir halb zerschmettert worden war. Man hat, anscheinend zu Recht, vermutet, daß der Mann den Stein vergraben wollte und von seinem unvorhergesehenen Fall überrascht wurde. Den von dem schweren Monolithen zerdrückten Körper konnte man nicht befreien, und so blieb er am Ort der tragischen Begebenheit begraben. Der Mann war ein Bader, denn er hatte eine Schere und seine Aderlaß-Lanzette bei sich sowie Geldstücke, die das Ereignis datieren halfen. Was machte dieser Mann auf dem Grund eines Grabens, in dem ein Menhir eingegraben wurde? Vielleicht war er an einem »Arbeitsdienst« beteiligt, den der Klerus aufgestellt hatte, um ein Monument zu zerstören, das von der Bevölkerung sicher noch verehrt wurde. Das ist jedenfalls die wahrscheinlichste Erklärung.

Stellen wir schließlich noch fest, daß der so ungewöhnliche Kromlech von Avebury in einer Gegend steht, die außerordentlich reich an prähistorischen Resten ist, einzig in ihrer Art. Auf die Nähe zu Stonehenge wurde hingewiesen. Einige Kilometer im Nordosten liegt das Feld von Windmill Hill, das einem prähistorischen Ort in Großbritannien seinen

Namen verliehen hat (Windmill-Hill-Kultur). Im Süden, etwas mehr als einen Kilometer entfernt, ist das geheimnisvolle Monument von Sidbury Hill zu sehen, das größte künstliche Gebirge in Europa: ein sehr regelmäßiger Kegel, 40 m hoch und mit ungefähr 60 m Basis-Radius. Der Zweck ist unbekannt. Und darum herum, vor allem im Süden, gegen die Ebene von Salisbury zu, zählen die wegen ihrer Form »round barrows« und »long barrows« genannten Grabhügel zu Dutzenden oder zu Hunderten. Dann kommen Felder, Verschanzungen und alte Erdwälle aller Art. Vom prähistorischen Standpunkt aus kennen wir keine vergleichbare Gegend.

DER RING VON BRODGAR

Der kreisförmige Kromlech »Ring von Brodgar« auf der Insel Mainland, der größten der Orkneys, ist einer der vollendetsten, die wir kennen. Er liegt zwischen den Seen Harray und Stenness bei dem Gehöft Brodgar, das ihm wahrscheinlich den Namen gab, und nimmt eine beherrschende Position auf einer nach Osten geneigten Fläche ein; die zugespitzten Monolithen sind schon von weitem zu sehen. Wie Avebury und viele Kromlechs in Großbritannien war er von einem Erdwall in Form einer Böschung und eines 2 oder 3 m tiefen Grabens umgeben. 28 Menhire sind noch zu sehen, 21 stehen und 7 liegen oder berühren fast den Boden. Die Spitze ist meist schief- oder schrägkantig abgeschnitten, wie bei den Menhiren auf den Orkneys. Die Höhe wechselt zwischen 3 und 4,50 m. Der höchste mißt 4,60 m, und 6 andere erreichen oder übersteigen 3,20 m.

Ursprünglich waren es offenbar sechzig Menhire. Und wenn man den Umfang des Kromlechs, ausgehend von der Nord-Süd-Linie, in sechzig gleiche Teile teilt, befinden sich sechsundzwanzig Menhire tatsächlich direkt auf den Abschnitten. Nur die Menhire 9 und 13 stehen nicht auf ihrem Platz, aber die Abweichung ist geringfügig. Alle sind auf den Endpunkten eines Durchmessers von ungefähr 104 m paarweise angeordnet.

Wenn man unsere Zeichnung ansieht, fällt auf, daß die Menhire offenbar die vier Himmelsrichtungen markieren. Die Sonnenwendhöhen werden nicht angezeigt, aber sie dürften ziemlich genau auf der Mitte des Abstands von zwei Monolithen liegen. Außerhalb, östlich, auf einer Linie, die zum Norden einen Azimut von ungefähr 103 Grad bildet, haben wir einen einzelnen Menhir gefunden, der wahrscheinlich in irgendeinem Zusammenhang mit dem Kromlech steht. Er liegt 206 oder 208 m vom Mittelpunkt entfernt, das ist genau das Doppelte des Durchmessers. Der Sonnenaufgang in dieser Richtung entspricht ungefähr dem 1. März und dem

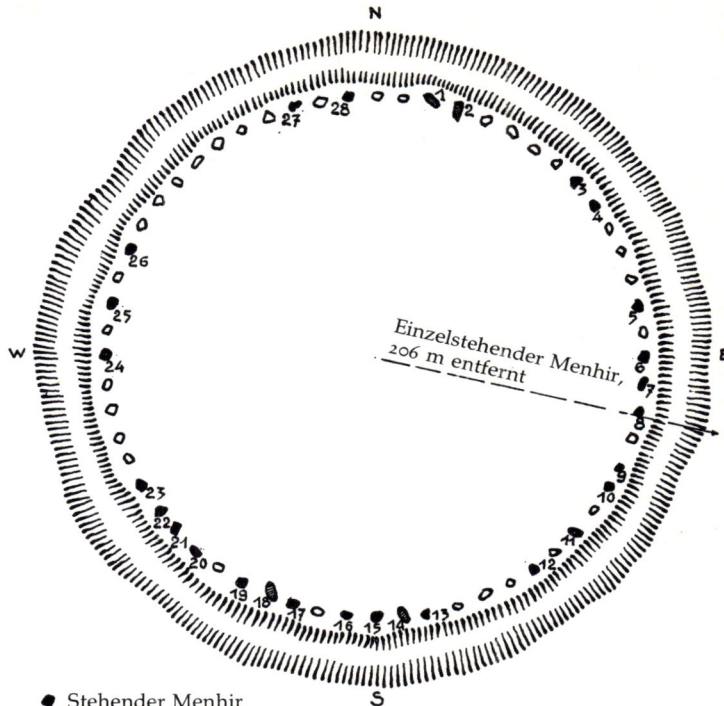

N

W

E

Einzelstehender Menhir,
206 m entfernt

S

● Stehender Menhir
● Umgefallener oder zertrümmerter Menhir
◻ Fehlender Menhir

Der Ring von Brodgar (Orkney-Inseln)

10. Oktober unseres Kalenders. Eines der Daten hatte vielleicht irgendeine Bedeutung für die Erbauer.

Mit seiner Einfachheit und geometrischen Regelmäßigkeit regt das Monument zu einigen Überlegungen an. Ganz augenscheinlich war die Figur vorher geplant worden. Der mittlere Radius beträgt zwischen 51,50 und 52,20 m und entsprach wohl hundert mal einer Elle von etwa 52 unserer Zentimeter. Diese Elle wäre dieselbe wie die, die für die Erbauung von Stonehenge benutzt wurde. Die Teilung des Kreisumfangs in sechzig gleiche Teile war sicher nicht einfach. Es sieht vielmehr so aus, als hätte man zu dieser Zeit die

75

Schwierigkeit der Teilung eines Kreisumfangs in gleiche Teile gesucht. Z. B. sind die Kreise in Stonehenge in dreißig oder sechsundfünfzig gleiche Kreisbögen geteilt, was auch hier nicht das einfachste war.

Wahrscheinlich wurde mit Annäherungen vorgegangen. Bei dieser Einteilung – die Menhire waren gute 5 m voneinander entfernt – würden jedoch zu große Differenzen auffallen. Zwei haben wir genannt, aber der Mittelpunkt eines rohen aufgerichteten Steines am Boden ist ja auch nicht leicht zu bestimmen, und so können bei der Messung Fehler auftreten. Es geht also darum, den theoretischen Punkt festzulegen, der den Erbauern für die Einsetzung des Monuments gedient hat, und das ist fast unmöglich.

Wenn natürlich die Erbauer einen Wert π kannten – was wir nicht für unwahrscheinlich halten –, war die Teilung des Kreisumfangs in sechzig gleiche Teile leicht. Wenn man nämlich annimmt, daß diese Teilung in sechzig Teile irgendwie notwendig war, ergäbe eine einfache Multiplikation des Durchmessers von 200 Ellen mit 3,15 = 630 Ellen Kreisumfang und 10^{1}/$_{2}$ Ellen Abstand zwischen den Menhiren. Nun müßte man nur, um den Platz der einzelnen Monolithen zu bestimmen, vom Mittelpunkt aus eine Schnur von 100 Ellen spannen und das andere Ende 10^{1}/$_{2}$ Ellen in die eine oder andere Richtung bewegen. Man hätte auch auf dem Gelände den Kreisumfang ziehen und die Abstände von 10^{1}/$_{2}$ Ellen abmessen können. Der oben genannte Wert 3,15 ist willkürlich. Die klassische Antike kannte für diesen Wert nur 3,16 oder den Bruch ^{22}/$_{7}$, der 3,1428 ergibt. Der Wert 3,1416 war erst viel später bekannt.

Aus der Betrachtung des prachtvollen Monuments kann noch folgendes geschlossen werden:

– Die Erbauer konnten sehr regelmäßige Kreise mit sehr hohen Radien anfertigen. Eine feste Schnur von 50 m Länge zu spannen und sie um einen Pfahl mit einem Markierpflock am Ende kreisen zu lassen, ist ja nun nicht immer eine leichte Aufgabe. Die bei vielen Kromlechs festgestellten Unregelmäßigkeiten könnten auf diese Schwierigkeiten zurückgehen. Die Erbauer hatten natürlich den geometrischen Begriff des Kreisumfangs.

– Sie waren im Besitz einer Längeneinheit, und der Begriff des Maßes war ihnen nicht unbekannt.

– Sie konnten einen Kreisumfang in gleiche Teile teilen und kannten Begriffe aus der Elementargeometrie, auch wenn sie eine approximative Methode anwandten. Vielleicht kannten sie einen Wert π.

– Sie konnten die Mittagslinie bestimmen, sicher mit Hilfe eines Sonnenuhrzeigers, sowie gewisse beachtenswerte Punkte des Horizonts. Sie hatten also einige rudimentäre Kenntnisse der praktischen Astronomie.

Wahrscheinlich standen der oder die Werkmeister in Beziehung mit den Mittelmeer-Kulturen, und die lokale Bevölkerung lieferte nur das Handwerkliche. Weitere Fakten unterstützen diese Meinung. Die Wahl der Gesamtzahl der Menhire von sechzig – abgesehen von der Schwierigkeit dieser Zahl für die Kreisteilung – war gewollt, aber man weiß nicht, warum. Der Leser hat sicher auch bemerkt, daß eine Teilung in vierundsechzig Teile durch die sukzessive Halbierung der Kreisbögen viel einfacher gewesen wäre.

Die Schönheit des Rings von Brodgar hat offenbar sehr bald die Aufmerksamkeit auf sich gelenkt. 1865 erwähnt ihn Bonstetten in seinem »Essai sur les Dolmes«, aber anscheinend hat er ihn selbst nicht gesehen. Er kommt dann auch ein zweites Mal auf ihn zurück, um festzustellen, daß er einen Dolmen umschließt. Der Ring von Brodgar umschließt keinen Dolmen, aber es existieren sehr wenige Reste eines imposanten Kromlechs – kaum vier oder fünf Monolithen stehen noch –, das dann einen Dolmen umschließt – einen künstlichen.

DER RECHTECKIGE KROMLECH VON CRUCUNO

Der Kromlech von Crucuno (Erdeven, Morbihan) liegt einige hundert Meter im Osten des Weilers gleichen Namens, wo auch ein prächtiger Dolmen zu finden ist. Dieser Kromlech hat heute zweiundzwanzig stehende Menhire, und ein oder zwei liegen unter Dornen und Büschen begraben. Die Zahl hat sich seit 1906 nicht geändert. Anscheinend fehlen nicht mehr als vier oder fünf Menhire. Die meisten sind zwischen 2 und 3 m hoch und beschreiben ein sehr regelmäßiges Rechteck mit 34,20 m Länge und 25,70 m Breite. Trotz der bescheidenen Ausmaße ist der rechteckige Kromlech für uns einer der bemerkenswertesten Megalithbauten der Welt.

Die oben genannten Maße sind Mittelwerte aus mehreren Messungen in beiden Richtungen und zeigen die Seitenlänge des Rechtecks, berechnet nach den angenommenen Mittelpunkten der Menhire auf dem Boden, an. Von absoluter Genauigkeit kann keine Rede sein, die vorgeschlagenen Zahlen können einen oder zwei Dezimeter höher oder niedriger liegen. Das Monument wurde einige Male restauriert, und möglicherweise nehmen ein paar Monolithen nicht mehr genau den ursprünglichen Platz ein. Z. B. liegen vier etwas außerhalb der übrigen Steinreihe. Das stört aber das Ganze nicht.

Es ist wie gesagt nicht einfach, den Mittelpunkt sehr unregelmäßiger Blöcke am Boden festzustellen, d. h. den theoretischen Punkt der Einsetzung. Eine möglichst exakte topographische Erhebung dieses Kromlechs oder noch besser eine Zenith-Fotografie vom Flugzeug aus wäre interessant. Inzwischen lassen wir als einigermaßen genau die Maße von 34,20 x 25,70 m gelten.

Als erstes bemerkt man, daß die Seiten des Rechtecks genau nach den vier Himmelsrichtungen ausgerichtet sind. Weiterhin bilden die kurzen Seiten die Mittagslinien und die langen die Sonnenaufgänge zu den Tagundnachtgleichen. Aber aus der keineswegs willkürlichen Wahl der Dimensionen ist

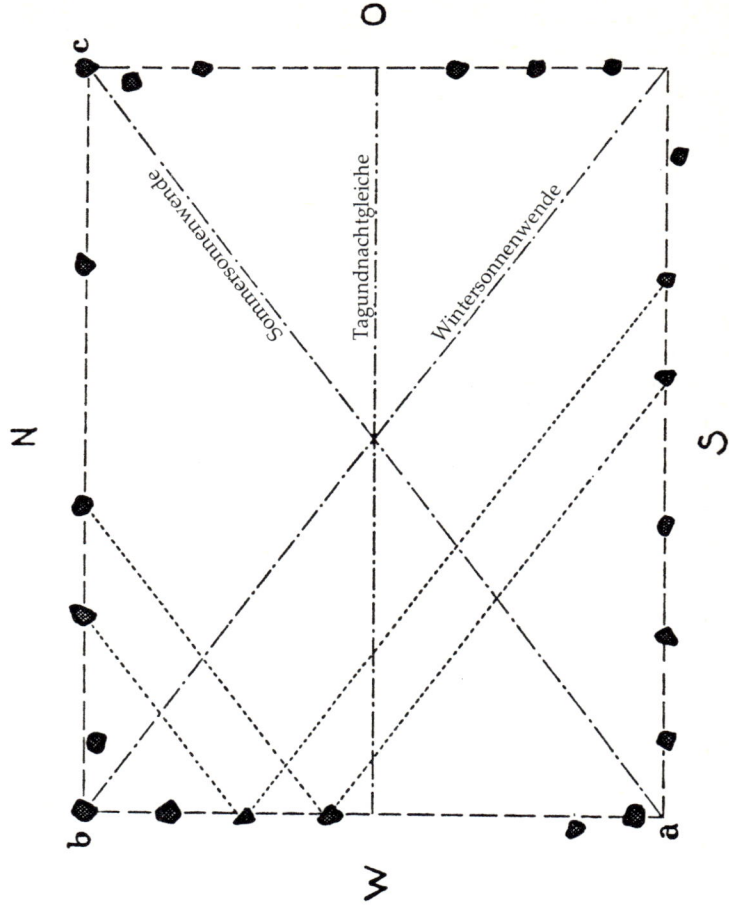

Der rechteckige Kromlech von Crucuno

ein wichtiger Schluß zu ziehen: die Diagonalen des Rechtecks bilden mit der Mittagslinie zwei Azimute von 53° und 127°. Die Linien zeigen bei der geographischen Breite von Crucuno die Sonnenaufgänge zur Winter- und Sommersonnenwende an. Außerdem wird auf dem Plan deutlich, daß man diese Linie anscheinend multipliziert hat, indem man auf den anliegenden Seiten die Menhire parallel zu den Diagonalen anordnete.

Eine einfache Rechnung zeigt, daß die Diagonalen 42,70 m messen, und mit einem rechtwinkeligen Dreieck – wenn seine Seiten der Länge, der Breite und der Diagonale des Monuments entsprechen – können wir feststellen, daß sich die Seiten zueinander verhalten wie 3:4:5. Es handelt sich um das pythagoreisch oder »ägyptisch« genannte rechtwinkelige Dreieck, das in Ägypten zur Zeichnung von rechten Winkeln verwendet wurde. Dieses Faktum beweist überraschenderweise in erster Linie, daß die Erbauer zumindest theoretisch eine regelmäßige Figur beabsichtigt hatten. Mit Approximationen oder empirischem Vorgehen kann man sich hier nicht mehr zufriedengeben. Wir befinden uns vor einer der ersten Anwendungen der Geometrie im abendländischen Europa. Die ganze Bedeutung des Umrisses dieses Monuments wird deutlich.

Indessen stehen wir bei näherer Überlegung vor einem Dilemma. Betrachten wir das rechtwinkelige Dreieck *abc*: die Linie *ac* zeigt den Sonnenaufgang bei der Sommersonnenwende an, und der Winkel *bac* hat 53 Grad. Außerdem verhalten sich die Seiten eben wie 3:4:5. Daraus folgt: in jedem Dreieck mit diesen Proportionen ist einer der Winkel 53°, genauer 53°8′. Wenn aber in einem rechtwinkeligen Dreieck ein Winkel 53,8° beträgt, ist es ein ägyptisches Dreieck im Verhältnis 3:4:5. Wir haben also zwei Eigenschaften, bei denen eine die Folge aus der anderen ist. Vielleicht war nur eine der Eigenschaften gewollt und die zweite ergab sich aus einer geometrischen Koinzidenz.

Aber wir glauben, daß diese Koinzidenz bekannt war und genutzt wurde. Sie kann nur aus der geographischen Breite des Kromlech oder einer benachbarten geographischen Breite entstanden sein. Man müßte etwa noch im Norden oder im Süden weitere rechteckige Kromlechs finden, deren Diagonalen die Sonnenwenden anzeigen oder in denen ein ägyptisches Rechteck zu finden ist. Unserer Kenntnis nach hat der Kromlech von Crucuno keine Entsprechung in den

10   *Teilansicht der Steinreihe von Palaggiu, die etwa 300 Menhire umfaßt*

11 *Megalith-Tempel von Hagar Qim, Malta (zwischen 2800 und 1900 v. Chr.)*

Gebieten zwischen 30 und 60 Grad geographischer Breite, Gegenden, in denen die Megalithbauten auf der Welt zunehmen.

Wie dem auch sei, der Plan des Monuments führt uns noch einmal zum orientalischen Becken des Mittelmeers. Entweder hat sich der Architekt dort aufgehalten, oder der Plan ist das Werk eines gebildeten Reisenden, der aus irgendeinem Grund nach Morbihan kam. Das Beispiel von Stonehenge zeigt, daß solche Kontakte denkbar sind.

Die außerordentlichen Eigenschaften des Monuments wurden unter dem Vorwand in Frage gestellt, daß es restauriert wurde und daher Dimensionen und Orientierung nicht sicher sind. Wir wissen nicht, unter welchen Bedingungen die Restaurierung vor sich ging, aber es wäre aus vielen Gründen doch überraschend, wenn man den ursprünglichen Plan nicht respektiert hätte:

– Die Restaurierung einer solchen Anlage ist nicht die eines mittelalterlichen Denkmals. Wenn die Arbeiten nicht einem leichtfertigen Menschen anvertraut worden waren, der auch noch über beträchtliche Kredite verfügte, ist es, aufgrund der Natur der einzelnen Elemente, sehr schwierig, nicht auf den ursprünglichen Plan zurückzukommen.

– Die liegenden Menhire waren sicher in der Nähe der Löcher, in denen sie anfangs aufgestellt waren. Man konnte also diese Löcher wiederfinden, was die Arbeit erleichtert hätte.

– Es war möglich und einfach, die Hauptlage des Rechtecks zu rekonstruieren. Man brauchte nur zwei stehende Menhire auf jeder der vier Seiten, um die alte Figur nachzuziehen.

– Man erkennt an Ort und Stelle – wenigstens sah man sie noch vor zwanzig Jahren – die wiederaufgestellten Menhire, dank der Keil-Steine an ihrer Basis. Es waren nicht mehr als zehn.

– Schließlich war es einfacher und vor allem weniger beschwerlich, den ursprünglichen Plan zu rekonstruieren, als aus all den Teilen ein Monument mit den bemerkenswerten Eigenschaften zu bauen, die wir an ihm kennen.

DIE STEINREIHEN

Steinreihen (*Alignments*) sind in fast regelmäßigen Abständen angeordnete Menhire, die eine oder mehrere fast parallele Reihen bilden. Sie variieren beträchtlich in den Dimensionen und der Anzahl der Menhire. Diese Megalithbauten haben am meisten unter systematischer Zerstörung gelitten. Als die langgezogensten – einige erreichen Hunderte von Metern, manchmal Kilometer – konnten sie am ehesten Anbauflächen oder die Anlage von Straßen stören. Daher blieben, von einigen Ausnahmen abgesehen, wenig Spuren von den Steinreihen, oder jedenfalls von dem, was sie einmal waren.
Die vollständigsten, längsten und auch eindrucksvollsten sind die weltberühmten Steinreihen von Carnac.

Die Steinreihen von Carnac

Tourismus und Fotografie haben die Anlagen populär gemacht, welche die ganze Megalithkultur zu symbolisieren scheinen. Um die seltsame Schönheit und Melancholie dieser unerklärlichen Steine zu erleben, muß man an einem Herbsttag allein dort spazierengehen. Leider kennen viele die Steinreihen von Carnac nur in einer Masse von Ferienreisenden, wenn die einheimischen Gassenjungen die Autos stürmen oder sich in die Wagentüren stellen, um schreiend die Legende von Saint Cornely herzuleiern. Geben wir uns nicht mit einem kurzen Blick oder einigen in der Eile aufgenommenen Redensarten zufrieden, sondern gehen wir zu Fuß von einem Ende bis zum anderen durch das riesige Gelände der dreitausend Monolithen von Carnac.
Die Steinreihen dehnen sich bis zu fast 4 km aus. Sie sind in drei aufeinander folgende Steinreihen aufgegliedert, die auf den ersten Blick klar voneinander getrennt sind, Ménec, Kermario und Kerlescan, nach den Namen der Gehöfte, die an ihrem Anfang liegen.

Vor den ersten, den Steinreihen von Ménec, bei den Neben-gebäuden des Gehöfts, liegt ein halbkreisförmiger Kromlech, von dem nur einige Teile übrig sind, im ganzen siebzig Stei-ne. Wir sehen in ihnen nur zögernd einen richtigen Krom-lech. Sie sind nicht sehr hoch, von gleicher Form, und berüh-ren sich oft, aber eher, um eine Art Einfassung oder Umfrie-dung zu bilden. Die Steinreihen selbst bestehen aus fast 1200 m langen elf Reihen und 1100 Menhiren. Am Anfang sind sie ziemlich hoch – manche fast 4 m –, dann nimmt die Höhe ab und hat gegen Ende nur noch 60 cm. Jedoch hat der einund-zwanzigste Menhir in der achten Reihe gegen Norden nur 3,50 m. Er gilt oft als der höchste, im Vergleich mit seinen Nachbarn von unter 2 m.

Nach den letzten kleinen Menhiren von Ménec kommt ein leerer Raum von 250 m, vor dem Anfang der nächsten Stein-reihen von Kermario. Rechts liegt ein Galerie-Dolmen in ziemlich schlechtem Zustand. Diese Steinreihen sind mit de-nen von Ménec fast identisch. Sie haben dieselbe Breite von 100 m und fast dieselbe Länge von 1120 m. Es sind 1030 Men-hire in zehn Reihen, die höchsten am Anfang, die kleinsten am Schluß. Vor dem Ende gehen die Steinreihen von Kerma-rio eine kleine Anhöhe hinauf, auf der ein zerfallener Turm beim Gehöft von Manio steht. Die Menhire sind nicht höher als 70 cm, aber inmitten dieser Zwerge erhebt sich ein Riese von 3 Metern. Seine Basis ist so gebaut, daß sie bis zum Ni-veau mit den eingravierten Schlangenlinien hinabreicht. Von diesen sprechen wir noch.

Vom Ende von Kermario bis zum Anfang von Kerlescan liegt ein leerer Raum von 400 m; dort befindet sich nur der Wasser-fall von Kerloquet. Die Steinreihen von Kerlescan haben dreizehn Reihen von über 880 m Länge und 136 m Breite. Zu Beginn steht ein Kromlech, von dem wenig übrig ist. Nach den sichtbaren Resten zu urteilen, ist er eher von elliptischer Form und berührt den Anfang der Steinreihen; der Anfang ist durch eine Reihe von Menhiren gekennzeichnet, die manch-mal ziemlich nah beieinander und senkrecht zu den Reihen stehen. Es sind 555 Menhire, die am Fluß Crach enden.

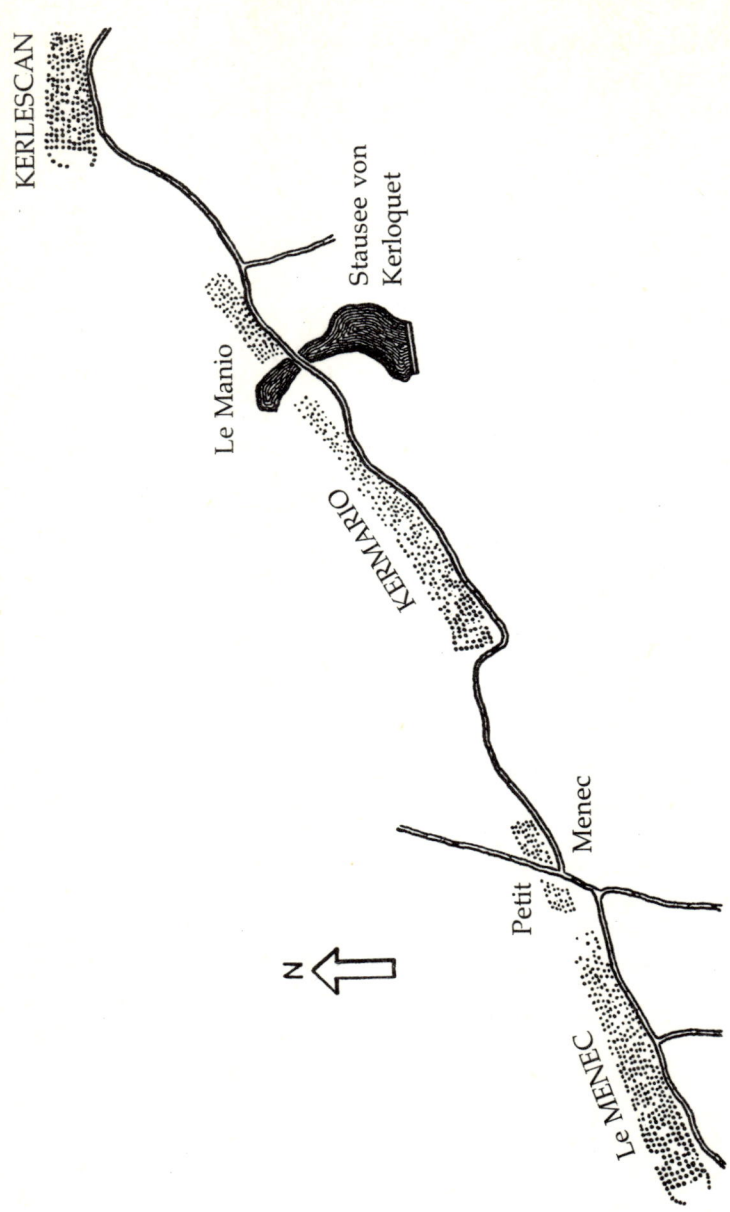

KERLESCAN

Stausee von
Kerloquet

Le Manio

KERMARIO

Menec

Petit

Le MENEC

N

Die Skizze zeigt die Gesamtanordnung der Steinreihen von Carnac

84

Auf den ersten Blick bilden die Steinreihen von Carnac keine regelmäßige Linie. Die Reihen haben ungleiche Zwischenräume und sind nicht geradlinig, sondern etwas gewunden, wie Reptilien. Dieses erstaunliche Bild scheint beabsichtigt zu sein, denn die Reihen folgen denselben Windungen. Indessen sieht man aus der Nähe, daß jede Steinreihe, trotz ihres »schlangenförmigen« Aussehens, einer bestimmten Richtung folgt. Das wird durch Luftaufnahmen bewiesen, und wir finden diese Eigenart auch bei vielen Galerie-Dolmen in Carnac.

Das Gelände dieser großen Anlagen ist jedoch nicht ganz eben. Es steigt und fällt, wenig, aber klar sichtbar; und die Reihen winden sich auf den Anhöhen wie in den Ebenen, was ihr schlangenförmiges Aussehen noch verstärkt. Wir legen darauf großes Gewicht. Man hat sich lustig gemacht über Leute, die, allerdings ohne ausreichende Erklärung, aus den Steinreihen von Carnac dem Schlangenkult gewidmete Tempel gemacht haben. Wie alle anderen kennen auch wir nicht den Zweck dieser mysteriösen Anlagen, aber eins scheint uns sicher: Wenn die Erbauer ein Denkmal nach dem Bild ihres heiligen Tieres, in diesem Fall der Schlange, errichten wollten, hätten sie sich nicht anders verhalten. Denn wie gesagt, die leichten, aber deutlichen Windungen waren gewollt, und es war schwieriger, sie sichtbar zu machen, als geradlinige Steinreihen zu ziehen.

Der Kuriosität halber folgender Satz:

». . . die langen parallelen Steinreihen ähneln phantastischen Pythons, und die Prozessionen, die hier sicher vor langer Zeit zwischen den aufgereihten Menhiren durchzogen, ähnelten noch mehr lebendigen und ungeheuren Schlangen.« Das Schauspiel müßte in der Tat außerordentlich gewesen sein, aber es gab zwei große Hindernisse für die Realisierung und die Beobachtung: mehrere tausend Personen wären notwendig gewesen, und es konnte nur von einer beherrschenden Position aus betrachtet werden. Eine keineswegs vernunftwidrige Hypothese, wenn der Grabhügel Saint-Michel zu diesem Zweck gebaut worden war.

Aus folgendem Grund legen wir großes Gewicht auf die Besonderheit der Steinreihen von Carnac: Wenige Studien über die Anlagen machen sich darüber Gedanken. Man verhält sich so, als seien die Windungen nicht vorhanden. Und wenn darüber gesprochen wird, dann oft Unsinn, z. B., sie seien durch Unebenheiten des Geländes bedingt! Eine Studie über die geheimnisvollen Steinreihen von Carnac muß unserer Meinung nach eine Tatsache in Rechnung stellen, die jedem ins Auge springt. Vielleicht ist keine annehmbare Erklärung zu finden. Auch die Weigerung, ein Schlangensymbol darin zu sehen, mag angehen. Aber das sind keine Gründe, eine der seltsamsten Eigentümlichkeiten dieser Bauten zu verleugnen und sie in Nachahmung von Cambry, einem Altertumsforscher, als »schnurgerade« anzusehen.

Man muß die Steinreihen von Carnac unermüdlich beobachten, denn auf den ersten Blick sind sie nur ein Wald von aufgerichteten Steinen. Diese werden immer niedriger, aber nicht regelmäßig. Einige Menhire sind höher als die anderen. Die Steine haben die verschiedensten Formen, und nirgendwo anders hat man stärker das Gefühl, vor einem Monument aus »rohen Steinen« zu stehen.

Einige Blöcke, und nicht die kleinsten, stehen auf der Spitze, mit dem dickeren Teil nach oben, was auf die Bemühung um Schwierigkeiten hinweist. Am Anfang von Ménec liegt einer von zwanzig bis dreißig Tonnen; er stand früher auf der Spitze, kaum einen Meter tief in den Boden gesenkt! Eine Eigenschaft ist allen Megalithbauten gemeinsam: In Entwurf und Durchführung hat man immer die schwierigste Lösung gesucht, zumindest erscheint sie uns so.

Die Aufteilung in drei unabhängige Steinreihen – wie wir sie gewohnheitsmäßig sehen – erscheint jedoch manchmal willkürlich. Zwischen Ménec und Kermario gibt es den kleinen Ménec; da tauchen wieder höhere Steine auf als am Ende von Ménec, und das sieht aus wie eine neue Steinreihe. Zwischen Kermario und Kerlescan steht der Manio; an seinem Ende, am Straßenrand oder zwischen den Kiefern, sind große graue Steine in Kugelform zu sehen.

Noch viele andere Details wären zu diesen seltsamen Bauten zu nennen. Am überraschendsten ist folgendes: Kurz nach dem Anfang steht ein Menhir außerhalb der Reihe, und diese Unregelmäßigkeit scheint beabsichtigt, weil sie bei allen drei Steinreihen vorkommt. Zudem dominiert er die gleich hohen. Das haben wir in Ménec und Kermario festgestellt. In Kerlescan, wo der Anfang am besten erhalten ist, steht der »abweichende« Menhir genau in der Mitte zwischen den Steinreihen, und sein Abstand zum Anfang beträgt ein Viertel ihrer Breite. Es gab also eine Absicht, und ein genauerer Plan würde sie vielleicht aufdecken. Wie dem auch sei, die »abweichenden Menhire« der Steinreihe von Carnac müssen offenbar zu der Schlangenform der Anlage gehören; jede Studie also, die diesen beiden Besonderheiten nicht Rechnung trägt, würde unter Umständen fruchtlos bleiben, auf jeden Fall kaum überzeugen.

Man hat sich in Vermutungen über den Sinn der Bauten verloren. Aber sie bleiben geheimnisvoll, und jeder mag seiner Phantasie freien Lauf lassen. Daran hat man es nicht mangeln lassen. Wir berichten einige der kuriosesten Ansichten: M. de la Sauvagère, Ingenieuroffizier in der Armee König Ludwigs XV., sah darin die Reste eines römischen Feldlagers, des »Feldlagers Cäsars«. Alle Steine wurden nach ihm errichtet, um Zelte zu stützen und sie vor dem Wind zu schützen! Man konnte allerdings zu dieser Zeit höchster Ingenieuroffizier sein und ungereimte Ideen über militärische Quartiere haben. Jedoch liefert M. de la Sauvagère ein interessantes Detail: Er hat die Steine gezählt und kam auf viertausend. In zwei Jahrhunderten wären also hundert Menhire verschwunden.

Cambry, einer der enthusiastischsten »Keltomanen« um 1800, die wir genannt haben, hielt die Steinreihen von Carnac ganz einfach für einen Tierkreis. Gegen diese Meinung erhob sich ein ernsthafter Einwand: Der Tierkreis hat zwölf Zeichen, und es sind nur elf Menhir-Reihen in den Steinreihen; aber Cambry war keineswegs verlegen. Er schnitt die Frage ab, indem er einfach behauptete – man weiß nicht genau warum –, daß es im Tierkreis der alten Gallier nur elf Zeichen gab.

Für einige »Altertumsforscher« zur Zeit Cambrys oder vorher waren die Steinreihen von Carnac »Kriegsgräber aus einer denkwürdigen Schlacht, deren Ausgang von großer Wichtigkeit war«. Später schrieb ein anderer Autor, daß jeder Menhir den Krieger einer Armee darstellte, die sich als erste in der Gegend niederließ, und, da die Kämpfenden kein Zahlensystem hatten, zählten sie sich auf diese Weise. Man sah auch die Säulen des Herkules darin; hier aber noch Kurioseres:

Ein Autor behauptet, in den ersten Jahren des 20. Jh., die Veneter hätten am Trojanischen Krieg teilgenommen, und die Steinreihen seien die Eleusischen Felder der Antike. »Die Angaben Platons über Atlantis«, schreibt er, »führen nach Menes und in den Trojanischen Krieg, und dieser führt uns zurück zu den Steinreihen und Grabstätten von Carnac. Atlantis ist unentbehrlich, um die Frage aufzuhellen; und damit muß man sich abfinden.« Und weiter: »Und nun, abgesehen davon, daß wir aufgrund des oben Gesagten das Alter der Bauten in Carnac bestimmen können, haben wir mehr Grund als vorher zu dem Schluß, daß die Veneter nach dem Trojanischen Krieg die Asche ihrer Toten mitnahmen, und daß die Gegend um Carnac ohne jeden Zweifel eins der Eleusischen Felder ist, wo man sie mit besonderen Ehren bestattete, indem man ihnen ›Menecs‹ errichtete, um die Erinnerung an einige Schlachten wachzuhalten. Mit welchem anderen Ereignis konnte die Erbauung so bedeutender Bauwerke verbunden sein? Der Trojanische Krieg ist das einzige große Ereignis der Veneter, und die Indizien zugunsten meiner These häufen sich.« Schließlich läßt sich unser gelehrter Autor auf unerwartete toponymische Vergleiche ein, z. B. von »Kerlescan« und den »Alyscamps« von Arles (sic). »Und, was besonders bemerkenswert ist, selbst der Name der Stadt Troia, *Ilion*, findet sich in unmittelbarer Umgebung von Carnac, am Ende des Eleusischen Feldes, in *Ker-Ilio*.« Und er schließt ganz zutreffend: »Das Vorhandensein dieses Na-

mens ist nicht zufällig, es hat eine besondere Bedeutung . . .
aber seine Wichtigkeit, die im Verhältnis zum behandelten
Gegenstand enorm ist, wird keinem entgehen.«
Und dennoch wurde dies im sehr seriösen *Congrès Préhistorique De France* in Vannes 1906 gedruckt.
Schließlich hat man vor kurzem in den Anlagen perfekte Observatorien gesehen, die vor allem die Mondbahnen und
Sonnenfinsternisse anzeigten. Unser ägyptisches Dreieck
vom Kromlech von Crucuno macht eine sehr armselige Figur
neben dieser Darlegung fortgeschrittener Geometrie. Allen
Ernstes, all dies ist unzweifelhaft richtig . . . auf dem »feuille
de canson«, glücklicherweise auch noch! Wer weiß, vielleicht
enthüllen uns die Steinreihen von Carnac eines Tages die
Geheimnisse des Atomzerfalls . . .

Eines scheint sicher: Es liegt kein Nutzwert in diesen Anlagen. Wahrscheinlich waren es Kultstätten. Ihr Plan weist auf
Prozessionswege hin und läßt an ein zwischen den Steinreihen wandelndes Gefolge denken. Denn vergessen wir nicht,
es handelt sich um langgestreckte Bauten; bewegungslos
zwischen den Reihen stehende Leute, wie man es sich z. B.
im Innern von Kromlechs vorstellen kann, sind undenkbar.
Die höchsten Menhire stehen am Anfang der Steinreihen,
dann werden sie kleiner, bis sie einige Dutzend Zentimeter
erreichen. Man kann sich vernünftigerweise fragen, ob sie
nicht immer noch kleiner wurden, bis sie langsam ganz verschwanden. Den Anfang der Steinreihen setzen wir bei den
großen Menhiren an; wenn es sich aber um Kultstätten handelt, ist diese These fragwürdig. Wenn es Chorumgänge waren, in welcher Richtung bewegte sich das Gefolge? Es
konnte in eine Richtung gehen und wieder zurück, sich z. B.
der aufgehenden Sonne zuwenden und gegen die untergehende zurückkommen. Wir haben hier auf eine der wichtigsten Fragen in bezug auf Steinreihen und ihre Orientierung
angespielt.
Der Kommandant Devoir hat sich viel mit der Orientierung
der Megalithbauten beschäftigt. Er meinte, sicher mit Recht,

daß sie fast alle orientiert waren, im Gegensatz zur Meinung mehrerer Gelehrter seiner Zeit. Über die Steinreihen von Carnac und andere schrieb er:

»Die Steinreihen von Sainte-Barbe und von Saint-Pierre-de-Quiberon entsprechen dem Sonnenaufgang im selben Abstand zur Tagundnachtgleiche, zur Wintersonnenwende oder zum symmetrischen Untergang. Die von Erdeven zeigen den mittleren Aufgang im Sommer an. Ménec und Kerlescan dienen als Richtpunkt der Äquinoktial-Linie, während Kermario und der kleine Ménec die Richtung des Aufgangs der Sommersonnenwende und des Untergangs der Wintersonnenwende angeben.

Diese Richtpunkte entsprechen den vier folgenden Daten: 8. November, 4. Februar, 6. Mai, 8. August, die keine anderen sind als die mittleren Daten der Hauptzeiten des Ackerbau-Jahres.

Anfang November ist die Saatzeit für Februar. An den ersten Maitagen beginnt die Blüte, und an den ersten Augusttagen die Ernte.«

Die Meinung des Kommandanten Devoir wurde wenigstens in bezug auf die Orientierungen akzeptiert, denn seine anderen Ideen über die Megalithen galten eher als »häretisch«. Es war ihm gelungen, ein Monument zu orientieren, und wir pflichten seinen Beobachtungen vollkommen bei. Als wir unsererseits die Steinreihen von Carnac studieren wollten und die Resultate unserer Arbeiten den seinen gegenüberstellten, zeigten sich Differenzen; keine schwerwiegenden, gewiß, aber die Frage mußte doch neu überdacht werden.

Die Orientierung der Steinreihen ist im allgemeinen schwer festzustellen, besonders die der Steinreihen von Carnac. Die Endpunkte aller drei Anlagen sind nicht klar genug markiert, außer vielleicht Kerlescan. Die Reihen sind ja gewunden und durchdringen sich infolge von Lücken gegenseitig. Aber wir wissen auch, daß es eine erkennbare Hauptrichtung gibt. Um ein möglichst genaues Resultat zu erzielen, sind wir folgendermaßen vorgegangen: Wir haben zuerst vom Ende der Steinreihen ausgehend, also von dort, wo die Menhire am kleinsten sind, mehrere Orientierungen angenommen. Vom Anfang auszugehen ist beinahe unmöglich. Die Monolithen sind zu groß, zu »dickbäuchig«, und verdecken die Reihen. Wir haben Durchschnittswerte aufgestellt und sie mit der Orientierung verglichen, die sich aus der Vergrößerung von Luftaufnahmen ergab, die das Institut Géographique National geliefert hatte. Auf diesen Dokumenten erkennt man sehr gut den Umfang der Steinreihen sowie die Menhir-Reihen, zumindest da, wo sie am größten sind, also am Anfang. Ohne präzisen topographischen Plan mit Spezialinstrumenten oder Luftaufnahmen aus niedriger Höhe kann unserer Meinung nach keine genauere Orientierung erreicht werden. Hier die Resultate: Im Gegensatz zu anderen Behauptungen sind die Steinreihen von Kerlescan nicht genau nach den Sonnenaufgängen der Äquinoktien ausgerichtet, da sie mit dem Norden einen Azimut von ungefähr 96° bilden. Die Linie entspricht annähernd den Aufgängen am 10. März und am 3. Oktober. Die Abweichung ist nicht groß, etwa zehn Tage, aber sie existiert. Wir glauben nicht an einen Irrtum der Erbauer, denn die Linie der Menhire, die den Anfang der Steinreihe markieren, ist sehr wohl nach der Nord-Süd-Linie ausgerichtet.

Der Azimut der Steinreihen von Kermario beträgt 57°. Wenn sie nach dem Sonnenaufgang der Sommersonnenwende orientiert waren, mußte dieser Winkel ungefähr 53° betragen haben, so wie es sich bei dem rechtwinkeligen Kromlech von Crucuno darstellt. Wir haben also eine weitere Differenz von 4 Grad. In der Verlängerung der Steinreihe sieht man die Sonne gegen 2. Juni und 10. Juli aufgehen. Auch hier können wir nicht von einem Irrtum ausgehen. In Ménec schließlich beträgt der Azimut ungefähr 72° und entspricht in etwa den Aufgängen am 20. Mai und am 25. Juli.

Unsere Beobachtungen stimmen also nicht mit denen des Kommandanten Devoir überein, noch übrigens mit anderen Ausführungen. Die Steinreihen von Carnac richten sich, wenn überhaupt, nach den Sonnenwenden und Äquinoktien. Wenn anders, dann sehr vage, etwa wie einige unserer

Kirchen, die sich eigentlich nach Osten wenden sollen. Wir haben nicht daran gedacht, die Differenzen zwischen der Gesamtrichtung der Steinreihen und den wichtigen Sonnenaufgängen den Phänomenen des Vorrückens der Nachtgleichen zuzuschreiben. Dies würde den Bauten ein viel höheres Alter verleihen, vielleicht in der Größenordnung von 10 000 Jahren!

Wenn präzise Beobachtungen der Sonnenaufgänge bei diesen Bauten stattfanden, geschah es mit Hilfe der als »abweichend« bezeichneten Menhire, dessen sind wir sicher. Ihre Höhe, wesentlich bedeutender als die der umliegenden Menhire, oder ihre Lage zwischen zwei Reihen, unterscheidet sie klar von den anderen. Das konnten wir nicht mit Luftaufnahmen verifizieren, die geben nur eine Gelände-Darstellung im Maßstab 1:500, und das genügt nicht, um Details zu erkennen. Aber wir sind nicht die ersten, die sich für dieses Problem interessieren.

1888 machte eine Gruppe von Leuten einen interessanten Versuch. Man hatte angenommen, daß der abweichende Menhir der Steinreihen von Ménec von einem bestimmten Punkt aus den Sonnenaufgang der Sommersonnenwende anzeigen würde. Dieser Punkt war der Mittelpunkt des Kromlech vor den Steinreihen. Die Beobachter hatten sogar auf dem Gipfel des Menhirs einen Stock befestigt, der die Sonne in zwei gleiche Teile teilen mußte, wenn die Hälfte der Scheibe über dem Horizont auftauchte. Unglücklicherweise blieb der Himmel am Morgen des 21. Juni 1888 bedeckt, und wir haben nichts über weitere Versuche dieser Art erfahren. Anstatt den Aufsatz zu kritisieren, hätte Closmadeuc, der über das Unternehmen berichtet, es besser wiederholt. Er hatte diese Idee allerdings nicht als erster.

Wie immer, eins halten wir für evident: Der Zweck der Steinreihen war nicht nur, die Sonnenaufgänge zu markieren. Wenn, dann haben sie nur nebenbei dazu gedient. Zwei oder drei klug aneinandergereihte Menhire hätten diese Aufgabe ebenso gut erfüllt. Es waren also vor allem Kultstätten. Daß es eine Art Sonnenkult war, ist ziemlich wahrscheinlich, da

92

die drei Steinreihen auf einen Streifen am Horizont ausgerichtet sind, an dem an allen Tagen des Jahres die Sonne aufgeht. Etwas anderes kann daraus nicht abgeleitet werden.

Nun drängt sich eine allgemeine Bemerkung auf: Die drei Steinreihen bilden ein Ganzes, sie gehören zusammen, man könnte sagen, sie sind ein einziges Monument. Die Steinreihen von Ménec weisen auf den Anfang der Steinreihen von Kermario, und diese auf die von Kerlescan. Man kann sich sogar fragen, ob nicht zur Zeit der Erbauung die Verlängerungen vorhanden waren. Wichtig ist folgendes: Am Anfang und noch dreißig Meter lang ist die Orientierung der Steinreihen von Kermario identisch mit der der Steinreihen von Ménec, die ihnen vorausgehen, also 70°, dann haben sie die von uns genannten 57°. Es wurde also offenbar absichtlich eine Art »Lötstelle« zwischen den beiden Steinreihen angebracht. Im heutigen Zustand kann nicht mehr festgestellt werden, ob es zwischen Kerlescan und Kermario ebenso war, aber auf der Luftaufnahme sieht es so aus, als würde man mit der Verlängerung der einen Steinreihe auf die andere treffen.

Wir fassen unsere langen Ausführungen zusammen:

– Trotz einer festgelegten Gesamtrichtung sind die Steinreihen von Carnac nicht geradlinig. Ihre Reihen sind oft gewunden und »schlangenförmig«, und das war offenbar beabsichtigt.

– An manchen Stellen, hauptsächlich aber am Anfang jeder Steinreihe, überragt ein größerer Menhir seine Nachbarn. Er steht zudem außerhalb der Reihe, d. h. in der Mitte zwischen den Reihen. Auch hier sind die »Anomalien« anscheinend beabsichtigt.

– Die Gesamtrichtung der drei Steinreihen steht in Beziehung zu einer bestimmten Form des Sonnenkults, da sie sich an dem Streifen des Horizonts abzeichnet, an dem das ganze Jahr über die Sonne aufgeht.

– Die drei Steinreihen bilden anscheinend ein einziges gigantisches Monument, die »Lötstelle« bei Ménec-Kermario würde das beweisen.

Es wäre vielleicht noch eine Untersuchung über einzelne Schwierigkeiten anzufügen, aber diese sind vielen Megalithbauten gemeinsam. Wir werden noch darauf zurückkommen.

Diese Eigenschaften der rätselhaften Anlagen sind für uns unbezweifelbar. Wir wiederholen: Jede Studie, die sie nicht berücksichtigt, ganz oder teilweise, wird sich zwangsläufig den seltsamen Meinungen anfügen, von denen wir einige angeführt haben.

Die Steinreihen von Carnac sind idealisiert oder vielmehr stilisiert und vereinfacht worden, zweifellos, um Schwierigkeiten auszuweichen. Wir glauben gezeigt zu haben, daß es sich im Gegenteil um Bauten handelt, die eine bestimmte Komplexität besitzen und deren Studium noch lange Zeit eines der unsichersten bleiben wird.

Andere Steinreihen

Nach den Steinreihen von Carnac kommen der Wichtigkeit nach die von Kerzerho oder Erdeven; sie sind nur sechs oder sieben Kilometer von den vorher genannten entfernt. Sie säumen die Straße von Plouharnel nach Erdeven, und möglicherweise wurde diese Straße mitten durch die Menhirreihen gebaut, die ihren Anfang bilden. Jedenfalls kommt man an einer außergewöhnlichen Gruppierung von aufgerichteten Steinen vorbei.

Die Steinreihen sind 2 km lang und 60 m breit. Man zählt 1100 Menhire, aber die haben bei weitem nicht die schöne Anordnung wie die von Carnac, zumindest am Anfang. Sie machen eher den Eindruck eines Steinwaldes als einer Steinreihe. Die Reihen sind sehr unregelmäßig, da die »abweichenden Menhire« zu häufig sind. Man hat jedoch wie bei dem Kromlech von Crucuno behauptet, daß sie gegen 1890 ungeschickt restauriert worden seien. Mehrere Menhire wären außerhalb der Reihen plaziert worden. Das ist kaum zu glauben, vor allem, daß man dem nicht abgeholfen hat, obwohl man es wußte. Zu dieser Zeit wußte man über Steinreihen Bescheid, und es ist ungewöhnlich, daß die für die Arbeiten Verantwortlichen eine Restauration durchführen ließen, die keine war. Man möchte fast an einen ausgemachten »Sabotage«-Akt glauben. Es wäre nicht der einzige.

Die Errichtung eines Menhirs an seinem alten Platz war leicht, da das Gelände bereits aufgegraben war, nicht nur für das Loch, sondern auch für die Gleitrampe. Der Transport der manchmal enormen Blöcke verlangte zusätzlichen Arbeitsaufwand, und natürlich war eine solche Restaurierung zwei- oder dreimal teurer, als es Arbeiten nach dem ursprünglichen Plan gewesen wären.

So ist die Bestimmung der Orientierung der Steinreihen von Kerzerho noch viel schwieriger als in Carnac. Dennoch hat die regelmäßigste Reihe einen Azimut von 88° oder 89° ergeben. Das wäre eine klare Orientierung nach dem Äquinoktial-Sonnenaufgang. Ein seltsames Faktum: nach zwei- bis dreihundert Metern wechseln die Reihen die Richtung, um die der aufgehenden Sonne zur Wintersonnenwende einzuschlagen. Ein wenig ist das auch in Carnac so, aber um den Abweichungspunkt herum ist die Lage zu konfus. Außerhalb der Reihe stehen ziemlich hohe Menhire, und man fragt sich, ob es nicht ursprünglich zwei Steinreihen gab, die sich überschnitten. Für die Lösung dieses Problems wäre noch eine genaue Erhebung nötig.

Die bekanntesten oder am meisten zitierten Steinreihen sind noch die von Sainte-Barbe bei Plouharnel (Morbihan), von Saint-Pierre-de-Quiberon und von Camaret, letztere im Finistère. Erstere bestehen nur aus zwei Reihen mit einer ungefähren Länge von 300 m. Die von Saint-Pierre-de-Quiberon laufen weiter bis unter den Meeresspiegel. Fünf Reihen von 100 m Länge sind noch auf einem von Villen umgebenen Rasenplatz sichtbar. Die Steinreihen von Camaret sind nicht sonderlich eindrucksvoll. Nicht einmal ihre anfängliche Anordnung kann richtig rekonstruiert werden. Es ist nur eine Menhir-Reihe senkrecht zu zwei anderen zu sehen. Alle drei sind »schlangenförmig«, und die Steine sind durchschnittlich niedrig. Das Monument wurde 1928 restauriert.

Auch die Steinreihen von Saint-Pantaléon (Saône-et-Loire), auf dem sogenannten »Champ de la Justice« gelegen, wurden restauriert. Ihre dreißig Monolithen erstrecken sich ungefähr über 200 m. Nennen wir noch die Steinreihen aus einer einzigen Menhir-Reihe, z. B. die Steinreihe von Evora in Alentejo (Portugal) aus zwölf Menhiren in gerader Linie oder die im Wald von Fougères in Ille-et-Vilaine, »Cordon des Druides« genannt. Dieses Monument hat 80 Steine aus Quarzfelsen, nur zwei sind aus Granit, und es ist in einer einzigen Reihe von 300 m angeordnet; die Steine sind nicht mehr als 2 m hoch. Ein Archäologe schrieb: »Der ›Cordon des Druides‹ kommt mir vor wie eine Reihe von Ausläufern einer Quarz-Ader in Form eines Rosenkranzes.« Gleich bei einer Steinreihe wurden die Überreste von zwei Kromlechs gefunden.

Viele Steinreihen sind nach der Nord-Süd-Linie ausgerichtet, z. B. die von Guitté (Côtes-du-Nord), von Vieux-Moulin und von Keriaval in Plouharnel usw. Die Steinreihen von Plœmeur (Finistère) haben wie Carnac einen Kromlech am Anfang. Im Morbihan und in anderen Départements der Bretagne gibt es noch viele Monumente dieser Art. Man zählt 18 im Finistère und 28 in Ille-et-Vilaine. Auch in zwanzig anderen Départements gibt es welche, aber keins erreicht an Bedeutung und Schönheit das von Carnac.

III.
Dolmen und Galerie-
gräber

DIE DOLMEN UNTER GRABHÜGELN

Wir hatten oft Gelegenheit zu bedauern, daß Dolmen – und nicht die kleinsten – unter Grabhügeln lagen, unter einer Masse von Erde und Geröll. Einige Prähistoriker meinten, daß ursprünglich alle Dolmen zugedeckt waren, eine Hypothese, die vor allem von Adrien de Mortillet um 1900 aufgestellt wurde. Davor hatte Arcisse de Caumont 1863 einen Artikel erscheinen lassen: »Les dolmens sont des cavités sépulcrales autrefois au centre des tumulus« [Dolmen sind Grabhöhlen, die einst im Zentrum von Grabhügeln lagen]. Mit de Mortillet setzte die Idee sich jedenfalls durch; viele Prähistoriker pflichteten ihr wohl oder übel bei. Mehrere Mitglieder lokaler archäologischer Gesellschaften schlossen sich an, denn es war besser, die Blitze der Götter am Himmel der prähistorischen Wissenschaften nicht auf sich zu lenken; das ging so weit, daß man sich bei der Restaurierung der »Table des Marchands« verpflichtet glaubte, auch den Grabhügel zu restaurieren, der sie bedeckte!

Es wurde etwas vorschnell behauptet, *alle* Dolmen seien unter Grabhügeln gelegen, denn viele Fakten sprechen dagegen. Zum ersten gibt es viel mehr Dolmen im Freien als unter Grabhügeln. Wie erklärt sich das Verschwinden von voluminösen Haufen aus Erde und Tausenden von Steinen, so daß nicht der kleinste Stein mehr übrigblieb? Wenn man die unmittelbare Umgebung der großen, einzeln stehenden Dolmen, Essé, Mettray und andere, beobachtet, entdeckt man nicht die geringste Spur eines möglichen Grabhügels. Natürlich gab es Erklärungen dafür.

Erst einmal wurde das Verschwinden der Grabhügel auf atmosphärische Einwirkungen geschoben: Regen und Wind hätten nach und nach die Dolmen von der Schicht aus Erde und Steinen befreit. So hätten Regen und Wind nur auf bestimmte Monumente eingewirkt, auf andere nicht. Warum nicht auf Antequera? Man entgegnete, das sei eine Frage der Natur des Grabhügels. Überall, wo man keine fände, sei er nur aus Erde ohne Steine gewesen. Und darum sind wir des Anblickes herrlicher Monumente beraubt.

Auch die Bauern wurden verantwortlich gemacht. Sie haben angeblich die Erde der Grabhügel genommen, um sie auf ihre Felder zu streuen – als ob sie erstklassiger Dünger gewesen wäre. Gewiß, es hätte so sein können, aber die Grabhügel sind meistens aus Erde und Steinen zusammengesetzt. Daß Naturkräfte oder Bauern die Erde verteilt haben, mag sein; aber wo sind die Steine geblieben? Wurden Mauern und Hütten aus ihnen gebaut? Die Erklärung wäre annehmbar, wenn man immer in der Nähe von Dolmen Reste von Mauern und Hütten fände. Die aber gibt es dann sehr oft in steinigen Gegenden, wo man sich nach dem notwendigen Material nur zu bücken brauchte und nicht einen Dolmen abtragen mußte.

Wie soll man es sich erklären, daß es in besonders steinigen Gegenden wie Cévennes oder den Causses keine Spur von alten Grabhügeln zu entdecken gibt? Ganz sicher wollte man nicht die Steine wiederhaben. Im Gegenteil, in der Nähe mehrerer Dolmen, z. B. im Norden des Départements Hérault, kann man Spuren von möglichen Grabhügeln erkennen. Einige Monumente sind sogar zur Hälfte unter Geröll begraben; aber wo ist der Rest geblieben?

Hierzu eine Bemerkung. In der Heide und auf den Causses [causse = nackte, wellenförmige und wasserlose Hochebene] kommt es oft vor, daß Dolmen auf natürliche Felsbänke gebaut sind. Mußte man den Felsen aushöhlen, um die Tragsteine in der Vertikalen zu errichten und zu befestigen? Oft haben wir festgestellt, daß Tragsteine durch Steine in Form eines künstlichen Grabens festgehalten werden. Eins der besten Beispiele ist der Dolmen von Saint-Cernin-de-Larches in der Corrèze. Die Tragsteine stecken einen Meter tief in einem Haufen aus Erde und Steinen und stehen auf dem Felsen.

Einige große Monumente hätten ungefähr 1500 Kubikmeter Erde und Kiesel gebraucht, um unsichtbar zu werden. Derartige Massen verflüchtigen sich nicht, ohne Spuren zu hinterlassen. Wenn einige Dolmen einmal zugeschüttet waren, so ist es doch die überwiegende Mehrzahl nie gewesen. Zudem bringt die Ausgrabung eines Dolmens unter einem Grabhügel fast immer zweifelhafte Resultate, was die Ähnlichkeit der Datierung zwischen Dolmen und Grabhügel betrifft. Etwa der Dolmen und der Grabhügel auf der Bergspitze Ransas in der Lozère. Aus den Ausgrabungen ergab sich: Wenn das Monument aus der neolithischen Zeit stammte, wäre nichts darin gewesen, und es wäre ganz sicher nicht unter seinem Grabhügel. Aus der Bronzezeit stammen 28 Oberarmknochen, einige Schädel, vier Pfeilspitzen aus Bronze, Halsbandkügelchen aus Pechkohle, Ambra und Bronze. In der Eisenzeit wurde ein Mann hineingelegt, der am rechten Arm ein Eisenarmband trug. Der Grabhügel bedeckte also den Dolmen zur Zeit dieser Beisetzung noch nicht.

Wir haben viele Dolmen gesehen, die außen Reste eines Erd- und Steinmantels trugen. Viele Monumente dienten nicht nur als Unterschlupf für Schäfer oder Bauern, sondern auch als Wohnungen. Es genügte oft eine einfache Erhöhung des Bodens durch künstliche Ablagerungen, um einen wasserdichten Innenraum zu erhalten. Ein Dolmen von Trégastel (Côtes-du-Nord) wurde lange als Wohnung benutzt. Der von Draguignan (Var) wurde in einen Stall umgewandelt. Ein Dolmen von Crossac (Loire-Atlantique) diente zehn Jahre lang einer armen Frau als Unterkunft, die dort auch starb. Es ist gar nicht lange her, da gab es in der Umgebung von Münster (Norddeutschland) einen großen Dolmen, der eine Herde von hundert Schafen beherbergte, usw. Wie viele Monumente sind heute Unterschlupf, Scheune, Stall oder Hühnerhaus? Man verstopft so gut wie möglich den Raum zwischen den Tragsteinen, und diese Füllung kann leicht für den Rest eines alten Grabhügels gehalten werden. Auf den Causses häuften die Bauern zahlreiche Steine von den Feldern zu Haufen oder Hügeln auf, und diese »clapasses« genannten Hügel bedecken oft die Dolmen. Gegen Mitte des letzten Jahrhunderts haben Schäfer bei La Roque-des-Albères (Pyrénées-Orientales) unter Steinen einen Dolmen zur

Hälfte ausgegraben; er war übrigens *auf* einen Grabhügel gebaut. Das war auch so bei dem Dolmen von Brugeilles in der Corrèze, und es gibt noch weitere Beispiele.

Eins ist außerdem noch wichtig: Bei der Erbauung waren offenbar alle Dolmen bis zur Höhe der Tafeln eingegraben, innen wie außen. Wir kommen darauf zurück, wenn wir über das von den Erbauern angewandte Verfahren sprechen, aber vielleicht wurde es versäumt, sie' ganz oder teilweise zu befreien. Das wäre der Fall bei Dolmen, die bis zur halben Höhe im Geröll eingegraben blieben, oder bei vielen anderen Monumenten, deren Tafeln den Gipfel eines Hügels oder das umliegende Gelände streifen: Plouharnel, Locmariaquer, Scilly-Inseln usw.

Die Hypothese, daß alle Dolmen ursprünglich eingegraben waren, wurde nur durch das Dolmen-Grab belegt. 1931 konnte man noch folgendes lesen: »Wir glauben, daß alle Dolmen, alle Galeriegräber ohne Ausnahme, von einem Grabhügel bedeckt waren und daher als Grabmonumente betrachtet werden müssen.« Warum daran zweifeln, daß die Monumente Grabhöhlen waren, da sie mit Erde bedeckt waren? Dieser Theorie widersprachen viele Einwände, aber die waren häufiger als Gegenargumente. 1603 beschrieb ein englischer Schriftsteller den Dolmen von Penter-Ifan so, wie er heute ist, d. h. ohne die Spur eines möglichen Grabhügels. Drei Jahrhunderte später nahm man ohne jeden Beweis an, daß dieser zwischen 1500 und 1600 verschwunden sein muß. Warum und wann aber hat man dann den Dolmen »Palet d'Arthur« [Stein Arthurs] genannt?

Die ganz unter einem Grabhügel begrabenen echten Dolmen sind selten. Die meisten liegen im Morbihan und in Andalusien. Der einzige offenbar gesicherte – es fehlen noch einige Untersuchungen – ist der von Kercado in Carnac: der Dolmen ist von einem Erdhügel bedeckt, der seinerseits von einem Menhir überragt wird. Über vereinzelte, aber aufsehenerregende Fälle wurde eine Theorie aufgestellt und irrtümlich auf alle Dolmen angewandt.

Es gibt dagegen eine weit größere Anzahl von Dolmen *auf* einem Grabhügel. Unter anderem Distré (Maine-et-Loire), Serre-Bussières-Vieille (Creuse), Laumière (Aveyron), Arthon (Indre), Saint-Flour (Cantal), Wismar (Mecklenburg), Pullicondah (Indien) usw. Überall sind sie zu finden, in Dänemark, Nordafrika, England . . . Man muß schon sehr in eine Idee vernarrt sein, wie die Brüder de Mortillet, um in diesen Grabhügeln unter Dolmen die Reste von solchen zu sehen, die früher einmal das Monument bedeckten!

Man kennt auch Dolmen mit Zeichnungen auf den Außenflächen der Tafeln oder der Tragsteine, vor allem in der Bretagne und in den skandinavischen Ländern. Schließlich gibt es Bauten, die nicht berücksichtigt werden: ihre Stützsteine in Pfeilerform haben mehr leeren als ausgefüllten Zwischenraum. Wie kann man vor Dolmen wie denen von Castle Wellan, Teleilat Ghassul, Lanyon, Brantôme, Ty-er-Mané und so vielen anderen von »Grabhöhlen [»Cavité Sépulcrale«] sprechen? Wenn die Monumente wirklich eingegraben waren, hätte ein Schutzsystem geschaffen werden müssen, um das Eindringen von Erde und Geröll unter die Tafeln zu verhindern. Daher findet man kaum jemals einen Dolmen, dessen Tragsteine einen großen Zwischenraum haben.

Wir wiederholen noch einmal: Es ist bedauerlich, daß sich die Idee des Dolmen unter dem Grabhügel bei den Päpsten der prähistorischen Archäologie durchgesetzt hat. Nur die Einbildungskraft kann sich vorstellen, wie diese grandiosen Bauten von außen ausgesehen haben müssen. Beglückwünschen wir uns, daß man nicht über die nötige Zeit und den nötigen Kredit verfügte: kein einziger Dolmen wäre heute mehr zu sehen!

Bevor wir die großen Probleme der Megalithbauten studieren, wollen wir einige der bemerkenswertesten Dolmen beschreiben, um dem Leser eine Vorstellung von einem solchen Monument zu geben und ihn mit den meisterwähnten Dolmen vertraut zu machen.

La Table des Marchands

Dies ist zweifellos der populärste Dolmen von Frankreich. Viele prähistorische Werke haben seine elegante Silhouette abgebildet, die heute leider durch eine Restaurierung verändert ist; man glaubte, das herrliche Monument bis zur großen Tafel eingraben zu müssen. Wer alte Fotografien dieser Anlage gesehen hat und sie heute besucht, ist sehr enttäuscht. Fast möchte man überall nach ihr suchen, wenn man nur noch einige Meter von ihr entfernt ist. Glücklicherweise wird die Enttäuschung zum Teil durch die riesigen Bruchstücke des großen Menhirs in 50 m Entfernung wettgemacht.

Vielleicht bestanden früher Handelsbeziehungen in der Gegend um diesen Dolmen, daher sein Name, den wir übrigens bei einem anderen Dolmen, dem von Saint-Martin-du-Vieux-Bellème in Orne, wiederfinden. Aber auf der Innenfläche der Tafel sind Zeichnungen, eine stellt wohl ein Pferd (»èquidé«, un cheval) dar, und daher nannten die Einwohner von Locmariaquer diesen Dolmen »Dol March'hand (table cheval allée [Tafel Pferd Lauf]) = »Table de l'allée du cheval« [Tafel des laufenden Pferdes]. Gabriel de Mortillet schrieb: »Nur aufgrund des Gleichklangs wurde der Name mit Table des Marchands ins Französische übersetzt, er ist ganz unbegründet. Geben wir also dem bedeutenden Monument seine wirkliche Benennung zurück: Dolmen oder Table de March'hand.« Dieser Name hat das große Verdienst, an die älteste Monumentalskulptur Frankreichs mit der Darstellung eines Tieres zu erinnern. Trotz der Autorität des Autors dieser Zeilen hat sich sein Vorschlag nicht durchgesetzt, und der Dolmen blieb »la Table des Marchands«*.

Das Monument liegt an der NW-Grenze des Marktfleckens Locmariaquer und ist ein Dolmen mit einer gekrümmten Galerie, wie die meisten Dolmen in dieser Gegend. Seine Gesamtlänge im heutigen Zustand beträgt ungefähr 10,50 m. Siebzehn Stützsteine sind noch vorhanden. Die große Tafel mit den mittleren Dimensionen 6 m : 4 m ist 80 cm dick und wiegt 40 Tonnen, aber sie ist wahrscheinlich zerbrochen und war früher länger und schwerer. Sie ruht auf drei Pfeilern, und der Dolmen, in der Tat ein einzigartiges Monument, ist außer durch seine eleganten Formen noch durch den Trag- und Stützstein im hinteren Teil der Kammer charakterisiert. Der Pfeiler wurde höchstwahrscheinlich behauen, um ihm seine spitzbogenartige Form zu verleihen. Die Höhe über dem Boden beträgt 2,50 m und die Länge 2,70 m. Ursprünglich waren die Dimensionen vielleicht gleich. Auf der Innenfläche sind Reliefzeichnungen, vertikale Stöcke und Stäbe mit gekrümmtem Ende. In der Mitte der zweiten von vier Stabreihen ist ein Kreis gezeichnet, von dem Strahlen ausgehen. Wahrscheinlich stellt das Ganze die Sonne dar, die ein Weizenfeld mit schweren Ähren bescheint, so wie es sich die Bauern damals vielleicht dachten. Diese vernünftige Interpretation wurde dennoch bekämpft, vor allem von denen, die nicht darauf gekommen waren**. Es wurde darauf aufmerksam gemacht, daß die Sonne nicht aus derselben Zeit stammt wie die übrige Zeichnung. Auch wenn das richtig ist, wäre nicht einzusehen, warum es sich nicht um Sonne und Ähren handeln soll.

Auch auf der Außenfläche des Pfeilers sind Zeichnungen, leider sehr beschädigt, aber der künstliche Charakter ist zu erkennen, und man hat nach einer Erklärung gesucht. Einige

---

* Man nannte ihn auch »Table de César«.
** Wir glauben, sie wurde zum erstenmal von einem ausgezeichneten bretonischen Archäologen, Zacharie Le Rouzie, formuliert.

ähneln Buchstaben, wie sie in Steininschriften vorkommen, aber das ist nur bei fünf oder sechs der Fall. Darin einen Text zu sehen . . . Schon die Zeichnungen an sich wären ein Beweis, daß der Dolmen nicht unter einem Grabhügel lag. Wir weisen außer auf das Pferd auch auf andere Zeichnungen der Tafelunterseite hin. Sie stellen angeblich einen Karren dar, und diese Erklärung ist wahrscheinlich gerechtfertigt, vor allem wenn man sie mit denen auf dem spitzbogenförmigen Tragstein vergleicht.

An dem Grundriß des Monuments ist zu sehen, daß ein großer Teil im Umkreis der Kammer gegen Nordosten mit Pfeilern versehen ist. Heute ist die Lücke mit einer vor kurzem gebauten Mauer ausgefüllt, und wahrscheinlich fehlen dort, vielleicht absichtlich, zwei oder drei Tragsteine. Es wäre interessant zu wissen, ob diese Lücke ursprünglich existierte oder nicht. Eine Grabung an der Oberfläche würde darüber Aufschluß geben. Der Winkel, den der spitzbogenförmige Tragstein zwischen dem Ende a und dem Pfeilerende b bildet, beträgt 55°. Wenn nun das Monument an dieser Stelle so war, wie es heute ist, hätte die Sonne beim Aufgehen acht Monate lang den spitzbogenförmigen Tragstein beschienen, vier Monate vor und vier Monate nach der Sommersonnenwende. Merkwürdig: am Tag der Sonnenwende hätte das Sonnenlicht den Stein gestreift, und die reifen Ähren wären dadurch hervorgetreten. Wahrscheinlich war niemand neugierig darauf, vor den Restaurierungsarbeiten das Monument bei aufgehender Sonne anzusehen. Für dieses Phänomen wäre gar keine große Lücke im Nordosten der Kammer nötig gewesen. Eine Spalte von einigen Zentimetern hätte genügt.

Der Dolmen der Table des Marchands wurde im 17. Jh. durch M. de Robien der Öffentlichkeit bekannt gemacht, zur selben Zeit wie der große Menhir, und wahrscheinlich noch vor 1811 ausgegraben. In diesem Jahr unternahm der Schiffskapitän Maudouet de Penhouet mit M. Renaud und mit der Hilfe der Küstenwache Ausgrabungen; er schrieb:

»Zuerst lenkte der Stein ganz rechts, der allein ein Tafelende stützt, meine Aufmerksamkeit auf sich; er ist auf dem oberen Teil mit Skulpturen bedeckt, die nur schwach hervortreten; je weiter wir gruben, desto mehr konnten wir erkennen; die Skulpturen bestehen aus Reihen von oben gekrümmten Stäben. Durch diese erste Beobachtung konnte ich das Alter des Monuments erraten: durch die Zeit, die die Witterung brauchte, um die Reliefs auszulöschen, die in der Erde neun Reihen dick erhalten sind; ich konnte daraus schließen, daß nicht gegraben wurde.«

1811 hatten also die Zeichnungen auf dem spitzbogenförmigen Pfeiler unter der Erde zwei Zentimeter Reliefhöhe, während die im Freien kaum sichtbar waren. Was wieder einmal beweist – wenn das noch nötig ist –, daß das Monument nie ganz eingegraben war.

1883 und 1905 wurden weitere Ausgrabungen durchgeführt. Man fand die gleichen Gegenstände wie in den anderen bretonischen Dolmen, Äxte aus poliertem Stein, Fibrolith und Diorit, Silex-Splitter, Quarz-Klingen, Töpferscherben usw.: kurz, außer einem Klumpen Goldfaser von einigen Gramm Dinge, deren Armseligkeit zu dem grandiosen Anblick des Monuments in Kontrast steht. Menschliche Gebeine wurden in der »Grabhöhle« nicht gefunden.

M. d'Ault du Mesnil, jetzt Präsident der Commission des monuments mégalithiques, ist die Restaurierung dieses Dolmens 1905 zu verdanken. Sein Name verdient es, der Nachwelt überliefert zu werden.

Der Dolmen von Crucuno

Das Monument liegt inmitten des Weilers, dessen Name es trägt. Es besteht aus elf Tragsteinen und zwei Tafeln. Die eine ist gewaltig, die andere, wesentlich bescheidenere, ruht auf zwei Pfeilern; das Ganze bildet die »Tür« des Dolmens. Die große Tafel mißt 6 x 4 m. Mit einer mittleren Dicke von 1 m erreicht sie ein Gewicht von 50 Tonnen. Die Tragsteine sind der riesigen Tafel, die sie stützen, würdig. Da sie nur wenig

Abstand voneinander haben, wirken sie dicht zusammenge-
drängt; ihre Dicke liegt zwischen 30 und 50 cm, und sie verleihen dem Ganzen ein massives Aussehen, um so mehr, als
der Dolmen genauso lang wie breit ist, 5,50 m, fast gleich in
beiden Dimensionen. Das Innere hat heute eine Höhe von
1,70 m; ein Mensch mittlerer Größe kann darin aufrecht stehen. Das Monument ist aus dem graufarbenen Granit, den
man bei allen Monumenten in dieser Gegend findet, Mané-
Groh, Kerveresse, der rechteckige Kromlech usw.
Obwohl ihn heute ein einstöckiger Hof überragt, macht der
Dolmen von Crucuno immer noch einen großartigen Eindruck. Wenn man in den Weiler hineinkommt, sieht man nur
ihn. Die umliegenden Häuser können ihn nicht erdrücken.
Eher im Gegenteil. Um 1820 zeichnete ihn der Chevalier de
Fréminville, jedoch isoliert, und daher konnte er wahrscheinlich schreiben: »das schönste Monument dieser Art,
das im Morbihan existiert«. Er fügte hinzu: »Er ist geräumig
genug, um einem benachbarten Hof als Stall zu dienen, und
kann im Innern mehrere Pferde oder Kühe aufnehmen.« Wir
haben eine Ansicht des Dolmens um 1905 vor uns. Der Chevalier de Fréminville hat es fast aus derselben Perspektive gezeichnet. Das Monument steht ziemlich frei da, nur ein Mau-
erstreifen ist rechts sichtbar, aber viel weniger groß als heute.
Das große Gebäude, das heute seine »Kulisse« bildet, ist also
relativ neu.
Der starke Eindruck des Dolmen von Crucuno kommt sicher
zum großen Teil davon, daß er einer der seltenen vollständig
erhaltenen Dolmen der Bretagne ist, zumindest von den
schönsten. Er ist nicht halb oder zu drei Vierteln verborgen
durch die Reste eines sogenannten Grabhügels. Nach der
Enttäuschung über die »Großen« von Locmariaquer oder einige von Plouharnel ist ein solches Monument zumindest
überraschend. Es ist nicht eingesunken, erhebt sich über den
Boden, und seine Granitmassen lassen glauben, daß die
Menschen hier die Natur übertroffen haben.
Als wir zum erstenmal vor diesem Dolmen standen, emp-
fanden wir fast Schrecken. Was war er wirklich? Welche

Menschen haben ihn gebaut? Als ich die Pfeilspitzen, die Keramikscherben und die anderen Reste im Museum von Vannes sah, begriff ich. Die diese Gegenstände hergestellt hatten, waren mir im großen und ganzen ziemlich nahe, aber den Menschen, die eine solche Zyklopenarbeit vollbracht hatten, fühlte ich mich völlig fremd. Und als ich zwei Kinder bei dem Monument fotografieren wollte, um die Größe aufzuzeigen, liefen sie davon, um sich zu Hause einzusperren. Während meines ganzen Besuchs sah ich kein einziges menschliches Wesen. Die Leute beobachteten mich hinter ihren Fenstern, und ein unerklärliches Mißbehagen beschleunigte meine Abreise. Das ist lange her, und ich kannte noch nicht die folgende traurige Geschichte:

Gegen Ende des 18. Jh. lebte in Crucuno ein armer Wahnsinniger mit Namen Thuriof le Durner. Seine Eltern, die in dem Weiler wohnten, hatten ihn im Dolmen eingeschlossen und angebunden wie einen Hund in seiner Hütte. Regen und Wind kamen durch die Tragsteine, und er konnte sich nur mit modrigem Stroh vor der Kälte schützen. Als aber die Kälte zu hart wurde, sperrte die Familie den Verrückten in den Stall. Dies war die einzige ruhige Zeit für ihn, denn im Dolmen angekettet, war er unaufhörlich Zielscheibe für die Quälereien der Dorfkinder. Durch die Lücken zwischen den Steinen wurde er von ihnen gestochen, beleidigt und mit allen möglichen Geschossen, Schmutz und Steinen, beworfen. Ohnmächtig gegen die kindliche Grausamkeit, wäre sein Wahnsinn unheilbar geworden, wenn er es nicht schon gewesen wäre. Nach zehn Jahren endlich befreite ihn der Tod von seinem Golgatha.

Seit langem sind die Spuren des armen Le Durner verwischt. Der Dolmen diente als Kneipe, wo man nach dem Chevalier de Fréminville an Festtagen kräftig Cidre trank. Heute ist er ein Schuppen für abgenutzte und unbrauchbare Ackerbaugeräte, aber von außen wird er wohl immer sein wildes und beinahe finsteres Aussehen bewahren.

Zwei Details stürzen uns in größte Ratlosigkeit. Fast alle Archäologen haben behauptet, daß die Unterseite der Tafeln eben sei, was sich aus der Notwendigkeit erkläre, die Blöcke auf Rollen zu befördern. Die Oberseite habe keine bestimmte Form, das sei nicht nötig gewesen. Wenn man nun im Innern des Dolmens von Crucuno zur »Decke« schaut, stellt man fest, daß die Unterseite der riesigen Tafel derart mit Höckern und Vorsprüngen übersät ist, daß eine Beförderung auf Rollen schwer vorstellbar ist. Das ist nicht nur bei diesem Monument so.

Eine weitere Eigentümlichkeit: Zwischen der Spitze eines Tragsteines und der Unterseite der Tafel ist ein Stein eingekeilt, so daß einem sofort der Gedanke kommt, die riesige Tafel sei »sanft« aufgesetzt worden. Dieselben Unebenheiten auf der Unterseite der Tafel und dieselben eingekeilten Steine können auch bei einem anderen Dolmen nicht weit davon beobachtet werden, dem von Mané-Groh.

Die Feengrotte von Mettray
(La Grotte des Fées de Mettray)

Der Dolmen von Mettray in Indre-et-Loire liegt ungefähr 1 km im Norden der Siedlung gleichen Namens und 6 bis 7 km im Norden von Tours. Er verbirgt sich in einem kleinen Wäldchen weit draußen in den Feldern, und man bemerkt ihn erst aus der Entfernung von einigen Dutzend Metern. Trotz seiner relativ bescheidenen Ausmaße – viel weniger bescheiden jedoch als die des Dolmen von Crucuno – ist man immer wieder beim ersten Anblick erstaunt. Seine einzelnen Teile wirken riesig und sind es auch. In Paris wurde auf einer Ausstellung um 1900 ein Modell davon vorgeführt. Es machte Sensation. Kaum jemand kannte so majestätische Dolmen außerhalb der Bretagne.

Die Tragsteine beschreiben eine rechteckige Kammer von 9,15 x 3,60 m. Wie bei anderen Monumenten dieser Art und aus dieser Gegend steht im Inneren ein Pfeiler, der die Tafel über sich zusätzlich zu stützen scheint. Wenn dem so war,

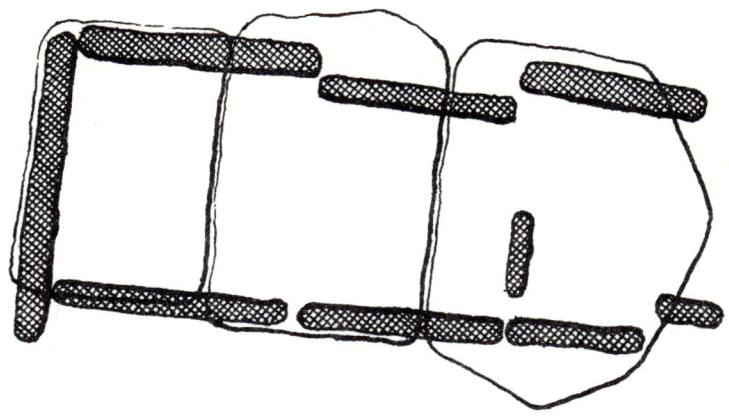

Lageplan des Dolmens von Mettray (Indre-et-Loire)

dann war der Pfeiler falsch angebracht: Man sieht es auf dem Plan. Zudem hat der Deckstein eine mittlere Dicke von 65 cm und hält einem Freiraum von 3,60 m durchaus stand. Wie in anderen Dolmen dieser Art steht ein kleiner Trilith-Portikus vor dem Eingang, der die ganze Länge von über zehn Metern trägt.

Die drei Tafeln haben ihre Unterseite 1,80 m über dem Boden, wodurch ein recht geräumiger Saal entsteht. Die mittlere mißt 5,20 m Länge, 3,10 m Breite und 1,50 m bis 1,80 m Dicke, das ergibt ein Volumen von 25 Kubikmeter und ein Gewicht von weit über 50 Tonnen. Von unten sieht sie aufgrund der Perspektive kubisch aus. Die vordere Tafel ist die größte, hat eine Oberfläche von 20 qm und wiegt 30 Tonnen. Die hinterste wiegt wohl über 25 Tonnen. Das Gesamtgewicht der drei Tafeln liegt also über 110 Tonnen.

Die Tragsteine, nur sieben, sind geschnitten wie die Decksteine; vor allem muß man sich vorstellen, daß sie ja 1 bis 1,50 m tief im Boden stecken. Jeder könnte als Tafel für einen mittleren Dolmen dienen.

Nirgendwo in der unmittelbaren Umgebung des Monuments ist zu sehen, wo solche Blöcke hergekommen sein könnten. Überall sind bebaute Felder, und wahrscheinlich sind die riesigen Steine von ziemlich weit hergebracht worden. Dieser Dolmen war nie eingegraben. Die Bodenschwelle, auf die er gebaut wurde, überragt leicht das umliegende Gelände, und er ist nach der Ost-West-Linie ausgerichtet, d. h. nach dem Sonnenaufgang des Äquinoktiums.

Wir wissen von keinen Ausgrabungen in diesem Dolmen. Es gab sicher welche, denn er muß Neugierige angezogen haben, Wissenschaftler und auch andere. Er ist in relativ gutem Zustand. Es fehlt nur ein Stützstein und der Schlußstein des kleinen Trilith-Portals am Eingang. Der Deckstein in der Mitte der Nordreihe neigt sich nach innen.

Was meiner Meinung nach das herrliche Monument außer der Riesengröße seiner Blöcke so anziehend macht, ist seine Lage. Es ist einer der seltenen großen Dolmen, die man sich in ihrer ursprünglichen Umgebung denken kann. Die meisten anderen sind zu nah bei modernen Wohnstätten, bei Höfen oder Städten, in der Nähe von Straßen und zu drei Vierteln begraben. Von schönen Bäumen umschlossen, die eine Art Schutzwall bilden und ihn dem Blick entziehen, und von fruchtbarem und bebautem Land umgeben, ist es vielleicht ein Wunder, daß der große Dolmen von Mettray bis in unsere Zeit erhalten blieb. Er ist fast unversehrt und weder innen noch außen von störenden Büschen überwuchert. Es ist ein Ort, an dem die Phantasie nach Lust und Laune walten kann und an dem verständlich wird, warum die Dolmen seit eineinhalb Jahrhunderten den Galliern und ihren Druiden zugeschrieben werden.

Und dennoch ist dieses eindrucksvolle Bauwerk, das mit jenen von Bagneux und Bournand zu den schönsten von Frankreich zählt, kaum bekannt. Aus mehreren Gründen. Erst einmal liegt es abseits der Reiserouten. Es bietet sich nicht an, und zudem ist es nicht bezeichnet. Sodann liegt es in der Gegend, in der die Touristen von den Schlössern an der Loire in Beschlag genommen werden. Um Tours herum ist nur von diesen die Rede. Außerdem denken viele an die Bretagne, wenn von »Megalithen« die Rede ist. Auch bei den Prähistorikern ist er nicht bekannt – was nicht sonderlich überrascht –, und nur einige Gelehrte aus der Gegend sprachen mit Begeisterung davon.

Eins ist wohl sicher: Wenn der Dolmen von Mettray in einem der Mittelmeerländer stünde, wäre er in allen Prospekten der Reisebüros abgebildet.

Der große Dolmen von Bagneux

Einige halten den Dolmen von Bagneux in Maine-et-Loire für den schönsten von Frankreich und sogar der Welt. Wir verleihen ihm diesen Titel nur zögernd, aber er kann wohl unter die drei oder vier bemerkenswertesten und schönsten Dolmen gezählt werden.

Er steht mitten in Bagneux, unter den Nebengebäuden eines Cafés, das natürlich »Café du Dolmen« heißt, hat heute acht Tragsteine, die zwei parallele Reihen bilden, und eine Platte im hinteren Teil. Das Ganze bildet ein regelmäßiges Rechteck: die Diagonalen sind gleich lang; im Innern mißt er 16 x 5 m. Die Tragsteine bestehen aus riesigen Platten, die größte 6 m lang. 1775 ließ der berühmte Mineraloge Dolomieu, damals Offizier der Karabinieri von Saumur, Ausgrabungen vornehmen. Er entdeckte nichts, stellte aber fest, daß einige Stützsteine 3 m tief in den Boden eingelassen sind. Damit haben sie beachtliche Ausmaße, unseres Wissens die größten aller Tragsteine von Dolmen. Die Oberflächen der drei größten sind 32, 28 und 25 qm; daher ist die Dünne der Platten so auffallend, die nur zwischen 40 bis 50 cm liegt.

Die Decke besteht aus drei riesigen Tafeln und einer viel kleineren vierten beim Eingang. Die hintere Tafel mißt 7,60 x 6,60 m und wiegt entsprechend 45 Tonnen. Alle haben ungefähr die Dicke der Tragsteine. Diese im Verhältnis zur Konstruktion des Monuments relativ geringe Dicke der Monolithen verleiht dem Ganzen, im Vergleich zu den Oberflächen-Dimensionen, ein beinahe zerbrechliches Aussehen, ein wenig wie ein »Kartenhaus«. Es fehlen massive Tafeln wie in Bournand, Essé und auch Mettray.

Im Innern, ungefähr bei einem Drittel der Länge, steht ein Tragstein. Wie bei allen ähnlichen Dolmen ist dieser Pfeiler schlecht angebracht, wenn er dazu bestimmt war, die Tafel über sich zusätzlich abzustützen. Der Eingang, auf dem Plan nicht eingezeichnet, muß zu verschiedenen Zeiten umgearbeitet worden sein. Der Dolmen diente lange als Scheune, und es wurde eine Mauer gebaut, um die Öffnungsbreite zu verringern. Der für diese Monumente typische Trilith diente als Eingang; man war gezwungen, sich zu bücken, um in den großen Saal zu gelangen. Er ist einer der geräumigsten, von 85 qm Grundfläche und 2,40 m Höhe. Mit einem Volumen von 200 Kubikmeter hält er den Rekord aller Dolmen-Kammern. Der Dolmen von Bagneux hat regelmäßige glatte Platten, ohne Vertiefungen oder Unebenheiten: Er sieht nicht wie ein Monument aus unbehauenen Steinen aus, und das wird durch die geometrische Regelmäßigkeit des Rechtecks der Tragsteine noch unterstrichen. Zudem sind die Tafeln fast gleich breit und gleich dick, so daß der obere Teil eine große Terrasse bildet, die ohne Leiter nicht leicht zu erreichen ist. Zum Glück weist nichts darauf hin, daß der Dolmen früher von einem Grabhügel bedeckt war. Warum sollte er auch dem Blick entzogen worden sein, da er doch der Stolz der Erbauer gewesen sein muß? Das Ganze war sicher über 500 Tonnen schwer, und der nötige Arbeitsaufwand für Transport und Errichtung dieser kolossalen Steine muß beträchtlich gewesen sein. Wahrscheinlich war das Monument nach dem Sonnenaufgang der Wintersonnenwende orientiert.

Wie gesagt, im Inneren des Dolmens wurde nichts gefunden. Das ist bei fast allen großen und vielen anderen Dolmen so. Gegen Ende des letzten Jahrhunderts erwähnt der Historiker Ampère einen Dolmen in der Gegend von Saumur, in dem ein Skelett mit einem Messer aus Stein gefunden wurde. Man sagte später, es handle sich um den großen Dolmen von Bagneux, denn ein solches Monument konnte doch unmöglich kein Grab gewesen sein. Aber das bleibt anzweifelbar, und wir glauben nicht daran. Es gibt oder gab noch zwei an-

dere Dolmen in Bagneux, buchstäblich vollgestopft mit menschlichen Gebeinen. Die Ausgrabungen von Dolomieu waren tief – eben bis zu 3 m –, und es ist seltsam, daß er nicht einen Knochen dieses Skeletts gefunden hat. Außerhalb des Monuments fand man Äxte aus poliertem Stein und ein Stück Messer aus Silex in einem Erdhaufen, von dem man annahm, er sei aus dem Innern des Dolmen.
Schließlich existierte noch ein Menhir ganz nah bei dem großen Dolmen von Bagneux. Wir haben ihn nicht gefunden.

Das Galeriegrab von Essé

Das Galeriegrab von Essé in Ille-et-Vilaine ist eines der schönsten der Welt. Über 18 m lang und innen ungefähr 4 m breit, hat es fast eine beherrschende Position an der Straße von Rétiers nach Essé. Es sieht faszinierend aus, und das liegt zum Teil an einer für Megalithbauten von diesen Ausmaßen seltenen Erscheinung: Bis auf weniges ist es im Urzustand zu sehen. Es war auch wahrscheinlich nicht länger gewesen und hat nicht mehr Tafeln und Tragsteine gehabt. Vor 100 Jahren war die Anzahl genau dieselbe wie heute: 42. In seinem gut erhaltenen Zustand ist das Galeriegrab von Essé ein einzigartiges Monument.
Es hat 26 seitliche Tragsteine, einer ist geneigt, eine lange Platte im Hintergrund der Kammer, sechs innere Pfeiler und acht Tafeln. Sie werden an der Seite von Tragsteinen mit ungefähr 1,80 m Höhe über dem Boden gestützt. Die Tragsteine haben eine mittlere Dicke von 50 cm, mit Ausnahme der zwei Pfeiler am Eingang, die wie massive Würfel aussehen, von nur 1 m Höhe, aber 1 qm im Schnitt. Der hintere Tragstein ist eine gewaltige Platte von 70 cm Dicke und 5,40 m Länge.
Im Innern sind die erwähnten Querpfeiler, vier auf der Süd-West-Seite und zwei auf der Nord-Ost-Seite. Ihre Existenz ist wirklich verwunderlich, denn in Essé gibt es keinen Zweifel: Als Zusatzstütze für die Tafeln dienten sie nicht. Der

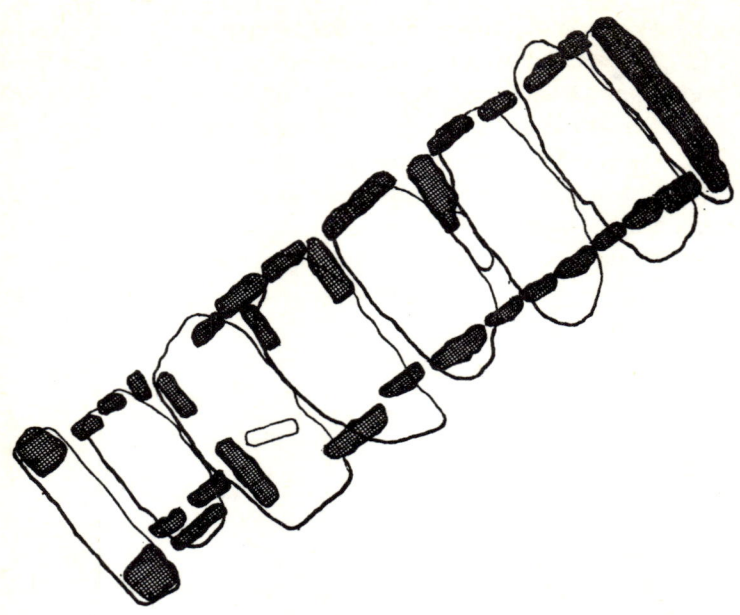

Lageplan des Galeriegrabs von Essé (Ille-et-Vilaine)

Leser sieht es auf dem Plan. Einer steht zwischen den Tafeln, und die Spitze der anderen beiden berührt die Decke gar nicht. Wollte man sie aufteilen, etwa so wie Dolmen mit Seitengemächern? Vielleicht, aber für uns ist die Hypothese die naheliegendste, daß im Innern eine Steinreihe angedeutet werden sollte. Das Monument ist ziemlich genau nach dem Sonnenaufgang zur Wintersonnenwende orientiert. Wollte man einen »Rahmen«, ein »Fenster« anbringen, um die Zeit der kürzesten Tage genauer festzustellen? Eine direkte Beobachtung zur fraglichen Zeit würde die Frage lösen, aber wir konnten sie an diesem Tag nicht vornehmen. Wir haben jedoch festgestellt, daß der Boden im hinteren Teil der Kammer auf der Höhe des Horizonts liegt, wenn man die Achse verlängert.

Der Eingang wird von dem Trilithen markiert, von dem es

auch bei vielen anderen Dolmen Spuren gibt. Die zwei vorher erwähnten plumpen Pfeiler werden von einer Platte mit parallel-epipedischer Form überragt. Wenn die drei Teile nicht bearbeitet wurden, so wurden sie jedenfalls wegen ihrer fast geometrischen Form ausgewählt. Trotz seiner geringen Höhe ist der Eingang aufgrund der massigen Blöcke imposant. Sie stehen in klarem Gegensatz zum übrigen Bau. Die anderen Blöcke, vor allem die Decksteine, sind unregelmäßiger. Sie wiegen wohl jeder 20 bis 30 Tonnen, der größte 45 Tonnen. Lange wurde erörtert, ob dieses herrliche Monument vergraben war oder nicht. Man glaubte sogar bei einem benachbarten Hof Steine gefunden zu haben, aus denen der Grabhügel bestand. Zum Glück hat man Arbeit und Kosten für die Beerdigung einer solchen Masse gescheut. Noch im nachhinein haben wir Angst, daß das Gegenteil hätte stattfinden können. Dieses schöne Galeriegrab war nie zugedeckt gewesen, es bot sich gewiß zu allen Zeiten dem erstaunten Blick der Menschen so, wie wir es heute sehen. In einem Werk von 1886 jedoch konnte man folgendes lesen: »Die Überlieferung kennt keine Erinnerung an den Erdhügel, der das Galeriegrab bedeckte; man betrachte aber den Boden in der Umgebung; man frage den Pächter von Rouvray, welch erstaunliche Mengen von zerbrochenen Steinen jeder Größe und Herkunft er aus dem Zugang zu dem Dolmen herausgeholt hat, und man ist überzeugt, daß diese nur aus einem galgal [keltisches Stein(grab)denkmal] stammen konnten, denn an diesem Ort und in dieser Umgebung gibt es wenig Steine.« (sic.)
Kein Gegenstand ist jemals in diesem Monument entdeckt worden, zum großen Erstaunen mehrerer Prähistoriker. Tafeln und Tragsteine sind aus rötlichem Schiefer; er lagert 4 km entfernt, aber darauf kommen wir noch zurück. Das Galeriegrab von Essé ist immer noch »la Roche aux Fées« [der Fels der Feen]. Versuchten deshalb die Soldaten während der Revolution ihn anzuzünden?
Es ist jedoch nicht so regelmäßig wie die anderen großen

Dolmen. Von außen, aus einer bestimmten Perspektive, sieht es aus wie die Aneinanderreihung formloser Blöcke, die kaum zu zählen sind. Diese Schwierigkeit wird von folgendem Brauch bestätigt, der noch im letzten Jahrhundert üblich war: Die Verliebten gingen dorthin, um zu erfahren, ob sie heiraten würden oder nicht. Jeder ging in entgegengesetzter Richtung rund um das Monument und zählte die Steine. Dann verglichen sie die Zahl. Eine Differenz über 2 wurde als schlechtes Vorzeichen betrachtet; unter dieser Zahl war sicher, daß die Hochzeit noch im selben Jahr stattfinden würde.

Les Pierres Plates

Das gekrümmte Galeriegrab der Pierres Plates liegt einen guten Kilometer im Süden von Locmariaquer, direkt an der Küste des Ozeans. Es ist unserer Kenntnis nach der am nächsten am Meer gelegene Dolmen. Es ist so nah, daß vor hundert Jahren ein Mädchen aus der Gegend von einer ungewöhnlich starken Flut überrascht wurde und ertrank.
Das Monument gehört zum Typ der gekrümmten Galeriegräber, und einige halten es für eines der bedeutendsten in Europa. Wir sind durchaus nicht dieser Meinung. Mit 23 m – ursprünglich waren es sicher mehr – ist der Dolmen der Pierres Plates zwar der längste von Frankreich. Aber die Größe der Blöcke ist ganz durchschnittlich. Die größte Tafel mißt nur 4,50 × 2,60 m. Zudem ist er sehr eng, die mittlere innere Breite beträgt 1,20 m. Sein eigentümlicher Lageplan jedoch macht ihn zu einem der bemerkenswertesten Monumente. Von der Nordseite kommen wir zunächst durch eine Kammer von ungefähr 2,00 × 1,80 m, die durch einen Querpfeiler vom Rest getrennt ist. Dann kommt die Galerie mit 15 m; sie bildet mit dem Nordpol einen Winkel von 24° zum Westen. Nach der Biegung geht sie noch etwa 6 m weiter und bildet nun mit dem Osten einen Winkel von 20°. Die beiden Reihen bilden also einen sehr stumpfen Winkel von ungefähr 135°, sie sind beide nach der Nord-Süd-Linie ausgerichtet.

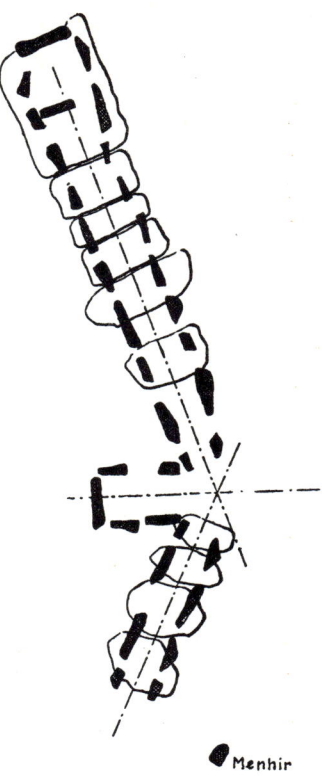

Menhir

Lageplan des gekrümmten Galeriegrabs »Les Pierres Plates«
(Locmariaquer-Morbihan)

Wahrscheinlich war die südliche Reihe ursprünglich länger.
Vielleicht genauso lang wie die Nordlinie. Das würde bestätigt durch die Studie von De Closmadeuc 1892, in der er für
diesen Teil des Monuments zwei Stützsteine mehr angibt als
heute. Seine Zeichnung ist zwar etwas ungenau, aber das
Galeriegrab konnte um 1900 eingestürzt sein. Auch muß man
in Betracht ziehen, daß der Pierres Plates einer der meistge-
plünderten großen Dolmen der Bretagne ist, sicher, weil
seine einzelnen Teile relativ leicht sind.
An der Krümmung auf der Westseite wurde eine zweite

Kammer angebracht. Sie mißt 2,80 x 1,40 m und öffnet sich gegen Osten. Die ganze Westseite des Monuments ist mit Tragsteinen versehen, die gegenüberliegende Seite jedoch hat an der Krümmung und vor der Kammer einen ziemlich langen freien Raum. War es ursprünglich auch so? Wenn ja, wäre ein Teil des Dolmens ganz klar nach Osten ausgerichtet gewesen. Interessanterweise ist die Achsenlinie der Kammer an der Krümmung die Halbierungslinie des Winkels zwischen den beiden Reihen der Galerie. Die Abweichung beträgt kaum 2 bis 3 Grad. Auch hier wäre noch eine exakte Untersuchung nötig, die die Abweichung sicher reduzieren würde. Die Achsenlinie geht genau durch den Punkt, an dem sich die Achsen der beiden Reihen treffen. Das hieße, daß dem Monument ein bis ins kleinste ausgearbeiteter Plan auf dem Gelände vorlag, bevor es gebaut wurde.

Im Dolmen der Pierres Plates wurden mehrmals Ausgrabungen vorgenommen. Die ersten wurden bekanntlich 1813 von Renaud und Maudet de Penhouet durchgeführt, die zwei Jahre zuvor bei der Table des Marchands gegraben hatten. Sie bekamen wichtige Hilfe von Bonnefoi, dem Kapitän der bei Locmariaquer stationierten Küstenwache; er stellte ihnen zwanzig Soldaten zur Verfügung. Man mußte das Monument ausräumen, es war innen verschüttet; die Ergebnisse waren eher mager: unbestimmbare menschliche Gebeine, offenbar nur eine Kniescheibe, und Urnenstücke aus Terracotta.

Es gab weitere Untersuchungen, vor allem 1814 und 1816, durch den Chevalier de Fréminville, einen enthusiastischen Altertumsforscher seiner Zeit: wir haben ihn bereits kennengelernt. Er taufte den Dolmen auf den Namen »Pierres Plates« – man weiß nicht genau warum – und glaubte, er befände sich vielleicht vor dem »Aufenthaltsort eines Erz-Druiden und dem Haupttempel von Dariorig«. De Closmadeuc ärgert sich über diese bizarre Vermutung und denkt nicht einen Augenblick daran, daß eine gefundene Kniescheibe eben nicht ausreichte, den Chevalier de Fréminville zu überzeugen, daß er es mit einem Grab zu tun hätte. Aber der Chevalier de Fréminville stellte fest, daß das Monument zwischen 1814 und 1816 von unbekannten Ausgräbern ernsthaft beschädigt wurde, denn zu dieser Zeit, während eines neuerlichen Besuches, erkannte er es nicht wieder. Die Küstenwache wurde beschuldigt, die bei den ersten Arbeiten geholfen hatte.

Die späteren Funde waren kaum zahlreicher, einige Scherben aus Terracotta und Silex, Schlagbolzen aus Quarz, runde Steine, Kohle usw. Gegen 1862 fand ein Zoll-Offizier Steinäxte und eine ganze Vase. Außer der berühmten Kniescheibe wird kein menschlicher Knochen erwähnt.

Wie viele Dolmen wurde auch der der Pierres Plates von Schatzsuchern überfallen und verwüstet, aber anscheinend hat die Struktur des Monuments nicht darunter gelitten. Heute ist er bis zur Höhe der Tafeln in eine Grabhügelmasse eingegraben. Während der Arbeiten gegen Ende des letzten Jahrhunderts entdeckte De Closmadeuc in diesem Grabhügel große Blöcke aus armorikanischem Sandstein, die in der Gegend absolut fremd sind. Sie kommen von den Ostgrenzen des Morbihan, 60 km von Locmariaquer, oder aus der Gegend von Douarnenez.

Am südlichen Eingang steht ein einzelner Menhir, 2,60 m hoch. Außerdem ist der Dolmen der Pierres Plates berühmt wegen der Zeichnungen auf einigen Stützsteinen. Wir kommen in einem besonderen Kapitel darauf zurück.

Die »Pierre Folle« von Bournand

1875 erwähnte Henri Martin, Mitglied der Société d'anthropologie de Paris, einen Dolmen von kolossalen Ausmaßen auf der Straße von Loudun nach Fontevrault. Er war nun der Ansicht, daß die vier schönsten Dolmen Frankreichs folgende seien: Bagneux, Essé, Bournand und die Pierres Plates. Mit Ausnahme des letzteren, den man auch durch Mettray ersetzen kann, ist die Auswahl vernünftig. Aber auch Bournand ist kaum bekannt. Dennoch würde er es verdienen, nicht nur unter die großartigsten Dolmen Frankreichs, sondern auch der Welt gezählt zu werden. 1906 beschrieb ihn Adrien de Mortillet kurz, gab Dimensionen an und begnügte sich mit der Feststellung:»daß er einer der bedeutendsten (des Départements Vienne), der merkwürdigsten und der pittoreskesten« war. Das ist alles. Die »Pierre Folle« von Bournand ist ein gewaltiges Monument, wenn man Ort und Zeit in Betracht zieht. Bei keinem anderen hat man so stark den Eindruck, daß die Erbauer der Dolmen mit Dutzenden von Tonnen jonglieren konnten!

Der Dolmen liegt 11 km von Loudun und 3 km von Bournand entfernt und ist schwer zugänglich, da es kein Hinweisschild gibt. Vom Schloß Ormeaux aus – manchmal wird er »la Pierre folle des Ormeaux« genannt – nimmt man links einen Weg durch die Felder. Weit und breit ist nur eine große bebaute Ebene zu sehen. Schließlich wendet man sich einem einsamen Gehöft zu, um sich zu erkundigen, und wenn man die Tür eines Bretterverschlags öffnet, taucht das Monument auf; es nimmt den größten Teil des Hofes ein. Man ist sofort fasziniert von dieser Anhäufung von mächtigen Steinen; dunkelfarbig, in seltsamer Anordnung und von Pflanzen bis zu den obersten Tafeln überwuchert, ist es kaum als Werk eines Menschen zu erkennen.

Von außen gemessen hat der Dolmen im ganzen fast 20 m Länge. Die große Tafel ist 8 m breit; er bedeckt also eine Fläche von mehr als 150 qm, etwas mehr als der Dolmen von Bagneux, und sehr viel mehr als alle anderen Dolmen in Frankreich. Die Kammer, eher ein Saal zu nennen, mißt 16,00 x 5,40 m. Sie hat also eine Fläche von ungefähr 86 qm, bis auf 2 m gleich der von Bagneux. Große Dolmen, wie La Frébouchère oder La Table des Marchands, fänden Platz in diesem Saal, in dem wir auch die rätselhaften Querpfeiler wieder sehen. Es sind zwei, und die Spitze des einen ist 50 cm von der Decke entfernt. Diese ist ungefähr 2,50 m hoch, eine der höchsten, die wir kennen.

Der Dolmen ist von drei riesigen Tafeln bedeckt. Die mittlere haben wir bereits erwähnt: sie hält mit dem Gewicht von wahrscheinlich über 110 Tonnen den Rekord aller Tafeln. Vor kurzer Zeit wurde ein Pfeiler aus Mauerwerk gebaut, um einen Rand dieser Platte zu stützen. Ein Tragstein war aus der Reihe gefallen, und das wurde zweifellos für die Stabilität des Ganzen für gefährlich gehalten, aber die Konstruktion scheint uns nicht nützlich, es wäre besser gewesen, den Tragstein wieder aufzurichten. Er wiegt allerdings 20 Tonnen! In den gemauerten Pfeiler wurde das Gewicht der riesigen Tafel, 160 000 kg, eingraviert. Es ist wahrscheinlich zu hoch. 110 Tonnen sind das Minimum, aber wir wollen doch die Vertiefungen und Unregelmäßigkeiten der meisten rohen Steine in Rechnung stellen.

Merkwürdigerweise hat Adrien de Mortillet, der die Dimensionen von 8,50 x 8,50 x 0,75 m angab, überhaupt nicht auf das Gewicht dieser Platte geachtet. Aber auch die beiden anderen Tafeln sind mit die schwersten. Die hinterste wiegt mehr als 30 Tonnen und die am Eingang sicher mehr als 50 Tonnen. Alle drei zusammen übersteigen also die außerordentliche Zahl von 200 Tonnen! Das ist das Gewicht von zwei großen Lokomotiven, und es überrascht, daß die Prähistoriker von dieser »Pierre Folle« nicht erstaunter waren. Und noch eins ist auffallend: Die Tafel mit 50 Tonnen hat auf der Unterseite große Höcker, Vorsprünge von mindestens 1 m, größere als die unter der Tafel des Dolmens von Crucuno.

Die Pfeiler entsprechen diesen kolossalen Steinen. Sie sind im Durchschnitt 50 cm dick, einige erreichen 70 cm, und sind über 3,50 m lang. Der übliche Trilith am Eingang steht proportional zum Übrigen und erinnert an den des Galeriegrabes von Essé. Er ist anscheinend bereits etwas zerstört, einer der Tragsteine liegt am Boden, aber die Größe seiner Einzelteile hat ihn gerettet. Es ist ja auch kaum vorstellbar, daß eine solche Anlage ohne gewaltige Sprengstoffmengen auseinandergehen kann. Wir haben keine Kenntnis von Ausgrabungen im Innern. Wir selbst haben einen kleinen zugeschnittenen Silex gefunden, ihn aber dort gelassen für Wissenschaftler, die Ausgrabungen machen und daraus alle nötigen Schlüsse ziehen können.

Das also ist der Dolmen »La Pierre Folle de Bournand«, oder »des Ormeaux«. Ungeheuer (Folle) in der Tat, bei so viel Mühe und Scharfsinn, die der Bau eines der schönsten und außergewöhnlichsten Dolmen erforderte. Dieses Zeugnis eines großen Zeitalters, das auf einem Stallhof steht, angefüllt mit alten Karren, Ackerbaugeräten und Überresten aller Art, bewahrt mit seinen enormen Blöcken im Wechsellicht ein gleichzeitig elegantes und mächtiges Aussehen.

La Cueva de Menga von Antequera

Der Dolmen von Antequera verdient die Bezeichnung »König der Dolmen«. Leider liegt er unter einem Grabhügel, und man sieht nur den Eingang und das Innere, und so kennt man die genauen Dimensionen seiner Blöcke nicht. Man ist immer wieder enttäuscht, denn es muß der aufregendste aller Dolmen sein.

Wenn der Tourist der Straße von Granada nach Sevilla folgt, bemerkt er zur rechten Seite, kurz vor der Siedlung von Antequera, eine große Steinfläche, die den einige Dutzend Meter entfernten »Cueva de Menga« anzeigt; die Benennung ist wie gesagt volkstümlich. 100 m von der Straße sieht man am Fuß und am Abhang eines kleinen Hügels mehrere Blöcke auf der Erde, dann zwei weitere Steine in der Vertikalen, überragt von einem großen Monolithen als Schlußstein. Der Raum, der von diesen drei Steinen umgrenzt wird, ist zum Teil von einem Metallgitter bedeckt, und das ist fast das einzige, was man von dem Monument sieht, das, wenn es abgedeckt wäre, zu den herrlichsten der Welt gehörte.

Im Innern erwartet den Besucher eine gewisse Entschädigung. Der Dolmen gehört zum »Galerie-Typ«. Die Kammer mißt 16,50 m Länge und 6 m an der größten Breite. Der Gang ist 8,50 m lang und 2,30 m breit im Durchschnitt. Innen hat das Monument also eine Gesamtlänge von 25 m. Wir kennen keinen längeren, außer vielleicht den Dolmen von Werlte in Niedersachsen, dessen Proportionen aber viel weniger im-

posant sind. Wir kennen auch keinen mit so regelmäßigem Grundriß. Die Unterseite der Decksteine ist gute drei Meter über dem heutigen Boden, und drei Innenpfeiler stehen auf der Achse der Kammer. Wenn bewiesen würde, daß früher ein kleiner Trilith vor dem Monument stand, gehörte der Dolmen von Antequera – um das prähistorische Vokabular zu gebrauchen – gleichzeitig zu den Galerie-Dolmen (von der Art des Table des Marchands) und zum Galeriegrab des Loire-Beckens (von der Art des Bagneux oder Mettray).
Es ist fast kein freier Raum zwischen den Tragsteinen, die die Seitenwände bilden. Sie haben eine glatte Oberfläche und sind ohne Zweifel bearbeitet worden. So ist es übrigens auch bei dem großen benachbarten Dolmen »Cueva de Viera« sowie bei dem von Soto, bei Huelva. Die Decktafeln sind fünf. Auch sie berühren sich und bilden eine glatte Decke. Die hinterste ist wirklich gigantisch. Nach Messungen durch Erdbohrungen hat sie folgende Dimensionen: 8 x 7,20 x 1 m, also ein Volumen von ungefähr 57 Kubikmeter und daher ein Gewicht von 120 Tonnen. Für einige besitzt sie das fabelhafte Gewicht von 180 Tonnen! Sie würde dann die große Tafel von Bournand übertreffen, aber man muß für eine endgültige Aussage genauere Messungen abwarten. Nicht so kolossal sind die anderen Tafeln, mit Ausnahme vielleicht der mittleren. Man sieht, wie bedauerlich es ist, daß man diese Anlage nicht in ihrer Ganzheit sehen kann.
Die Innenpfeiler sind so angebracht, daß sich je zwei aufeinander folgende Deckplatten auf die Spitze eines jeden stützen. Also wurden sie für zusätzliche Stützen der Tafeln gehalten. Auch in diesem Fall ist das unwahrscheinlich. Trotz ihrer Schwere sind die Pfeiler im Schnitt relativ schwach. Wenn die Tafeln auf ihnen ruhten, wären sie gewiß durchlöchert, außer wenn sie auf einem Sockel unter der Bodenfläche gestanden hätten, was unseres Wissens nicht untersucht worden ist. Aber die Cueva de Menga war lange Zeit von Zigeunern bewohnt, bis 1905, und es wurde behauptet, daß die inneren Säulen zu dieser Zeit gesetzt wurden. Das ist noch weniger wahrscheinlich. Man kann sich wirklich keine

Zigeuner vorstellen, die diese Monolithen transportiert, zugeschnitten und plaziert hätten, von denen einer 8 bis 10 Tonnen wiegt. Zwei dieser Pfeiler haben kleine rechteckige Nischen, die 1,40 m aus dem Boden gegraben sind. Wenn sie angebracht wurden, als Bohèmes dort wohnten, konnten dort Lampen angebracht worden sein.

Der Tragstein im Hintergrund des großen Saales hat ein viereckiges Loch von fast einem Meter Seitenlänge. Man hat diese Eigentümlichkeit so erklärt: Früher stand auf dem Gipfel des Grabhügels, der das Monument bedeckt, ein Bau, eine Art Wohnung aus Mauerwerk. Der Dolmen selbst hätte für die Bewohner als Keller gedient, und sie hätten sich damit einen direkten Zugang zu ihrem Keller geschaffen. Das sind nur Vermutungen, denn es war immer möglich, direkt den immer freien Eingang zu benutzen. Das war einfacher und praktischer.

Wir nehmen an, daß man bei der Erbauung vom Hintergrund des Monuments aus, im Westwinkel stehend, die Sonne zur Sommersonnenwende aufgehen sehen konnte. Die ganze Nordseite des Saales hätte die Sonnenstrahlen aufgenommen. Heute, aufgrund des Vorrückens der Nachtgleichen, ist das nicht mehr zu sehen. Die spanischen Archäologen datieren die Cueva de Menga auf ungefähr 2500 v. Chr., d. h. etwa auf die Zeit der Erbauung der ägyptischen Pyramiden.

Alle Steine des Dolmens wurden trotz ihres enormen Gewichts 8 km weit transportiert. Sie kamen vom Cerro de la Cruz, einem Berg im Nordwesten des Monuments. Andere sind von dem sogenannten »Calvaire«, nur 1 km entfernt. Die Ausgrabungen im Innern brachten keinerlei Ergebnis. Im letzten Jahrhundert wurden zwei Werkzeuge aus poliertem Stein entdeckt, sicher während der Freilegungsarbeiten im Innern. Gegen 1850 hat ein Altertumsforscher aus Malaga, Don Rafael Mitjana, den Eingang völlig verstopft und das Innere voller Erde vorgefunden.

Ganz nah bei der Cueva de Menga ist ein weiterer Dolmen zu sehen, die »Cueva de Viera«, nach dem Namen des Mannes, der ihn entdeckte oder zumindest bekanntmachte. Auch er war zu drei Vierteln von einem Grabhügel bedeckt und ist so lang wie sein Nachbar. Er ist von der gleichen Art, aber die Ausmaße seiner Einzelteile sind bescheidener. Er hat eine Eigenheit: Die Kammer ist durch eine große Platte als Scheidewand vom Gang getrennt und hat eine rechteckige Öffnung. Man könnte also die Cueva de Viera mit den durchlöcherten Dolmen vergleichen. Schließlich entdeckt man zwei Kilometer von dort die »Cueva del Romeral«, eines der berühmtesten Kuppelgräber (»tombeaux à fausse coupole«) und eine der besten Nachahmungen des »Atriden-Schatzes« von Mykene.

Wir haben uns auf einige Dolmen beschränkt, die uns die bemerkenswertesten oder charakteristischsten schienen. Es wären noch viele zu nennen, Mané-Rutual, Mané-Lud bei Locmariaquer, das gekrümmte Galeriegrab von Rocher bei Plougoumélen, Commana im Finistère, Gavrinis und seine rätselhaften Zeichnungen, Havelte in Holland, Thuine in Deutschland und viele andere. Wie wir gesehen haben, sind die Dolmen sehr verschieden gebaut. Man könnte sagen, jeder hat seine Persönlichkeit. Ein vollständiges Studium ihrer verschiedenen Aspekte ist fast unmöglich, zumindest für eine Person; bevor wir uns mit dem Rätsel dieser Monumente beschäftigen, wenden wir uns einem Bauwerk zu, das sich von den Dolmen, Menhiren und Kromlechs grundsätzlich unterscheidet: Stonehenge.

IV.
Stonehenge

STONEHENGE UND SEINE UMGEBUNG

Erste Begegnung

Nach der Meinung zahlreicher britischer Autoren ist der erste Eindruck beim Anblick von Stonehenge enttäuschend. Dies trifft bis zu einem gewissen Grade zu. Wenn man von Amesbury kommend einen Bauernhof und ein kleines Wäldchen hinter sich gelassen hat, sieht man plötzlich die berühmten Steine in einer Entfernung von etwa einem Kilometer. Ihre tatsächlichen Dimensionen sind schwer abzuschätzen, da sie wie eine Anhäufung natürlicher Steinbrocken wirken und sich kaum voneinander abheben. Obwohl man sich auf gleicher Höhe mit ihnen befindet, glaubt man über ihnen zu stehen. Die Entfernung des Betrachters ist einfach noch zu groß. Wenn man sich schneller nähert, zum Beispiel mit einem Auto, wird dieser Eindruck rasch gemindert.

Da die Straßen in der Ebene von Salisbury, wo Stonehenge liegt, vor allem an Wochenenden äußerst lebhaft befahren sind und die zahlreichen Militärkolonnen mit ihren schweren Fahrzeugen einen starken Lärm verursachen, der nur noch von Überschallflugzeugen übertönt wird, wird der enttäuschende Eindruck noch erhöht. Leider ist es unmöglich, die Straße zu meiden, da die Felder und Wiesen am Rande alle eingefriedet sind und die häufigen Regenfälle sie ohnehin in einen wahrhaften Morast verwandeln. Wahrscheinlich ist es besser, zuerst die zum Teil schon vor über fünfzig Jahren gezeichneten Bilder zu studieren, um sich ein besseres Urteil bilden zu können. Die Aquarelle und Landschaftsbilder zeigen Stonehenge, wie es wünschenswert wäre: unter einem schweren Himmel in einer einsamen Landschaft; ein Schäfer mit seiner Herde unterstreicht diesen Eindruck der Verlassenheit, der das Monument umgibt.

Mit dem Wagen kommend, hat man Stonehenge nach einer kleinen Steigung etwa noch zweihundert Meter vor sich. Nun fährt man an einem großen, spitz zulaufenden Stein vorbei, dem man aber, falls man nicht vorbereitet ist, keine Aufmerksamkeit schenkt. Seitlich befindet sich ein kleiner verwitterter Grenzstein mit der Aufschrift »LXXX miles from London« (80 Meilen von London). Nun löst man eine Eintrittskarte und durchschreitet rasch eine kleine Gittertür, welche den Weg durch die das Monument umgebende Einfriedung in das Innere freigibt. Man bemerkt sofort einen flachen Graben, der, wie der gesamte Boden des Monuments, mit einem schönen Rasenteppich bedeckt ist. Ungeduldig und erwartungsvoll geht man weiter auf eine Säulenreihe zu, die aus gewaltigen, regelmäßig geformten Steinen besteht. Diese Steine sind paarweise durch einen horizontal darüberliegenden verbunden (Trilith).

Besonders diese in Kreisform aufgestellte Säulenreihe versetzt den Betrachter in Erstaunen, wenn er in Stonehenge ankommt. Sicher erkennt man rasch die Unvollständigkeit dieser Säulenreihe, da ein großer Teil nicht mehr erhalten ist, aber der Rest ist imposant genug, um Bewunderung hervorzurufen und den Eindruck zu erwecken, es handele sich um ein recht gut erhaltenes Monument. Dieser Eindruck stimmt leider nicht. Sobald man einen der Trilithen durchschritten hat, steht man inmitten eines Ensembles von äußerster Kompliziertheit. Man sieht einige aufrecht stehende Steine von relativ geringer Höhe, dann wieder riesige Trilithen, und man kann vielleicht den Eindruck gewinnen, dies alles verbinde sich zu einer gewissen Ordnung, aber eigentlich bildet das ganze Ensemble das schönste Chaos, das man sich vorstellen kann. Dies trifft in besonderem Maße für den Teil zu, der dem Eingang gegenüber liegt. Dort findet man überall schiefstehende oder umgefallene Blöcke, teils übereinanderliegend, teils halb vergraben. Viele der Steine sind in zwei oder drei Stücke zerbrochen. Man könnte meinen, Stonehenge sei von einem Erdbeben zerstört worden und nicht von Menschen. Das Ausmaß der Zerstörung ist sicher mit ein Grund für den enttäuschenden Eindruck, den Stonehenge bei den britischen Autoren hinterlassen hat. Man nähert sich dem Monument von seiner am besten erhaltenen Seite, um dann hinter einer trügerischen Fassade Ruinen und Chaos zu finden. Inzwischen konnten die Restaurationsarbeiten von 1958 diesen schlimmen Eindruck etwas mindern. Hinzu kommt der Rummel, der bei allen Sehenswürdigkeiten vorzufinden ist: überfüllte Parkplätze, Scharen von Besuchern aus allen Schichten der Bevölkerung, Touristen aus aller Herren Länder, teils in Gruppen um einen Führer versammelt, teils allein das Monument durchstreifend. So findet die erste Begegnung mit Stonehenge oft inmitten einer großen Menschenmenge statt.

Glücklicherweise kommt das Wetter dem Forscher zu Hilfe. Die Ebene von Salisbury wird nicht selten an einem Tag von drei oder vier Regenperioden heimgesucht, und sobald die ersten Tropfen fallen, verschwindet die Menge so schnell, wie sie gekommen ist. Dann bleiben nur noch die wirklich Interessierten zurück, und nun, unter dem wolkenverhangenen Himmel, bekommt Stonehenge den Anschein des Verlassenen, Traurigen, den man von den Abbildungen her kennt. Wenn man die Melancholie dieses einzigartigen Monuments einmal gespürt hat, tauchen bald die ersten Fragen auf.

Je mehr man sich in das Ensemble vertieft, desto mehr wird einem deutlich, daß man hier die Spuren einer unbekannten Kultur vor sich hat; man kennt die Erbauer nicht. Theorien, welche die Entstehung von Stonehenge den Mahlbewegungen der eiszeitlichen Gletscher, besonders intelligenten Elefanten oder den Indianern der Appalachen zuschreiben, kann man mit Nachsicht behandeln. Natürlich denkt man auch sofort an die Erbauer der Dolmen und Menhire, aber obwohl einige Steine von Stonehenge eine Ähnlichkeit mit anderen megalithischen Denkmälern aufweisen, läßt man diesen Gedanken rasch wieder fallen. Man kann sogar behaupten, daß gewisse Ähnlichkeiten mit dem nur etwa 30 Kilometer von Stonehenge entfernten riesigen Kromlech von Avebury den Gegensatz zwischen beiden Monumenten eher betonen. Stonehenge ist fremd in seiner Umgebung, hoffnungslos allein, wie es der Schriftsteller Henry James gesehen hat: »Es steht ebenso einsam in der Geschichte wie in der großen Ebene.« Man versuchte, auch Parallelen zwischen den Trilithen des Monuments und bestimmten Ensembles in Tripolitanien und Arabien zu entdecken, aber ein Vergleich mit Zeichnungen und Fotografien der letzteren genügt vollauf, um diese Theorie fallenzulassen. Ebenso absurd sind Verbindungen mit den Trilithen der Tongainsel. Kurz, es gibt nichts, was mit Stonehenge vergleichbar wäre. Die Aufstellung der Trilithen zur Säulenreihe hat kein Gegenstück, und bestimmte Einzelheiten im Aufbau verstärken das Gefühl, vor einem der größten Rätsel zu stehen, das uns von der Vergangenheit vererbt wurde. Der Grad der Zerstörung läßt leider keine Hoffnung aufkommen, daß eines Tages die Lösung gefunden wird. Man kann nur versuchen, das Chaos, welches sich auf den ersten Blick darbietet, ein wenig zu ordnen.

Allgemeiner Überblick

Um den Überblick zu erleichtern, teilen wir das Ensemble von Stonehenge in drei Abschnitte: das Monument im eigentlichen Sinn, die unmittelbaren Zugänge und die Umgebung. Das eigentliche Monument bestand aus zwei konzentrischen Kreisen, die durch senkrecht aufgerichtete Steine gebildet wurden. Ein äußerer Kreis aus Sarsen und ein innerer Kreis aus Blue-Stones. Diese Bezeichnungen werden weiter unten erklärt. Der Kreis der Sarsen wurde aus 30 einzelnen Blöcken formiert, die rechtwinklig geschnitten waren. Je zwei waren durch einen horizontal darüberliegenden Block verbunden. Der Durchmesser dieses Kreises betrug fast 30 Meter; dagegen hatte der Innenkreis der Blue-Stones einen Durchmesser von 23 Metern. Letzterer bestand aus kleineren Steinen von unregelmäßiger Form, die sicher unbearbeitet waren. Er umgab zwei weitere regelmäßige Steingruppen, die in Hufeisenform angelegt waren. Eine bestand aus fünf gigantischen Trilithen, aus Sarsen, die andere aus einer gewissen Zahl von Blue-Stones. In ihrer Mitte liegt der sogenannte Altarstein, ein Stein von langer, flacher Form, der entweder auf den Boden gelegt oder leicht eingegraben war. Das Monument im eigentlichen Sinn bestand, mit einer Ausnahme, also aus aufgerichteten Steinen, die zwei Figuren darstellten: Kreis und Hufeisen. Die Sarsenblöcke stellten im Hufeisen alleinstehende Trilithe dar, im äußeren Kreis bildeten sie eine durchgehende Säulenreihe. Trotz des verfallenen Zustandes geht von dem Ensemble ein Eindruck von Harmonie und Ausgewogenheit aus. Es scheint dem Menschen eine Vorstellung von Größe vermitteln zu wollen, ohne dabei zu übertreiben. Offenbar hatten die Erbauer dies beabsichtigt.

Verlassen wir das eigentliche Monument, so zieht als erstes der große Stein am Rande der Straße die Blicke auf sich, jener Stein, der so selten bei der Ankunft in Stonehenge beachtet wird.

Es ist der berühmte Heel-Stone, der leidenschaftliche Diskussionen entfacht hat, die bis heute noch nicht beendet sind. Er ist fast fünf Meter hoch und neigt sich etwas in Richtung zum Monument. Zwischen ihm und dem Kreis der Sarsen ruht ein weiterer Stein, Slaughter-Stone genannt, was in etwa mit Opferstein übersetzt werden könnte. Vielleicht stand er früher aufrecht. Als weiteres Detail, welches beim Betreten des Ensembles nur flüchtig bemerkt wird, nennen wir einen kreisförmigen, nach innen abgeböschten Graben, der das eigentliche Monument in etwa 30 Metern Entfernung umrundet. Dieser Graben ist an mehreren Stellen unterbrochen; der Haupteinschnitt befindet sich neben dem Slaughter-Stone und stellt zweifellos den Eingang zum Monument dar. Wir bezeichnen diesen abgeböschten Graben als kreisförmiges Erdwerk. Innerhalb der Böschung befinden sich die sogenannten Löcher von Aubrey, die, 56 in der Zahl, einen vollständigen Kreis beschreiben. Einzelne dieser Löcher wurden bereits ausgegraben und mit Kalkscheiben gekennzeichnet.

Fast auf dem Kreis der Löcher von Aubrey gewahrt man zwei

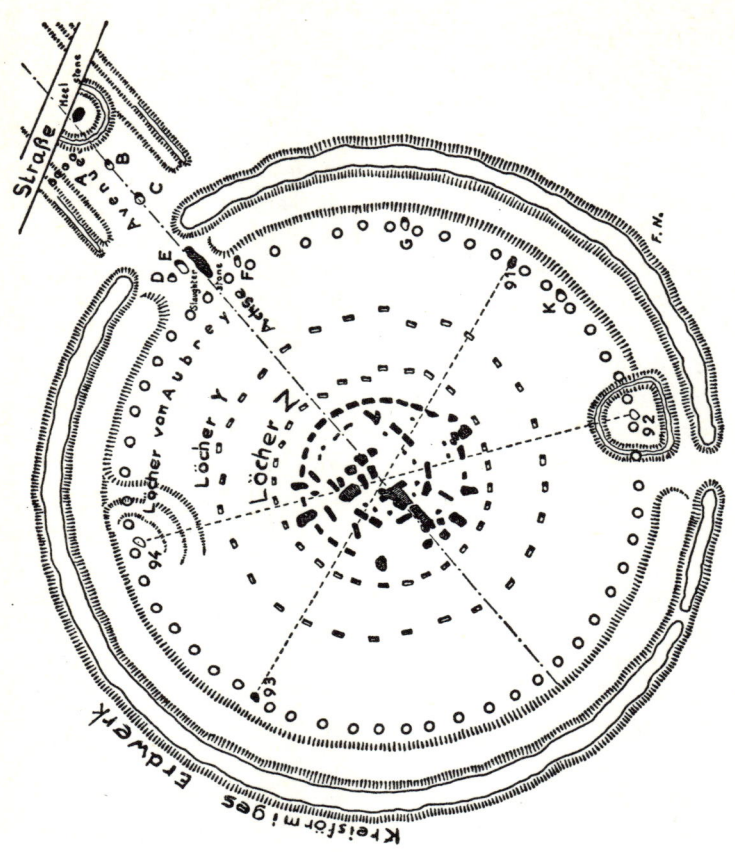

Lageplan von Stonehenge

Steine von geringer Höhe, welche die beiden Enden eines Durchmessers bilden, der durch das Zentrum des eigentlichen Monuments gezogen ist. Nicht weit davon entfernt, auf der gleichen Kreislinie, gewahrt man zwei sehr flache Hügel, die sich in der Umgebung kaum abheben. Diese Hügel sind fast kreisförmig, liegen ebenfalls am Ende eines durch die Mitte des Monuments gezogenen Durchmessers und bilden zusammen mit den zuvor genannten beiden Steinen die sogenannten Vier Stationen.

Unter dem Rasen verborgen finden sich zwei Serien von

kreisförmig angelegten Löchern. Eine enthält die Löcher, die mit Y und Z bezeichnet werden, und liegt außerhalb des Kreises der Sarsen. Die andere enthält die mit Q und R benannten Löcher und befindet sich fast auf dem Kreis der Blue-Stones. Diese letzte Serie bildet übrigens keine vollständigen Kreise. Britische Archäologen haben noch eine große Zahl weiterer Löcher untersucht und markiert. Diese bilden teils Gruppen, teils sind sie völlig isoliert und liegen auch nicht immer symmetrisch zu den vorhergenannten Figuren des Ensembles. Sie dienten wohl zum Aufstellen von Steinen oder Pfosten oder wurden als Gräber benutzt.

Mit der weiteren Umgebung ist das Monument durch eine alte Straße verbunden. Sie ist kaum sichtbar und wird durch einen Graben beiderseits begrenzt. Vom Zentrum gesehen verläuft sie geradlinig in Richtung des Heel-Stone nach Nordosten. Die beiden Hufeisen sind in diese Richtung geöffnet. Nach etwa 600 Metern teilt sich die Straße; eine Abzweigung führt nach Norden zu einem Erdwerk, Cursus genannt, welches sich über eine Länge von 2,7 Kilometern und 100 Metern Breite rechtwinklig in Richtung Ost-West zur Straße erstreckt. Die andere Abzweigung biegt nach Norden ab und führt zum Avon oder dem sogenannten Camp des Vespasian, das am Ortsausgang von Amesbury liegt.

Man sollte noch auf die große Zahl von prähistorischen Gräbern hinweisen, die über die Ebene von Salisbury verstreut liegen. Zwei Arten sind zu unterscheiden: Long Barrows, Gräber von gestreckter Form, und Round Barrows, solche die kreisförmig sind; letztere zählen zu Hunderten. Hundert Meter von Stonehenge entfernt ist eines der Round Barrows gut zu sehen. Zwei Kilometer nördlich von Amesbury befindet sich ein seltsames Monument, Woodhenge genannt. Es besteht aus mehreren Serien von Löchern, welche konzentrische Ellipsen bilden. In der Nähe befindet sich ein weiterer neolithischer Erdbau mit rundem Grundriß und, heute fast nicht mehr sichtbar, Durrington Walls.

Die zahlreichen prähistorischen Spuren, die man überall in großer Zahl in der Ebene von Salisbury finden kann, zeigen,

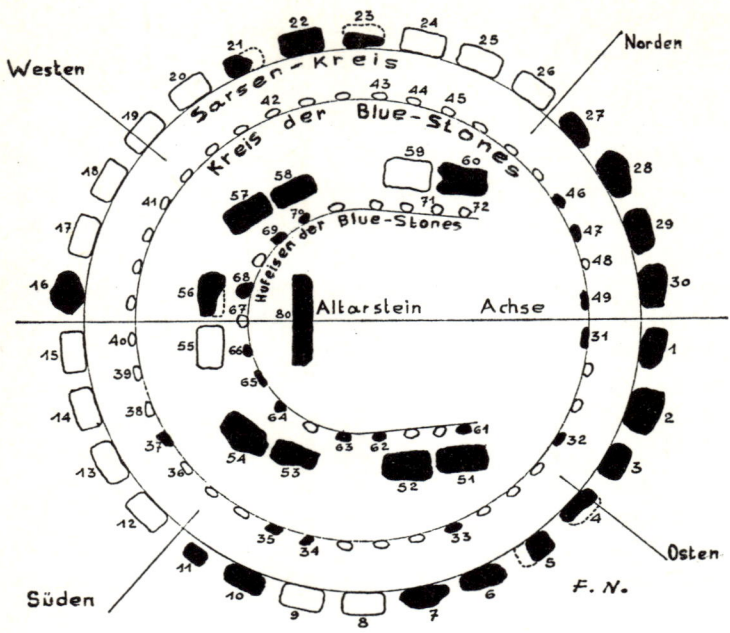

Orientierungsskizze von Stonehenge
(schwarz: Die Steine befinden sich an ihrem ursprünglichen Standort;
weiß: Die Steine fehlen oder liegen am Boden)

daß diese Region früher sehr bevölkert gewesen sein muß, zweifellos mehr als heute.

In groben Zügen ist nun Stonehenge und seine Umgebung beschrieben. Noch erscheint alles relativ einfach, aber in dem Maße, in dem die Untersuchungen fortgeführt werden, werden überraschende Einzelheiten sichtbar. Zunächst noch einige Worte über das Nummernsystem, mit welchem jeder Stein des Monuments klar und eindeutig gekennzeichnet werden kann. Dieses System wurde Mitte des 19. Jahrhunderts eingeführt und wird heute von allen britischen Wissenschaftlern benutzt. Die Numerierung beginnt unmittelbar rechts der Symmetrieachse, die vom Zentrum des Monuments in Richtung Heel-Stone führt.

Die Steine des Kreises der Sarsen tragen die Nummern 1–30, wobei fehlende Steine mitgezählt werden; der Kreis der Blue-Stones ist von 31–49 numeriert, hier haben die fehlenden Steine allerdings keine Bezifferung.

Im Hufeisen der Sarsen werden die Trilithen mit 51/52, 53/54, 55/56, 57/58 und 59/60 bezeichnet, das der Blue-Stones erhielt die Ziffern 61–72 (auch hier tragen die fehlenden Steine keine Nummern). Die Vier Stationen sind mit 91–94 gekennzeichnet; alle übrigen Steine tragen natürlich auch Nummern, aber meist wird der Name (Heel-Stone, Slaughter-Stone usw.) vorgezogen. Wir folgen diesem Beispiel.

Zur Information sei noch gesagt, daß die horizontalen Steine der Trilithen die Nummer eines der Steine erhalten haben, auf die sie aufgelegt sind, addiert zu 100. So trägt der obere Stein des Trilithonen 59/60 die Nummer 160. Allerdings wird diese Numerierung selten gebraucht.

Während der verschiedenen Ausgrabungen fand man Reste von Blue-Stones oder Löcher, die zum Aufstellen der Steine dienten. Sie liegen auf dem Kreis oder dem Hufeisen und werden nach der Nummer des vorhergehenden Steines beziffert, soweit er noch vorhanden ist. Die Ziffern sind durch Buchstaben ergänzt. Löcher oder Stümpfe von Blue-Stones, die hinter dem Stein 32 entdeckt wurden, tragen also die Bezeichnung 32a, 32b usw.

Schließlich werden die Löcher von Aubrey sowie die der Kreise Y und Z ebenfalls numeriert; die Löcher von Aubrey 1–56, die Löcher Y und Z 1–30.

Der Kreis der Sarsen

Zur Klärung des Namens Sarsen wurden mehrere Vermutungen geäußert.

Man leitete den Namen von saxon, ses oder sesen ab, was Stein bedeutet. Auch das lateinische Wort saxum, Felsen, wurde als Frühform angenommen. Man wies auch auf eine lokale Eigenheit der Bevölkerung hin, die sarsen wie sasen ausspricht, aber die plausibelste Erklärung scheint uns die Ableitung aus dem Wort sarracen zu sein, was sarazenisch bedeutet.

Es wurde früher in Südengland gebraucht, um etwas Fremdes zu bezeichnen. Auch Heiden wurden allgemein als Saracen oder Saresyn bezeichnet, und da die Sarsen hauptsächlich bei Bauten gebraucht worden waren, deren Erbauung man den Heiden zuschrieb, wie zum Beispiel Stonehenge oder Avebury, ging man dazu über, die Steine dieser gesamten geologischen Formation als Saresyn-Steine oder Heidensteine zu bezeichnen.

Wie dem auch immer sei, der Begriff bezeichnet eine Gesteinsformation aus dem Eozän. Es handelt sich dabei um Sandsteinblöcke von grauer Farbe, die vor allem im Norden von Wiltshire, in den Marlborough Downs, vorkommen.

Man kennt diese Blöcke auch unter dem Namen Greywethers oder Graue Schafe. Sie sind stellenweise so zahlreich, daß man von einem zum anderen springend größere Entfernungen zurücklegen kann, ohne auch nur einmal den Fuß auf den Boden zu setzen. Der Kreis der Sarsen in Stonehenge bestand aus dreißig Blöcken von einer Durchschnittshöhe, die etwa 4,11 Meter bis zum horizontal darüber liegenden Block betrug. Schon 1877 hatte Flinders Petrie die Höhe der noch aufrecht stehenden Blöcke vermessen, und eine Nachmessung seiner Ergebnisse ist sehr aufschlußreich.

Man stellt vor allem fest, daß die Höhe variieren konnte. So beträgt die Höhendifferenz zwischen der Säule Nr. 21 (3,86 Meter) und der Säule Nr. 5 (4,41 Meter) 56 Zentimeter. Da sich die oberen Enden der Blöcke auf gleicher Höhe befanden, kann diese Differenz nur auf eine Unebenheit des Erdbodens zurückzuführen sein, die heute allerdings nicht mehr vorhanden ist. Am Grundriß sieht man deutlich, daß sich die oben genannten Blöcke genau gegenüberstehen. Die Säule Nr. 21 liegt auf der Wetterseite, die ständig dem Wind ausgesetzt ist. Daraus kann man schließen, daß hier die vom Wind herangewehte Erde aufgehäuft wurde, vor allem natürlich am Fuß der Blöcke. Die Messungen von Petrie zeigen übrigens sehr deutlich, daß die Blöcke in der Nachbarschaft von Nr. 5 überdurchschnittlich hoch waren, während die in der Nähe von Nr. 21 eine relativ geringe Höhe aufwiesen. Die errechnete Durchschnittshöhe von 4,11 Meter entspricht der von Petrie gemessenen mittleren Höhe, die nur von der Säule Nr. 7 genau erreicht wird.

Die Sarsen bilden einen Kreis, der, an der Innenseite der Steine gemessen, einen Durchmesser von 29,56 Meter hat. Die 30 Steine sind so genau plaziert, daß es höchstens eine Abweichung von 8–10 Zentimeter gibt. Im Querschnitt mißt jeder Stein etwa 1,14 Meter in der Tiefe und 2,13 Meter in der Breite. Ihr Abstand beträgt durchschnittlich 1,67 Meter; dies entspricht der Hälfte ihrer eigenen Breite. Alle Säulen des Sarsenkreises sind, wie schon erwähnt, an ihrem oberen Ende durch einen horizontal liegenden Block untereinander verbunden, der etwa 3,2 Meter lang ist; dies entspricht der Breite einer Säule plus dem Zwischenraum zur Nachbarsäule. Die horizontalen Blöcke sind 1,07 Meter tief und 0,81 Meter hoch. Ihre Oberfläche befindet sich also durchschnittlich 4,92 Meter über dem Erdboden. An dieser Stelle muß gesagt werden, daß alle genannten Abmessungen nur Annäherungswerte darstellen und durchaus um 10 oder 15 Zentimeter mehr oder weniger variieren können. Die Kanten der Blöcke sind nicht scharf genug, um genauere Messungen zu erlauben. Auch sind sie nicht gleichmäßig bearbeitet, und darum sind auch die Angaben der britischen Wissenschaftler immer nur als Mittelwerte anzusehen. Was über die Abmessungen der Sarsen gesagt wurde, gilt natürlich auch für alle weiteren Zahlenangaben.

Von den ehemals dreißig Steinen des Sarsenkreises befinden sich noch 16 an ihrem Platz (Nr. 1, 2, 3, 4, 5, 6, 7, 10, 11, 16, 21, 23, 27, 28, 29 und 30), die Nr. 22 wurde während der Restaurierungsarbeiten im Jahre 1958 wieder aufgestellt. Zusammen mit den Blöcken 27–30 bilden die Blöcke 1–7 eine Reihe von 11 noch aufrecht stehenden Säulen. Da man diesen Teil des Monuments bei der Ankunft in Stonehenge zuerst sieht, entsteht der Eindruck einer noch gut erhaltenen Anlage.

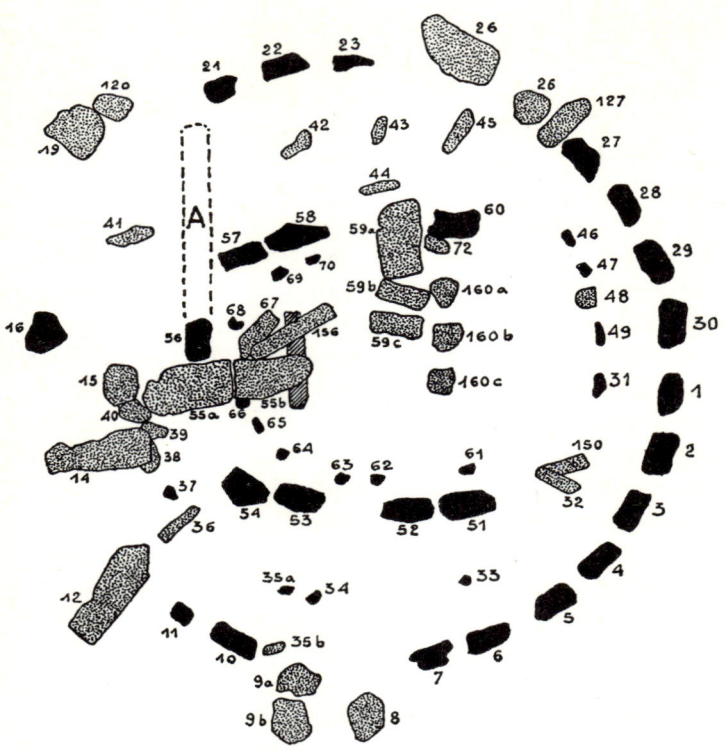

Der Sarsen-Kreis; gegenwärtiger Zustand des Monuments

Auch sind noch fünf horizontale Verbindungssteine an ihrem Platz, drei davon hintereinanderfolgend. Ein sechster, der die Blöcke 21 und 22 verband (Nr. 122), wurde 1958 wieder in seine ursprüngliche Lage gebracht. Die Säulen 12, 14 und 25 sind umgestürzt, die Nummern 8, 9, 19 und 26 sind zerbrochen; von ihnen sind nur noch Teile erhalten. Gänzlich fehlen die Blöcke 13, 17, 18, 20 und 24.

Es ist bemerkenswert, daß von der ehemals großen Zahl von nahezu 30 horizontalen Verbindungssteinen etwa 20 fehlen. Dies führte zu der Vermutung, daß der Kreis dieser Blöcke niemals völlig geschlossen war, zumal diese als letzte aufgesetzt wurden. Aber diese Annahme ist nur eine Hypothese.

Da diese Blöcke am besten bearbeitet waren, stellten sie sicher eine Versuchung für die Leute dar, die Stonehenge als einen kostenlosen und bequemen Steinbruch ansahen. Die Säulen waren im allgemeinen so behauen, daß sie sich nach oben hin um 6–8 Zentimeter verjüngten. Manche waren noch feiner bearbeitet, wie etwa die Blöcke 10 und 16; sie waren ausgebaucht, und man erkennt an ihnen die klare Absicht, einen künstlerischen Effekt zu erzielen. Seltsamerweise kann man in Stonehenge einen Prototyp der griechischen Säulen der klassischen Periode erkennen.

Die Blöcke des Monuments wurden durchschnittlich etwa 1,40–1,80 Meter tief eingegraben. Sie hatten also eine Gesamtlänge bis zu 5,50 Meter, und ihr Gewicht konnte bis zu 30 Tonnen betragen. Sie waren also tief genug in die Erde eingebettet, um eine ausreichend stabile Lage zu haben. Offenbar wurden aber einige kleinere Blöcke weniger tief eingegraben, und ihre Stabilität wurde nur durch die Verbindung mit den horizontalen Blöcken gesichert. Zweifellos genügte dies nicht, die aufrechte Position durch die Jahrhunderte hindurch beizubehalten.

An der Spitze trug jede Säule zwei Höcker, die aus dem Stein herausgehauen waren. Der Abstand zwischen den Höckern betrug 1,67 Meter, was genau dem der Säulen untereinander entspricht. Diese Zapfen wurden in Aushöhlungen an der Unterseite der horizontalen Verbindungssteine eingepaßt. Dadurch war ein fester Halt dieser Steine gesichert. Überdies waren die Verbindungsblöcke auf bemerkenswerte Art zusammengefügt: Jeder Block besaß auf der einen Seite eine V-förmige Einkerbung, während er auf der anderen Seite in gleicher Form auslief. Es handelte sich also um eine sogenannte V-Verbindung. Diese Art der Bearbeitung und Verbindung ist typisch für Holzkonstruktionen, nicht aber für Steinbauten, vor allem wenn es sich um Blöcke von solchen Ausmaßen handelt.

Daher hat man angenommen, daß zunächst ein Prototyp aus Holz vorhanden gewesen sein muß. Leider wurde aber bisher keine Spur eines solchen Holzbaus gefunden. Vier Pfostenlöcher, die auf der Straße nahe beim Heel-Stone gefunden wurden, könnten dazu gedient haben, ein dreifaches Tor zu errichten, welches eine horizontale Querverbindung aus Holzbalken hatte, ähnlich wie die Trilithen. Hier hätte man dann den gesuchten Prototyp, aber dies alles bleibt nur Vermutung. Aber selbst wenn sich ein solches Modell fände, so bleibt doch Tatsache, daß die Konstruktion des Kreises der Sarsen für Stonehenge besonders eigentümlich ist. Die horizontalen Verbindungsblöcke waren bogenförmig bearbeitet, so daß sie, zusammengesetzt, einen perfekten Kreis beschrieben. Da der maximale Höhenunterschied zwischen den einzelnen Säulen höchstens 10 Zentimeter betrug, war der Sarsenkreis wohl die vollkommenste und harmonischste Konstruktion von Stonehenge. Da diese Perfektion vom Boden aus weniger zu bemerken ist, kann es möglich sein, daß es den Erbauern darauf ankam, einem von oben schauenden Betrachter eine fehlerlose Kreisfigur zu zeigen. Vielleicht einem Sonnengott, der sich in dieser vollkommenen Figur repräsentiert sah.

Man kann sich leicht vorstellen, daß die Exaktheit und Harmonie des Sarsenkreises einer Bevölkerung um 1300 oder 1400 vor unserer Zeitrechnung den Eindruck vermittelt haben mußte, Stonehenge sei das Werk von Magiern gewesen. Der Kreis war in dreißig gleiche Teile zerlegt, und es ist fraglich, ob ein einfacher Landmann unserer Zeit eine solche Aufgabe bewältigen könnte. Noch weniger kann man sich vorstellen, daß Bauern oder Hirten vor 3000 oder mehr Jahren über solche Kenntnisse verfügten.

Es gibt natürlich auch gewisse Unregelmäßigkeiten, die aber nur geringe Bedeutung haben und leicht erklärbar sind. So besitzt zum Beispiel ein Verbindungsstein drei statt zwei Aushöhlungen; ein anderer ist auf beiden Seiten V-förmig zugespitzt. Dies tut, wie gesagt, der Regelmäßigkeit des Kreises keinen Abbruch. Eine andere Abweichung ist dagegen gravierender und rätselhafter. So beträgt der Abstand zwischen den Säulen 1 und 30 15 Zentimeter mehr als der übrige Durchschnitt. Nach Meinung der britischen Wissen-

12 *Menhir bei Galugnano, südl. Lecce, Apulien (Bronzezeit)*

13   *Doppel-Kromlech auf der Insel Er Lannic im Morbihan-Golf, Bretagne*

14   *Steinreihe in der Bretagne*

schaftler markiert dieser große Zwischenraum den Eingang zum Monument. Er entspricht tatsächlich der Richtung der Straße, der Öffnung des Hufeisens, und vom Zentrum aus gesehen fügt sich der Heel-Stone sehr gut in den durch die beiden Säulen gebildeten Rahmen. Aber um den Eingang deutlich hervorzuheben, genügen wohl 15 Zentimeter nicht; man hätte sicher eine besser sichtbare Möglichkeit dafür finden können. Wir werden später noch einmal darauf zurückkommen.

Auffallend ist ein weiteres Detail. Die Säule 11 hat nur eine Höhe von 2,44 Meter über dem Erdboden, also ist sie fast um die Hälfte kleiner als die übrigen Blöcke. Auch der Umfang mißt nur die Hälfte aller anderen Säulen. In einer so perfekten Konstruktion wie die des Kreises der Sarsen, wo man sehr viele Schwierigkeiten überwinden mußte und konnte, erregt eine so ungewöhnliche Säule natürlich Aufsehen. So hat man versucht, zahlreiche Erklärungen zu finden.

Unter anderem wurde vermutet, die geologische Struktur dieses Steins, eine weiche Außenschicht und ein harter Kern, sei an den ungewöhnlichen Ausmaßen schuld: die weiche Schicht sei unter dem Einfluß der Witterung verschwunden, während der härtere Teil widerstanden habe. Überlassen wir es den Geologen, diese bizarre Hypothese zu bestätigen oder nicht. Auch glaubte man, es seien Fehler in der Kreisberechnung gemacht worden, so daß bei Fertigstellung der letzte Zwischenraum einem Block von normaler Größe keinen Raum mehr gelassen hätte. Dies wäre aber nur dann möglich, wenn der Irrtum in der Berechnung des Kreises selbst liegen würde. Da dies nicht der Fall ist, bleibt auch diese Vermutung willkürlich.

Außerdem kann man noch heute aufgrund von Schätzungen feststellen, daß der Abstand zwischen den Säulen 10 und 12 durchaus genügt hätte, um einen Block von durchschnittlicher Größe aufzunehmen.

Eine weitere Vermutung geht dahin, daß der fragliche Stein entweder durch Blitzschlag oder Menschen, die Baumaterial benötigten, zerstört wurde. Dabei vergißt man aber, daß der

Block nicht nur in der Höhe, sondern auch im Umfang reduziert ist. Außer diesem Umstand ist aber seine Beschaffenheit mit der der übrigen Säulen völlig identisch; er ist nur kleiner, und das ist alles.

Die am meisten vorgebrachte Deutung seit Flinders Petrie ist folgende: Die Erbauer von Stonehenge waren knapp an Baumaterial. Sie fanden keinen genügend großen Stein, um ihn an die Stelle zu setzen. Wenn man dieser Begründung folgen würde, könnte man alle Fragen auf bequeme Art umgehen. Aber wir sind skeptisch gegenüber einem solchen Argument.

Es gibt in den Marlborough Downs genügend große Blöcke oder solche von größeren Dimensionen. Die Erbauer hätten, falls es ihre Absicht gewesen wäre, einen normal großen Stein aufzustellen, diesen überall gesucht, egal wo. Die Entfernung des benötigten Materials spielte für sie keine Rolle. Auch hätten sie notfalls auch einen Stein aus einer anderen geologischen Formation nehmen können.

Möglich wäre, daß die benachbarten Blöcke von Nr. 11, 10 und 12 einen doppelt langen Verbindungsstein trugen, der den Raum über Nr. 11 übersprang, zumal Nr. 10 und Nr. 12 zwei Höcker tragen. Vielleicht hatte man ursprünglich einen normalen Block vorgesehen und aufgestellt, der dann aus unbekannten Gründen durch die jetzige Säule ersetzt wurde. Sicher aber hatte man gewichtige Gründe, so zu handeln. Ausgrabungen an dieser Stelle könnten eventuell das Problem lösen.

Edgar Barklay, ein britischer Wissenschaftler, vermutete gegen Ende des 19. Jahrhunderts, die Säule 11 habe den Eingang zum Tempel bezeichnet. Er ist einer der wenigen, die der Tatsache Beachtung geschenkt haben, daß sich auf dem gleichen Radius wie dieser Stein eine Unterbrechung im Erdwerk befindet. Auch eine gedachte Linie, die vom Zentrum des Monuments genau nach Süden zeigt, führt nur 60 Zentimeter an diesem Block vorbei; dies könnte im Zusammenhang mit den geringen Ausmaßen stehen.

Erstaunlich ist die Beharrlichkeit der meisten britischen Wissenschaftler, mit der sie die Dimensionen von Nr. 11 und die sich daraus ergebenden Folgen ignorieren. Außer Barklay tun alle bei der Rekonstruktion des Monumentes so, als ob der Block mit allen übrigen Säulen übereinstimme. Er wird also im Kreis der Sarsen ohne seine bedeutenden Unterschiede eingezeichnet. Man könnte wahrhaft glauben, hier soll mit aller Gewalt eine Tatsache ignoriert werden, die doch jedem ins Auge springt.

Um das Kapitel über den Sarsenkreis zu schließen, soll noch eine Bemerkung angeschlossen werden. Die Höhe der Säulen ergibt zusammen mit der der Verbindungssteine 4,925 Meter. Das ist ein Sechstel des Durchmessers oder ein Drittel des Sarsenkreises. Dividiert man nun 4,925 durch den dreißigsten Teil des Kreisumfangs, d. h. der Breite einer Säule plus Abstand zur nächsten, so kommt man sehr nahe an 1,6. Von daher ließe sich der Eindruck von Harmonie und Wohlausgewogenheit erklären, den man beim Anblick dieses Teils von Stonehenge empfindet.

Der Kreis der Blue-Stones

Mit dem Kreis der Blue-Stones behandeln wir den zugleich einfachsten und kompliziertesten Teil von Stonehenge. Einfach darum, weil es sich um einen Kreis von unbearbeiteten Steinen handelt, deren Beschreibung mit wenigen Worten erfolgen kann, kompliziert, weil er offenbar der letzte von mehreren Kreisen oder Versuchen ist, die nach und nach durchgeführt wurden. Zunächst aber möchten wir den Ausdruck Blue-Stones (Blaue Steine) erklären.

Diese Steine gehören einer geologischen Formation an, die von der der Sarsen sehr verschieden ist. Es handelt sich um granit- oder basaltartige Eruptionsgesteine, die in der Geologie unter dem Namen Dolorit oder Rhyolit bekannt sind. Vor allem, wenn sie vom Regen befeuchtet sind, schimmern sie bläulich. Von den 20 in Stonehenge noch vorhandenen Steinen sind 16 aus Dolorit und 4 aus Rhyolit.

Der Kreis der Blue-Stones ist der einzige Teil von Stonehenge, der an megalithische Monumente vom Typ der runden Kromlechs erinnert. Wie diese scheint er aus rohen Blöcken zu bestehen, welche die natürliche Form von Säulen oder Platten besitzen. Der Kreis selbst liegt etwa drei Meter innerhalb des Kreises der Sarsen. Einer alten Tradition gehorchend, wollte man offensichtlich diese blauen Steine in das Gesamtmonument integrieren. Darüber hinaus mußten sie in den Augen der Erbauer eine besondere Eigenschaft gehabt haben. In jedem Fall handelte es sich um einen einzigen Kromlech.

Die britischen Wissenschaftler sind sich über die ursprüngliche Anzahl der blauen Steine nicht einig. Unter anderem wurden folgende Zahlen vermutet: 30 (entsprechend der Säulen im Kreis der Sarsen), 36, 39, 40. Diese von Stukeley erstmals 1723 vorgeschlagene Zahl wurde fast einhellig angenommen, bis die Untersuchungen, die 1956 von Piggott und Atkinson durchgeführt wurden, Reste von blauen Steinen oder Löcher zutage brachten, die blaue Steine enthalten hatten. So nimmt man heute an, daß ihre Zahl etwa 60 betragen hat. Mit Flinders Petrie glauben andere Gelehrte, daß der Kreis der Blue-Stones niemals vollendet worden war.

Schauen wir, was von diesem Teil des Monuments übriggeblieben ist. Es stehen noch sechs Steine aufrecht (Nr. 31, 33, 34, 46, 47, 49), fünf stehen schief (Nr. 32, 37, 38, 39, 48) und sieben sind umgestürzt (Nr. 36, 40, 41, 42, 43, 44, 45). Wenn man die Zahlen von Piggott und Atkinson akzeptiert, fehlen also etwa 40 Steine.

Ihre Höhe variiert sehr stark und reicht von 0,70–2 Meter; der Kreis, den sie beschreiben, hat einen Durchmesser von etwa 23,30 Meter, die Steine stehen außerhalb der Umfangslinie. Nur die Blöcke 31 und 49, die sich rechts und links der Konstruktionsachse befinden, stehen innerhalb. Auch ihr Abstand ist mit 1,53 Metern verschieden vom Durchschnittsabstand, ebenso wie bei den Sarsen 1 und 30.

Bemerkenswert ist, daß die Kreisoberflächen von Sarsen und Blue-Stones sich verhalten wie 1,6 zu 1.

Trotz dieser konstruktiven Übereinstimmung könnte es sich bei diesem Verhältnis um einen einfachen Zufall handeln. Man muß aber wohl damit rechnen, daß Stonehenge so konstruiert war, daß alle Figuren von oben her betrachtet werden sollten. Wenn die oben genannten Zahlen wirklich errechnet und beabsichtigt waren, so darf man davon ausgehen, daß die Erbauer die Fläche eines Kreises berechnen konnten.

Robert Newall machte eine andere, sehr wichtige Entdeckung: Die meisten der Blue-Stones liegen sich paarweise diametral gegenüber. Allein von den 18–20 noch vorhandenen Steinen befinden sich acht Paare in einer solchen Position. Daraus zog Newall den Schluß, daß der Kreis der Blue-Stones nie viel mehr als die heute noch vorhandenen Steine enthalten hat. Irgendwelche Zerstörer hätten sicher nicht nur die sich genau gegenüberliegenden Steine ausgewählt.

Auch liegen sich bemerkenswerterweise die Blöcke aus Rhyolit paarweise gegenüber (38 und 46 gegenüber 40 und 48). Allerdings befinden sie sich nicht jeweils auf dem gleichen Durchmesser. Unterstützt wird die These von Newall durch die Tatsache, daß alle heute noch vorhandenen Steine Blickkontakt zum Zentrum des Monuments haben. Offenbar konnte der Kreis der Blue-Stones nicht vor der Errichtung der großen Trilithe gezogen worden sein; es wurden also nur die Steine plaziert, für die man den richtigen Halbmesser fand. Die blauen Steine, die nicht in dieses System passen (36, 40, 45), befinden sich alle nicht in ihrer ursprünglichen Lage. Der Stein Nr. 36 weist eine besondere Eigentümlichkeit auf, über die noch zu berichten sein wird. In ihrer jetzigen Lage könnten die Steine 40 und 45 mit dem Zentrum durch den Zwischenraum der Trilithe 55/56 und 59/60 Blickverbindung gehabt haben. Offenbar konnte nur der Stein 33 vom Zentrum aus nicht gesehen werden; er ist aber von diesem am weitesten entfernt.

Die Blue-Stones von Stonehenge geben uns ständig neue Rätsel auf. So liegt der blaue Stein 32 zur Hälfte auf einem anderen mit der Nummer 150. Dieser, obwohl auch ein Blauer, trägt auf einer seiner Flächen zwei Aushöhlungen, wie sie bei den horizontalen Verbindungssteinen der Sarsen vorkommen. Daher trägt er eine entsprechende Nummer. Er ist 2,40 Meter lang und leicht eingebuchtet. Man vermutete daher früher, daß es mindestens einen Trilithen aus Blue-Stones gab. Die Gegner dieser Theorie sahen darin allerdings eine Zerstörung der vollkommenen Harmonie des Monuments und brachten vor, der Stein habe zur Opferung gedient; die Aushöhlungen nahmen dabei die Opfergaben auf. Befürworter des Trilithen aus blauen Steinen erfanden einen zweiten dazu, um so die Symmetrie wiederherzustellen, allgemein wurde aber jede Konstruktion dieser Art im Kreis der Blue-Stones in Frage gestellt. Aber wer kann sich schmeicheln, in der Archäologie das letzte Wort zu haben?

Als man 1929 den blauen Stein 36 hob, sah man, daß auch er zwei Aushöhlungen an der Unterseite besaß; als man dann noch bei den blauen Steinen des Hufeisens (67 und 70) Höcker feststellte, wurde offenkundig, daß während einer bestimmten Zeit Trilithe aus Blue-Stones vorhanden gewesen sein mußten.

Man hatte sie dann demontiert, um die horizontalen Verbindungssteine wie die anderen Säulen aufzustellen. Zweifellos wird man die Ursache für dieses Verhalten niemals kennen, aber eines scheint wahrscheinlich zu sein: Die Erbauer der Sarsenkonstruktion waren durch die blauen Steine offenbar stark behindert. Man hat wirklich den Eindruck, daß sie nicht wußten, was sie mit ihnen anfangen sollten. Tatsächlich wollte man, bevor die Steine so aufgestellt wurden, wie man es heute sieht, folgendes realisieren oder hat es auch getan: Auf der ungefähren Linie des heutigen Kreises wurde mit dem Bau eines Kromlechs begonnen, der aus zwei konzentrischen Kreisen bestand. Die Steine wurden paarweise auf die äußersten Enden des gleichen Halbmessers gesetzt. Interessant ist, daß die Steine rechts und links der Konstruktionsachse um jeweils zwei oder drei Steine vermehrt waren, so als wolle man die Richtung besonders markieren.

Bevor man aber alle Löcher dieses doppelten Kromlechs ausgehoben hatte und einige Steine aufgerichtet waren, wurde der Plan aufgegeben. Die Gründe dafür sind nicht bekannt, aber möglicherweise wurde das Projekt zugunsten des Baus der Sarsen aufgegeben. Die Löcher werden mit Q und R bezeichnet und stellen eine Phase im Aufbau von Stonehenge dar, die unter der Bezeichnung Stonehenge II bekannt ist.

Anschließend hat man wohl versucht, einen neuen doppelten Kromlech zu errichten, aber diesmal außerhalb des Sarsenkreises. Die blauen Steine sollten wieder in zwei konzentrischen Kreisen aufgestellt werden (Löcher Y und Z). Auch dieser neue Plan wurde aus nicht bekannten Gründen aufgegeben. Verzweifelt über ihre Unfähigkeit, einen doppelten Kromlech zu errichten, begnügten sich die Erbauer mit der Konstruktion, die wir heute kennen.

Ausgrabungen auf der Linie der blauen Steine haben seltsame Ergebnisse erbracht. Schon 1883 behauptete William Cunnington, er habe zwischen den Blöcken 32 und 33 den Stumpf eines fehlenden Steines gefunden. Die späteren Grabungen von Hawley und Pigott zeigten das Vorhandensein von sechs blauen Steinen zwischen den Blöcken 33 und 34, acht zwischen 40 und 41, fünf zwischen 32 und 33. Aufgrund dieser Funde schätzten die britischen Wissenschaftler die Zahl der Blue-Stones auf 60.

Trotz dieser Ergebnisse gibt es noch viele Fragen zu klären. Warum hat man Stümpfe von blauen Steinen eingegraben? Warum hat man diese Steine durchtrennt, obwohl es sich sowohl bei Doleriten als auch bei Rhyoliten um sehr harte Blöcke handelt? Diese hatten beim Transport und beim Bearbeiten Härte unter Beweis gestellt. Um sie zu zerstören oder zu entfernen, hätte man sie nur bloßlegen müssen und umstürzen. Dies wäre sicher einfacher gewesen, als sie mühsam zu zerteilen. Daß die Steine durch Ungeschicklichkeit beim Transport zerbrochen seien, ist nicht als befriedigende Antwort anzusehen. Und was bedeuten die unzähligen Splitter von blauen Steinen, die um Stonehenge und die Long Barrows verstreut sind? Hier handelt es sich nicht um Zerstörungswut, wie etwa im 19. Jahrhundert, als die Wirte der Umgebung von Stonehenge ihren Gästen Hämmer anboten, um sich ein Stück der Steine als Souvenir mitzunehmen. Man findet Steinsplitter auch in den Barrows, Orten, die im Laufe der Vorgeschichte besonders verehrt wurden. Ein Block, der mehr als eine Tonne wiegt, wurde im Bowls Barrow gefunden, etwa 22 Kilometer von Stonehenge entfernt. Auch andere Fragen bleiben ohne Antwort: Haben wirklich Trilithe aus Blue-Stones existiert und wenn ja, wo waren sie aufgestellt? Warum sind heute nur sich gegenüberliegende Paare von Blöcken vorhanden? Warum stehen die Steine 39 und 41 innerhalb der Kreislinie? Je mehr man in die Einzelheiten geht, desto größer werden die Probleme. Das Geheimnis der Blue-Stones ist noch nicht gelöst.

Die Trilithe aus Sarsen

Im Innern des Kreises der Blue-Stones erheben sich fünf gigantische Trilithe aus Sarsen. Sie bilden die Figur eines Hufeisens. Die Bezeichnung Trilith oder Trilithon wurde erstmals von Stukeley gebraucht, der schrieb: »Diese Elemente bestehen aus einer bestimmten Anordnung von Steinen, die ich als Trilithonen bezeichnen werde, denn jedes ist aus zwei aufrecht stehenden Steinen gebildet, verbunden durch eine horizontale Auflage.« Von den ursprünglich fünf Trilithen des Hufeisens sind nur zwei intakt (51/52 und 53/54). Ein Dritter (57/58) wurde 1957/58 wieder errichtet, die beiden anderen (55/56 und 59/60) besitzen nur noch je eine Säule (56, 60). Nr. 56, die zum mittleren Trilithen gehört, wurde 1901 unter der Leitung von Professor Gowland wieder aufgestellt. Ältere Bilder zeigen diese Säule stark gegen das Zentrum des Monuments geneigt. Die Säule 55 ist umgestürzt und zerbrochen. Der Verbindungsstein von 55/56 liegt unzerstört auf dem Altarstein; seine großen Aushöhlungen sind deutlich zu sehen. Als Besonderheit sei darauf hingewiesen, daß dieser Verbindungsstein auch zwei Vertiefungen auf der oberen Fläche trägt, entsprechend den Aushöhlungen auf der Unterseite. Sie sollten zweifellos der Aufnahme der Zapfen auf den Säulen dienen und wurden zu diesem Zweck begonnen; dann aber hat man es vorgezogen, die andere Seite zu bearbeiten.

Wegen dieser kaum angedeuteten Zapflöcher kam man auf den Gedanken, daß dieser Verbindungsstein dazu diente, einen weiteren kleineren Trilithen zu tragen. Dies zeigt nur, welche bizarren Theorien schon über Stonehenge angestellt wurden.

Der Block 60 des letzten Trilithen besaß an der nach außen gewandten Seite unten eine tiefe Aushöhlung, die auf natürliche Art entstanden war. Ein Mensch hätte darin Platz gehabt. Diese Aushöhlung wurde mit Beton ausgegossen, was zwar nicht schön aussieht, aber notwendig war, da die Säule umzustürzen drohte. Die Nachbarsäule zerbrach in drei Stücke, ebenso der horizontale Verbindungsstein, dessen dritter Teil mehr als acht Meter weit geschleudert wurde.

Obwohl die Trilithe gleich breit waren (etwa 4,70 Meter), so war ihre Höhe doch unterschiedlich. Der mittlere Trilith maß mit Verbindungsstein 7,77 Meter, die beiden Nachbarn 6,47 Meter und die restlichen am äußeren Ende des Hufeisens 6,10 Meter.

Die Säulen eines Trilithen standen so dicht beieinander, daß eine sich seitlich drehende Person gerade hindurchschlüpfen konnte. Ab der Mitte verjüngten sich die Säulen regelmäßig bis hinauf zum Querstein. Man könnte glauben, daß die Blöcke an der Innenseite so bearbeitet waren, damit man, von unten gesehen, nicht den Eindruck habe, sie stießen unter dem Verbindungsstein zusammen. Nur die Säulen des zentralen Trilithen hatten einen gleichmäßigeren Zwischenraum, wenn man die Säule 56 als Vorbild nimmt. Er war nach einigen britischen Forschern größer als bei den übrigen Trilithen, wo er am Fuße 30–40 Zentimeter betrug. Wahrscheinlich betrug der Abstand zwischen den Säulen des mittleren Trilithen durchschnittlich 0,915 Meter. Diese Messung ist aber durchaus diskutabel. Die horizontalen Verbindungssteine waren wie bei den Trilithen der Sarsen oben durch Zapfen und entsprechende Zapflöcher fixiert. Dieses System findet sich nicht allein in Stonehenge. Wir haben auch in Delphi Blöcke gesehen, die die gleichen Zapfen trugen. Das gleiche gilt für die Taulas auf Menorca, die aus einem waagrechten Steinblock bestehen, der von einem Monolithpfeiler oder aus einer Säule von mehreren Steinen getragen wird. Auch die Steinzylinder, die einige der Statuen auf der Osterinsel bedecken, werden durch das gleiche System am Herabfallen gehindert.

Die Trilithen der Sarsen bilden den beeindruckendsten Teil von Stonehenge. Häufig findet man eines dieser Ensembles auf den Titelseiten oder Umschlägen von Büchern oder anderen Werken, die über Stonehenge geschrieben wurden. Man erkennt die Silhouette sofort; man kann ihr sonst nirgendwo in diesem Teil von Wiltshire begegnen, und man spürt die Originalität des großen Baumeisters, der der Errichtung dieses Tempels vorstand.

Hier zeigte ein wahrer Magier seine Talente als Illusionist, denn jeder Teil von Stonehenge scheint höher, gewaltiger zu sein, als er in Wirklichkeit ist. Wie wurde diese Wirkung erzielt? Nun, durch bestimmte Proportionen: Wenn man zum Beispiel die Höhe des mittleren Trilithen durch seine Breite dividiert (7,77 durch 4,66), so erhält man als Ergebnis 1,66 oder 1,20 zu 3. Wenn man den gleichen Vorgang bei den übrigen Trilithen wiederholt, so erhält man 1,33 und 1,40. Dies war wahrscheinlich im voraus berechnet; um die oben erwähnte Wirkung zu erzielen, haben die Erbauer ohne Zögern Opfer an die Stabilität gebracht. So wurde die Säule 56 des großen Trilithen 2,36 Meter tief eingegraben, dagegen die Nachbarsäule (55) kaum 92 Zentimeter tief. Diese Ungleichmäßigkeit führte wahrscheinlich zum Umsturz dieses herrlichen Ensembles. Der Trilith 57/58, der heute wieder aufgestellt ist, war so wenig in der Erde verankert, daß man sich fragen muß, wie er bis zum Datum seines Zusammenbruchs (1797) überhaupt stehenbleiben konnte.

Man muß allerdings erwähnen, daß die Erbauer sicher die Instabilität des mittleren Trilithen, bedingt durch die ungleichmäßige Eingrabung der Säulen, vorausgesehen hatten.

So gibt eine größere Ausbuchtung am Fußende dem Block 55 eine bessere Basis, um die geringe Einbettung auszugleichen. Wie wir sehen, reichte diese Maßnahme nicht aus, aber es zeigt doch, daß die Erbauer sich darüber Gedanken machten. Zu den Proportionen ist noch zu sagen, daß sich das Terrain seit den Messungen von Colt Hoare, der um 1810 die Höhe des Trilithen 53/54 mit 6,30 Metern angab, gesenkt hat. Dies wird an den Messungen von Flinders Petrie (1880) und den heutigen Ergebnissen sichtbar: beide ergeben eine Höhe von 6,45 Metern für den gleichen Trilithen. Die Absenkung des Geländes beträgt also etwa 15–20 Zentimeter. Es gibt keinen Grund, an den Ergebnissen von Colt Hoare zu zweifeln. Wir hatten bereits angedeutet, daß diese Abtragung des Bodens auf die besonderen Windverhältnisse in der Ebene von Salisbury zurückzuführen ist. So können die Messungen nicht völlig exakt sein, aber die Differenzen sind so gering, daß die Ergebnisse selbst nicht angezweifelt werden können. Man sollte auch beachten, daß die Trilithe nur aus einer begrenzten Entfernung völlig sichtbar sind. Der mittlere ist zum Beispiel jenseits von 22 Meter nicht mehr in seiner Gesamtheit zu sehen, da er dann von anderen Teilen des Monuments ganz oder teilweise verdeckt wird. Alle Ausmaße und Proportionen müssen mit dieser Maximalentfernung in Zusammenhang gestanden haben. So war die Höhe des größten Trilithen identisch mit seiner Entfernung zum Zentrum des Monuments; diese Entfernung aber entspricht etwa einem Drittel der größten Entfernung, von der aus er noch völlig sichtbar ist. Dies trifft auch für die übrigen Ensembles zu. Man weiß natürlich nicht, ob die Erbauer dies mit Absicht getan haben, die Tatsache selbst ist aber höchst bemerkenswert.

Es gibt natürlich noch andere architektonische und ästhetische Raffinessen, die bei den Trilithen entdeckt wurden. So wurden zum Beispiel die Säulen des Sarsenkreises ausgebaucht; sehr schön zu sehen bei der Säule 56 des mittleren Trilithen. Bei diesem Monolithen, einem der eindrucksvollsten und elegantesten, den wir kennen, bedauert man den

Sturz der Nachbarsäule ganz besonders, da damit dieser wohl ursprünglich gelungenste Trilith zerstört ist. Mit seinen 9 Metern Gesamtlänge ist der Monolith der zweitgrößte von England (der größte ist der Rudstone bei Rudstone on the Wolds in Yorkshire).

In Frankreich sind dagegen größere Menhire sehr zahlreich. Außer dem großen Menhir von Locmariaquer in Morbihan, der eine Länge von 23,50 Metern hatte und 300 Tonnen wog (er ist heute umgestürzt und in 4 Teile zerbrochen), gibt es noch etwa 20, welche die Säule 56 von Stonehenge übertreffen. Aber unser Erstaunen und unsere Bewunderung gelten einfach den Umständen, unter denen dieser herrliche Monolith errichtet wurde. Auch der horizontale Verbindungsstein des Trilithen 53/54 zeugt von der Geschicklichkeit der Erbauer. Er ist in der Länge so bearbeitet, daß er eine umgekehrte Pyramide darstellt. So konnte eine bessere Perspektive erzielt werden. Die übrigen Trilithe besaßen Verbindungssteine, die weniger sorgfältig bearbeitet waren; sie wogen zwischen zehn und zwölf Tonnen. Es gibt nach unserer Kenntnis kein weiteres Beispiel dafür, daß man Monolithen von solchem Gewicht in einer solchen Höhe aufgelegt hat. Die Steinplatten der Dolmen befinden sich nicht höher als vier Meter über dem Erdboden. Nur in Mykene hat man kurz vor der Erbauung von Stonehenge einen Stein von etwa hundert Tonnen in 6 oder 7 Meter Höhe als Giebel in das Tor zum Grab des Agamemnon gesetzt.

Das Hufeisen der Blue-Stones

Ebenso wie bei den Steinen des Kreises der Blue-Stones konnten sich die britischen Wissenschaftler auch bei den Steinen des Hufeisens nicht einigen. Dieses liegt im Innern der Figur der großen Trilithen. Die Schätzungen über die Anzahl der Steine beliefen sich über 12, 15, 17, heute wird allgemein die von Stukeley vorgeschlagene Zahl von 19 akzeptiert. Sie errechnet sich relativ einfach aus den noch bestehenden Steinen auf jedem Teil des Hufeisens und den gegenüberliegenden freien Stellen.

Die Steine bestehen aus Dolerit und haben folglich die gleiche geologische Herkunft wie die Steine des Kreises der Blue-Stones. Sie unterscheiden sich aber in der Form: Die Steine des Hufeisens sind konisch bearbeitet, in Form von Obelisken. In einigen Fällen sind die Spitzen abgeflacht und tragen Spuren von Zapfen (Steine 67 und 70). Das mittlere Gewicht beträgt 3,5 Tonnen; die Steine 67 und 68 wiegen über vier Tonnen.

Der erste Teil des Hufeisens hat einen Durchmesser von etwa 11,90 Meter und enthielt 11 Steine: einen in der Mitte und fünf auf den beiden Halbbögen. Der Zwischenraum beträgt etwa zwei Meter. Die Höhe über dem Erdboden variiert zwischen 1,83 (Nr. 61) und 2,83 (Nr. 67) Metern. Letzterer, der genau auf der Spitze des Hufeisens liegt, ist umgestürzt. Er wurde wahrscheinlich beim Sturz der Säule 55 und des horizontalen Verbindungssteins des mittleren Trilithen mitgerissen. Der mittlere Durchmesser der Blue-Stones des Hufeisens betrug 0,61 Meter. Ebenso wie bei den Trilithen aus Sarsen nahm ihre Höhe, von der Konstruktionsachse ausgehend, ab.

Von den ehemaligen 19 Steinen sind heute noch 12 vorhanden, von denen sechs an ihrem Platz verblieben sind (Nr. 61, 62, 63, 68, 69, 70). Zwei Stümpfe (Nr. 64 und 65) überragen kaum die Erdoberfläche, die Nr. 66 liegt unter den Resten der Säule 55 des mittleren Trilithen vergraben. Die Steine 67, 71 und 72 sind umgestürzt. Wie schon gesagt, war offenbar die Nr. 67 die höchste der Figur. Sie lag zusammen mit dem Altarstein als einzige auf der Konstruktionsachse des Monuments.

Wenig wäre insgesamt über das Hufeisen der Blue-Stones zu sagen, wenn nicht zwei Steine eine Besonderheit aufweisen würden. Es handelt sich um die Nr. 68 und die symmetrisch gegenüberliegende Nr. 66. Dieser Stein besteht nur noch aus einem Stumpf, aber man sieht noch deutlich, daß er der Länge nach eine Auskragung besaß, die in der Größe einer

Rille entsprach, die in den Stein 68 eingegraben ist. Ein solches System dient im Schreinerhandwerk dazu, Parkettplatten miteinander zu verbinden.

Waren die beiden Steine ursprünglich auf diese Weise miteinander verklammert? Viele britische Wissenschaftler sind dieser Ansicht, und die Wahrscheinlichkeit spricht dafür. Rätselhaft ist allerdings, daß es sich im Grunde um ein Verfahren der Holzbearbeitung handelt, Steinmetze bedienen sich dieses Systems nicht. Man versteht zwar, daß die Zusammenfügung und Befestigung der horizontalen Verbindungssteine der Sarsen sich die Bearbeitung von Holz zum Vorbild nahm, aber die Verbindung der blauen Steine 66 und 68 ist unerklärlich. Zwei zusammengefügte Pfosten in dieser Art und Weise dienen keinem praktischen Zweck. Man kann sich ein Holzmodell nicht vorstellen, noch weniger eines aus Stein. Hatte die Verbindung einen symbolischen Sinn? Das ist wohl anzunehmen, aber welchen? Es wäre sehr interessant, Analogien zu suchen, egal wo immer.

Der Altarstein

Der Altarstein ist ein Block von 4,80 Meter Länge und 1 Meter Breite. Er ist nur leicht eingegraben und heute in zwei Teile zerbrochen. Seine Länge entspricht fast der Höhe des Kreises der Sarsen und einem Sechstel dieses Kreisdurchmessers. Unter ihm wurden oft Grabungen durchgeführt, vor allem mit dem Ziel, Schätze zu suchen. Die wissenschaftlichen Grabungen von Stukeley ergaben, daß der Altarstein 54 Zentimeter dick ist.

Manche Wissenschaftler haben behauptet, der Stein sei früher wie eine Säule aufgerichtet gewesen. Atkinson wies darauf hin, daß der Altarstein an einem Ende abgeschrägt war; dieser Schnitt hätte die Möglichkeit gebracht, den Stein in einem Erdloch zu justieren. Dazu muß man bemerken, daß dies sicher nicht die beste Möglichkeit ist, eine Säule zu stabilisieren. Jedenfalls wäre der Altarstein auf der Konstruktionsachse plaziert gewesen. Wir glauben, daß diese Frage noch nicht geklärt ist.

So, wie der Stein jetzt liegt, gibt es wohl keinen Grund anzunehmen, der Stein hätte früher waagrecht gestanden. Man könnte das Problem vielleicht lösen, wenn man sich dazu entschließen würde, den mittleren Trilithen zu restaurieren. Seine Ausmaße und seine Form lassen weder Vergleiche mit den Sarsen noch mit den Blue-Stones zu. Er besteht aus einer Art glimmerndem Sandstein, wovon man sonst kaum noch ein Beispiel in Stonehenge findet. Er liegt gegenwärtig leicht schräg zur Achse (seine Längsseiten bilden mit dieser einen Winkel von etwa 6 Grad), auch liegt seine Mitte nicht genau auf ihr; sie ist leicht nach Norden verschoben (etwa 30–40 Zentimeter). Sicher ist diese Verschiebung auf den Sturz des Blocks 55 aus dem mittleren Trilithen zurückzuführen, ein Bruchstück davon liegt auf dem Altarstein. Wir haben diesen Sturz an einem Modell rekonstruiert und dabei den gleichen Effekt erzielt. Es ist also durchaus möglich, daß der Altarstein früher eine symmetrische Lage zur Achse eingenommen hat. Das Gegenteil wäre auch höchst erstaunlich.

Die Bezeichnung Altarstein geht wahrscheinlich auf Inigo Jones zurück; wir haben schon bemerkt, daß dies zu Irrtümern führen kann, und es gibt auch keinen Grund, der sie rechtfertigt. Man sollte aber den Stein nicht derart ignorieren, daß man weder seine Lage noch die Tatsache beachtet, daß er in zwei Teile zerbrochen ist, wie dies auf einigen Skizzen geschehen ist. Unserer Meinung nach ist der Name glücklich gewählt, da der Stein wegen seiner Lage, Ausmaße und Beschaffenheit einzigartig in Stonehenge ist. Er hatte also sicher eine ganz besondere Bedeutung, und am wahrscheinlichsten ist die Vermutung, daß er einen Altar darstellte. Stonehenge war ein Tempel, das sollte man nie vergessen.

Die Löcher Y und Z

Wenn man die großen Grabungen ansieht, die von britischen Forschern in Stonehenge durchgeführt wurden, so ist man von der großen Zahl von Löchern und Gräben überrascht, die dabei entdeckt wurden. Die Löcher sind allgemein von geringem Ausmaß und wurden in die Kreideerde gegraben, anschließend wieder durch Erde bedeckt, so daß sie unsichtbar blieben. Die große Zahl dieser Löcher vermittelt den Eindruck, als ob das gesamte Monument und seine Umgebung regelrecht durchsiebt sei. Sie wurden durch Sonden, die aus Metallklingen bestehen, entdeckt. Diese Klingen lassen sich leicht in den Boden einführen, und je nach Widerstand kann man feststellen, ob hier eine Grabung durchgeführt worden war oder nicht. Man hat Löcher gefunden, die dazu dienten, Holzpfähle aufzustellen oder auch Steine, andere dienten einem nicht festzustellenden Zweck. Man fand auch Gräber mit Resten von Knochen.

Zu den Löchern, die am besten durch ihre Zahl und die Kreisfigur hervorstechen, gehören die Reihen Q und R, von denen wir bereits sprachen, und die Reihen Y und Z sowie die Löcher von Aubrey. Letztere werden zusammen mit dem Erdwerk beschrieben werden. Hier soll nur soviel gesagt werden: Sie stehen in Beziehung zu der Bezeichnung Y und Z, da man sie zunächst bei ihrer Entdeckung mit X benannte. Später erhielten sie den Namen des Forschers Aubrey, der sie als erster gefunden hatte. Nach der Entdeckung weiterer Kreise wurde die ursprüngliche Methode, die Buchstaben für die Unbekannten einer Gleichung zu verwenden, weiter benutzt.

Die Löcher Y und Z nahmen drei Viertel der Blue-Stones auf, nach der Errichtung der Sarsen. Es waren zwei Kreise vorgesehen, die als Radius einmal 18,44 Meter (Löcher Z) und einmal 27,55 Meter hatten (Löcher Y). Vom Mittelpunkt des Monuments aus gesehen sind die Kreise nicht regelmäßig; es gibt Abweichungen zwischen –1,22 und +2,44 Meter von den obengenannten Werten. Jeder Kreis enthielt 30 Löcher,

15   Steinreihen von Carnac, Dpt. Morbihan, Bretagne

16   Die Menhire von Carnac bilden drei Gruppen von Zehner- bis Drei-
      zehnerreihen . . .

17   *Einzelner Menhir in Carnac, Bretagne*

entsprechend der Zahl der Säulen des Sarsenkreises; man hat sie daher auch in gleicher Weise numeriert. Das Loch Z 7 befindet sich auf einem kleinen Hang, der zur Aufstellung der Säule 7 diente. Seltsamerweise wurde das Loch Z 8 nicht gegraben; die Stelle, wo es hätte sein müssen, liegt genau dort, wo die Bruchstücke der Säule 8 liegen.

Darum hat man vermutet, daß die Löcher gegraben wurden, als die Zerstörung des Monuments bereits begonnen hatte. Die Ausmaße betragen 1,83 mal 1,22 Meter, sie sind zwischen 90 Zentimeter (Y) und 1,05 Meter (Z) tief.

Bisher sind von jedem Kreis 18 Löcher ausgegraben. Es wurde nicht sehr viel gefunden: gewöhnlich ein Splitter Sarsen und ein Splitter der Blue-Stones in jedem von ihnen. Dazu kommen Stücke von Töpferwaren römisch-britannischer Herkunft; eines enthielt fünf sorgfältig arrangierte Hirschgeweihe. Daraus wollte man schließen, die Löcher Y und Z seien relativ neueren Datums, aber in Wirklichkeit gehören sie in die Zeit des Kreises der Sarsen. Es wird angenommen, daß sie nie die Blue-Stones aufgenommen haben, für die sie gegraben wurden.

Nahe beim Loch Y 9 und im Innern des Monuments zwischen den blauen Steinen 31 und 49 wurden Gräber gefunden. Das erste enthielt ein Skelett, das der romano-britannischen Zeit angehört. Die Knochen waren zerbrochen, um sie in der kleinen Grube unterzubringen. Das zweite enthielt Überreste, die bereits durch frühere Grabungen in Unordnung gebracht waren; sie werden für ziemlich alt gehalten. Um Stonehenge gab es noch viele Gräber, wenn man Zeichnungen glauben darf, die im 18. Jahrhundert angefertigt wurden. Auf die Löcher Q und R haben wir bereits hingewiesen. Der unvollständige Kreis reicht etwa von der Säule 28 bis zur Säule 16.

Es wurde bereits gesagt, daß die Vier Stationen durch zwei Steine und zwei kleine Hügel gebildet werden. Sie liegen jeweils am Ende einer gleich langen Linie, die sich im Mittelpunkt des Monuments mit der anderen im Winkel von 45 Grad schneidet. Bei der großen Genauigkeit des Abstands und des Winkels darf man sicher sein, daß hier kein Zufall vorliegt. Zunächst hat es den Anschein, die Vier Stationen lägen auf einem Kreis mit Mittelpunkt im Zentrum des Monuments. Es ist aber auch möglich, daß die Erbauer die Spitzen eines Rechtecks markieren wollten, dessen Diagonalen sich im Zentrum von Stonehenge schneiden.

Zu den Vier Stationen ist folgendes zu sagen: Jede Station liegt auf einem Kreis mit einem Radius von 43,28 Meter. Die Verbindungslinien zu den jeweils nebeneinanderliegenden Stationen (das heißt Hügel 92 und Stein 91 einerseits und Stein 93 und Hügel 94 andererseits) liegen parallel zur Konstruktionsachse. Vom Mittelpunkt des Monuments ist keine der Stationen sichtbar; auch von den Stationen selbst kann man die gegenüberliegende nicht sehen, da die Steine des Monuments jede Sicht versperren.

Die Lage der Vier Stationen zum Heel-Stone ist völlig symmetrisch, sie liegen auf den Ecken eines großen Rechtecks, welches 79,94 mal 33,12 Meter mißt. Die langen Seiten dieses Rechtecks führen sehr nahe am äußeren Rand des Sarsenkreises vorbei. Man stellt sich die Frage, warum sie nicht Tangenten dieses Kreises sind. Wären die Diagonalen nur um 1 bis 1,50 Meter kürzer, wäre diese Bedingung erfüllt.

Es ist als sicher anzunehmen, daß die Vier Stationen eine wichtige Rolle in der Gesamtplanung von Stonehenge gespielt haben. Der Kreis oder das Rechteck, auf welchem sie liegen, war bereits vor der Erbauung des eigentlichen Monuments festgelegt. Zweifellos dienten sie nicht nur als Verzierung oder hatten lediglich symbolischen Charakter. Die Genauigkeit ihrer Lage läßt vermuten, daß sie geographische oder topographische Merkzeichen waren.

Man bezeichnet die kleinen Hügel häufig als Barrows. Weder dieser Name noch die Bezeichnung Hügel ist korrekt. Man hat festgestellt, daß sich hier früher Steine befanden, die heute verschwunden sind. Vor dem 19. Jahrhundert wurden sie immer als Löcher, Höhlen oder Vertiefungen bezeichnet. Wenn sie sich heute als Hügel darstellen, so könnte dies auf den Aushub früherer Grabungen zurückgehen, besonders denen von Colt Hoare um 1810. Er hatte im Hügel 94 Spuren von Feuerbestattungen entdeckt. Im Hügel 92 fand Hawley nicht nur ein Loch von 1,20 Meter Tiefe, sondern auch eine zum Boden des Loches geneigte schiefe Ebene, die dazu diente, einen Stein aufzustellen. Es scheint so, als ob die beiden Hügel zunächst aufrecht stehende Monolithe darstellten, die von einem kleinen Graben umgeben waren.

Dieser Graben ist bei der Station 92 noch gut erkennbar, während er bei der Station 94 nur noch erraten werden kann. Ohne Plan würde ihn ein Betrachter nicht erkennen. Die Böschung um die Station 92 ist übrigens nicht völlig rund, da das Erdwerk in sie hineinläuft.

Die beiden verbliebenen Steine 91 und 93 sind von ungleicher Höhe. Die Nr. 91 mißt 2,74 Meter und ist umgestürzt. Im 18. Jahrhundert war er noch in Richtung des Erdwerks geneigt. 1740 schrieb Stukeley: »Die beiden Steine im Innern des Vallum sind sehr klein, und so war es immer. Der eine steht aufrecht, der andere ist ein wenig geneigt, vielleicht seit Müßiggänger hier herumgegraben haben.«

Der Stein 93 ist nur 1,22 Meter hoch. Beide Steine sind gut bearbeitet; sie bestehen aus Sarsen.

Man stellt sich die Frage, ob sich außer den vier Steinen noch weitere auf dem Kreis befanden. Kürzlich hat man Löcher entdeckt, die sich ziemlich genau auf der Kreislinie der Vier Stationen befinden. Ihre Ausmaße gestatten es, Steine aufzunehmen. Sie werden mit F, K und G bezeichnet. Leider erlaubt ihre Lage nicht, sie mit einer geometrischen Figur auf dem Kreis in Verbindung zu bringen. Vielleicht kann durch weitere Grabungen auch dieses Problem gelöst werden.

Wir werden noch von einem anderen Stein sprechen, der

nach alten Forschern sehr nahe am Erdwerk aufgestellt war und dessen Stumpf, der sich 30 Zentimeter unter der Erde befindet, bereits markiert ist. Im Verhältnis zum Mittelpunkt des Monuments lag er symmetrisch zum Heel-Stone. Nach unseren bisherigen Recherchen lag er auf dem Kreis der Vier Stationen.

Das Erdwerk und die Löcher von Aubrey

Von der Böschung, die sich an der Innenseite des Grabens befand, ist fast nichts mehr zu sehen. Sie überragt nirgends mehr als 60 Zentimeter das Gelände. Der Graben ist dagegen gut sichtbar. Allerdings ist er weniger bedeutend für das Erdwerk, weil er nur den Aushub zum Bau der Böschung lieferte. Er bestand aus einzelnen Gruben, die sich in unregelmäßiger Reihenfolge aneinander anschlossen, wie Grabungen gezeigt haben. Seine Tiefe schwankt zwischen 1,35 und 2,15 Metern. Dies beweist, daß nur der Wall eine bestimmte Bedeutung gehabt haben konnte. Dieser hatte früher eine Höhe von ungefähr 1,80 Metern bei einer Breite von 4 bis 6 Metern. An drei Stellen befanden sich Lücken im Erdwerk, die bezogen auf den Mittelpunkt des Monuments folgende Lage hatten: Fast Nordost und Nordwest lagen die beiden ersten, die dritte befand sich im Süden. Die eine liegt gegenüber der Unterbrechung im Kreis der Sarsen (Stein Nr. 11) und nahe bei dem kleinen Graben, der die Station 92 umgibt. Die beiden anderen Lücken liegen im rechten Winkel zueinander, aber die nordöstliche scheint nach Meinung aller Wissenschaftler den Haupteingang gebildet zu haben. Die südliche Unterbrechung im Wall muß aber auch eine Bedeutung gehabt haben, da sie mit dem Haupteingang Besonderheiten aufweist. Letzterer liegt fast auf der Konstruktionsachse und in Richtung der Öffnung der Hufeisen. Der südliche Eingang liegt dem Stein Nr. 11 gegenüber, der eine bedeutende Unregelmäßigkeit im Kreis der Sarsen aufweist. Es ist möglich, daß eine Lücke den Eingang zum heiligen Bereich darstellte, die andere den Ausgang. Was die Unterbrechung im Nordwesten betrifft, so ist ihre Bedeutung unsicher.

Der Wall beschreibt, von seiner Mitte gemessen, einen ziemlich regelmäßigen Kreis von etwa 96,79 Meter Durchmesser. Von ihm bis zum Sarsenkreis beträgt die Entfernung etwa 30 Meter. Beide Kreise sind nicht konzentrisch, die Mittelpunkte sind etwa 90 Zentimeter voneinander entfernt. Dies zeigt, daß beide Ensembles zu verschiedenen Zeiten errichtet wurden.

Ein Teil des Grabens wurde vor etwa 50 Jahren durch den Oberst Hawley erforscht. Er fand achtzig Hacken aus Hirschhorn und Schaufeln aus Schulterblättern von Rindern. Diese Werkzeuge wurden zweifellos benutzt, um den Graben auszuheben; anschließend wurden sie von den Arbeitern einfach liegengelassen. Man hat auch Bruchstücke neolithischer Töpferware, Splitter von Blue-Stones, Feuersteine und Tierknochen, die wahrscheinlich Nahrungsreste darstellen, gefunden. Da die Splitter der Blue-Stones in der Mitte des Grabens gefunden wurden, wäre das Erdwerk älter als das Monument selbst. Es ist uns nicht bekannt, ob seit 1920 auch in der anderen Hälfte des Grabens Ausgrabungen stattgefunden haben.

Im Innern der Böschung befindet sich ein Kreis von 56 Löchern. Es sind die früher erwähnten Löcher von Aubrey. Sie dienten zweifellos nicht dazu, Steine oder Holzpfähle aufzunehmen. Es handelt sich hier also nicht um einen ehemaligen Kromlech, der später zerstört wurde, obwohl es in England Steinkreise gibt, die von einem Graben umgeben sind. Die Löcher von Aubrey sind möglicherweise für religiöse oder zeremonielle Zwecke gedacht gewesen. Sie liegen auf einem Kreis von 87,25 Meter Durchmesser, der mit dem des Walles konzentrisch ist. Sie sind ziemlich regelmäßig verteilt im Abstand von etwa 4,90 Metern. Ihr Durchmesser beträgt 1,10 Meter, ihre Tiefe 1 Meter. Etwa vierunddreißig von ihnen wurden ausgegraben und mit Kalkplatten markiert. Die Ergebnisse dieser Grabungen sind nicht sehr interessant. Man fand fast überall Gebeine von eingeäscherten Personen, Teile von verkohltem Holz, Knochennadeln sowie solche aus Fischgräten. Dazu kommen Splitter aus Feuerstein, Sarsen und Blue-Stones.

Letztere bestätigen ebenfalls, daß der Steinbau von Stonehenge jünger ist als das Erdwerk und der Kreis der Löcher von Aubrey. So stellt das Ensemble von Löchern und Gräben also ein vom eigentlichen Steinbau unabhängiges Monument dar, wie man viele in England findet. Nach dem Namen von Stonehenge bezeichnet man diese Denkmäler als Henge-Monumente. Sie haben gewöhnlich eine mehr oder weniger geometrische Form, sind aber meist kreisförmig und werden im Innern des Erdwerks durch eine Reihe von Löchern verdoppelt. Sie haben immer einen oder mehrere Eingänge. Einen solchen Typus von Henge, genannt Stonehenge I, haben wir hier vor uns. Er stellt ein einfaches Monument dar, welches hauptsächlich aus Graben und Wall, also Erdarbeiten, bestand. Zeitlich liegt Stonehenge I drei oder vier Jahrhunderte vor der Errichtung der Sarsenkonstruktion.

Die Erbauer von Stonehenge selbst scheinen sich wenig um die bereits vorhandene Konstruktion gekümmert zu haben. Offenbar interessierte sie nur der besondere Ort des Henge-Monuments. Der in der Böschung angelegte nordöstliche Eingang liegt nicht genau auf der Konstruktionsachse, ebenso sind die Vier Stationen fast auf die Löcher von Aubrey plaziert; der kleine Graben um die Station 92 geht fast durch eines von ihnen hindurch. So wurden das Erdwerk und die Löcher vielleicht eher als beengend empfunden. Es ist aber möglich, daß der Wall als Einfriedung diente, um die Menge der Personen aufzunehmen, die den im Tempel durchgeführten Zeremonien beiwohnen wollten.

Der Slaughter-Stone

Der auf der Erde liegende Slaughter-Stone hat eine Länge von 6,55, eine Breite von 2,10 und eine Dicke von 0,90 Metern. Er befindet sich im südlichen Eingang des Erdwerks, etwa 41 Meter vom Zentrum des Monuments entfernt.

Er war früher fast genau an der Stelle seiner jetzigen Lage aufgestellt.

Man glaubte, daß der Slaughter-Stone früher zu einer Gruppe von vier Steinen gehörte, die ein Viereck bildeten; eine Zeichnung von Inigo Jones, die um 1620 angefertigt wurde, deutet darauf hin. Diese Zeichnung wurde nicht ernst genommen, da sie andererseits sechs Trilithe zeigt, die ein Sechseck darstellen und überdies alle die gleiche Höhe aufweisen. Eine an Ort und Stelle angefertigte Skizze von John Aubrey, die etwa vierzig Jahre später entstand, bestätigt allerdings die Zeichnung von Inigo Jones zum Teil. Hier findet man allerdings nicht mehr vier, sondern nur drei Steine an der gleichen Stelle.

Man suchte später offenbar diese Stelle vergeblich, und Stukeley verwarf diesen Gedanken völlig. Erst 1923 fand man ein Loch, das einen symmetrisch zum Slaughter-Stone aufgestellten Stein aufgenommen hatte. Es wird mit E bezeichnet. Da John Aubrey ein sehr gewissenhafter Beobachter war, könnte man annehmen, daß zur Zeit, als er seine Skizze anfertigte, Steine nahe beim Slaughter-Stone niedergelegt waren, die zwar von dem Monument stammten, aber nur zum Verkauf und Abtransport dort gelagert waren.

Zur Zeit herrscht die Vermutung vor, daß der besagte Stein wie eine Säule aufrecht stand. Colt Hoare und Cunnington hatten festgestellt, daß der früher eingegrabene Teil wesentlich rauher war, als der über der Erde. Dies ist heute nicht mehr feststellbar, da Besucher ständig auf ihm herumgehen. Weiter wird allgemein angenommen, daß es einen Nachbarstein gab, aber der Abstand zwischen beiden kann heute nicht mehr genau angegeben werden.

Nach der jetzigen Lage befand sich der Slaughter-Stone genau in der Mitte zwischen Heel-Stone und dem Kreis von Sarsen. Heute liegt er in einer kleinen Mulde, die von einer leichten Böschung begrenzt ist, die fast für ihn gemacht zu sein scheint. Aber sie stammt wohl von Ausgrabungen her.

Der Name Slaughter-Stone oder Opferstein wurde wahrscheinlich von Stukeley eingeführt. Es verwundert, daß man diesen Namen nicht für den Altarstein verwendet hat, der durch Form und Position eher als Opferstein geeignet gewesen wäre und überdies auch von allen Teilnehmern an einem Opfer besser zu sehen war. Aber es ist wohl nicht notwendig zu betonen, wieviel von der Einbildungskraft abhängt und daß solche Meinungen ein zähes Leben haben. Obwohl die Archäologen sich um Klarheit bemüht haben, wird man noch lange von Opfern sprechen, die, ob Mensch oder Tier, auf diesem Stein durchgeführt wurden. Am besten würde man den Stein wieder aufrichten.

Der Heel-Stone

Der Heel-Stone ist der bekannteste Stein des gesamten Monuments; ein großer Block aus Sarsen von 6,10 Metern Länge, der 1,20 Meter tief in die Erde eingegraben ist und damit also 4,90 Meter über die Erdoberfläche ragt. Seine Ausmaße entsprechen fast der der Blöcke des Sarsenkreises, die eine Höhe über der Erdoberfläche von 4,92 Metern haben. Er hat einen ellipsenförmigen Grundriß, der, in ein Rechteck übertragen, 2,74 mal 2,10 Meter mißt. Die Entfernung des Heel-Stone zum Zentrum beträgt 78 Meter, zu den Stationen 92 und 93 etwas mehr als 103 Meter; er hat ein Gewicht von über 35 Tonnen. Der Stein ist in Richtung des Monuments um etwa 17 Grad geneigt; es ist nicht bekannt, ob diese Neigung beabsichtigt ist. In einer Entfernung von 3,50 Metern um den Stein kann man noch einen kleinen Graben erraten, dessen Sinn ebenfalls unbekannt ist.

Die Berühmtheit des Heel-Stone rührt daher, daß, wenn man vom Zentrum des Monuments in seine Richtung schaut, er genau zwischen den Sarsen 1 und 30 bzw. in der Öffnung des aus diesen Steinen gebildeten Trilithen erscheint. Am Morgen des 21. Juni geht die Sonne etwas links von der Spitze des Heel-Stone auf, und einige Minuten später wird

18   *Steinsetzungen von Le Ménec, Carnac, mit vereinzeltem Menhir in
der dritten nördlichen Reihe am Westende*

19   *Der über 9 m hohe Menhir von Kerloaz zwischen Saint-Renan und Plouarzel, Dpt. Finistère, Bretagne*

20 *Der durchlöcherte Menhir von Draché, Dpt. Indre-et-Loire, Frankreich*

21   *In Carnac sind noch 3000 Menhire erhalten . . .*

die Sonnenscheibe von der Spitze bedeckt. Dieser Vorgang ist seit langem bekannt und hat die Beobachter schon immer tief beeindruckt. Natürlich gab er Stoff für die verschiedensten Theorien, und die Diskussion ist noch nicht abgeschlossen.

Die Hufeisen der Sarsen und der blauen Steine öffnen sich in Richtung des Heel-Stone, und die Konstruktion in ihrer Gesamtheit ist auf den Sonnenaufgang zur Sommersonnenwende ausgerichtet. Dies wird heute allgemein zugegeben, ebenso, daß diese Ausrichtung durch die Erbauer berechnet und beabsichtigt war. Allerdings herrscht keine Einstimmigkeit, was den Heel-Stone betrifft. Da aufgrund astronomischer Phänomene sich die Punkte des Sonnenaufgangs im Laufe der Jahrhunderte und Jahrtausende verschoben haben, müßte die Sonne heute, falls vor etwa 3500 Jahren der Heel-Stone exakt den Sonnenaufgang zur Sommersonnenwende markierte, rechts von der Spitze des Steines erscheinen; da sie aber etwa 50 Zentimeter links davon aufgeht, kann der Heel-Stone niemals den Punkt des Sonnenaufgangs am 21. Juni markiert haben. So lehnen die britischen Wissenschaftler jede Beziehung zwischen dem Heel-Stone und der Ausrichtung des restlichen Monuments auf den Sonnenaufgang zur Sommersonnenwende ab.

Dies geschieht zur großen Enttäuschung all derer, die jedes Jahr am Morgen des 21. Juni nach Stonehenge kommen, um den Sonnenaufgang zu sehen. Die Ansichten der Archäologen beruhen aber auf ziemlich wahrscheinlichen Dingen. So würde man zum Beispiel den Sonnenaufgang da markieren, wo die Sonnenscheibe den Horizont berührt, aber der Heel-Stone tut dies an der Spitze. Der Stein selbst zeigt keinerlei Spuren einer Bearbeitung, aber er scheint wegen seiner Form ausgesucht worden zu sein. Seine Silhouette hat, vom Zentrum des Monuments aus gesehen, als Symmetrieachse die Senkrechte, die durch seine Spitze verläuft. Beim Nachmessen zeigt sich eine Differenz von 10 bis 12 Zentimetern, die aber für das Auge nicht wahrnehmbar ist. Für einen mittelgroßen Menschen zeigt sich, wenn er aufrecht auf dem Altarstein steht, ein Zusammenfallen der Spitze des Heel-Stone mit dem Horizont. Wenn dies nicht ein reiner Zufall ist, so wäre die Neigung des Steines zum Tempel beabsichtigt, aber es spricht auch manches für das Gegenteil.

Als Kuriosität wollen wir noch eine Aufstellung von Namen für den Heel-Stone geben, die von englischen Wissenschaftlern zusammengetragen wurde. Zuerst der Name »Heel-Stone«, der sehr schwierig zu erklären ist. Man erklärte ihn mit Hell (Hölle), helios (griechisch Sonne) oder helan (angelsächsisch für verstecken – weil sich die Sonne am 21. Juni hinter ihm versteckt, bevor sie an der Spitze erscheint).

Andere nennen ihn auch »Index-Stone« oder »Sun-Stone«. Wir fügen hinzu, daß ein Dolmen bei Portisham in Dorset als Hellstone bezeichnet wird.

Man glaubte auch an eine Sprachverfälschung des keltischen »freas heol«, eine zusammengezogene Form von »cloch na freas heol«, was etwa »Stein der aufgehenden Sonne« bedeutet. Wir halten wegen der Berühmtheit des Steins seine Bezeichnung Heel-Stone für am weitesten verbreitet und werden ihn auch weiterhin so bezeichnen.

Die Avenue

Die Avenue verläuft als breiter Weg, an jeder Seite durch einen Graben gesäumt, ziemlich gerade mehrere hundert Meter auf der Achse des Monuments. Ihre Breite beträgt etwa 12 Meter (etwa 22 Meter von Graben- zu Grabenmitte). Stukeley machte als erster auf sie aufmerksam, indem er sie wie folgt beschrieb: »Die Avenue von Stonehenge wurde nie von denen beachtet, die über das Monument schrieben. Sie bildet einen sehr schönen Teil des Denkmals und ist sehr markant. Sie steht mit der Achse des Monuments in Beziehung und ist nach Nordosten ausgerichtet, wo die Sonne zur Sommersonnenwende aufgeht. Sie verläuft in einer Länge von mehr als 1700 Fuß in gerader Linie und besitzt zum Ende des Tales ein leichtes Gefälle. Die Erde des Grabens wurde benutzt, um ihr Niveau über den Feldern zu erheben. Die Gräben selbst verlaufen fast völlig parallel, getrennt durch eine Distanz von etwa 70 Fuß.«

Glücklicher Stukeley, der die Avenue noch so gut sichtbar vorfand. Heute ist sie fast nicht mehr zu sehen, zerschnitten durch die Straße und in den Feldern verloren. Man muß schon auf sie aufmerksam gemacht werden, um sie zu entdecken. Genaue Messungen haben ergeben, daß sie wirklich exakt in gerader Linie über 665 Meter verläuft und die Gräben perfekt parallel sind. Man muß zugeben, zumal die Avenue nicht über ihre gesamte Länge gesehen werden konnte, daß die Erbauer vor 35 Jahrhunderten ihr Handwerk verstanden. Am Ende der oben genannten Strecke spaltet sie sich, wie schon früher erwähnt, in einen Zweig, der zum Cursus führt, und einen, der sich nach Amesbury richtet, nachdem er nach Norden abgeschwenkt ist.

Gegenwärtig ist der Zweig zum Cursus umstritten; er wurde jedoch 1740 von Stukeley bereits erwähnt und 1812 von Colt Hoare sowie 1880 von Flinders Petrie wieder erkannt. Auch Luftaufnahmen von 1921 deuten auf ihn hin, aber die »One-Inch-Carte« von England und Wales Nr. 167-Salisbury führt ihn nicht auf. Heute kann man ihn kaum feststellen, und endlich stammen Cursus und Avenue aus verschiedenen Epochen.

In der Mitte des 18. Jahrhunderts glaubte man, die Avenue sei begrenzt gewesen durch Steine, die auf der Böschung aufgestellt waren, aber man hat keine Spur von Steinen gefunden und darum von dieser These Abstand genommen. Vielleicht handelte es sich um die Gruppe von Steinen, die zwischen dem Kreis der Sarsen und dem Heel-Stone liegen und zu denen auch der Slaughter-Stone gehörte.

Man hat sich über den Sinn der imposanten Avenue gefragt. War es ein Weg für Prozessionen zur Zeit der Sommersonnenwende? Man hat dies zunächst geglaubt, aber mehrere Tatsachen widersetzen sich dieser Annahme. So zeigt schon der Graben um den Heel-Stone, daß die Erbauer sich zu bestimmten Zeiten nicht um die Avenue gekümmert haben, ebenso wie die zwei Löcher genau auf ihrer Achse, die die Steine B und C aufgenommen haben. Wir haben schon gesehen, daß die Erbauer in ähnlicher Weise auch die Aubrey-Löcher und den runden Erdbau nicht beachteten. Eine andere Hypothese besagt, die Avenue habe zum Transport der Steinblöcke gedient, und dies ist eher annehmbar. Die Avenue verläuft bis zum Avon nahe bei Amesbury (nach Atkinson), wo dieser etwa 30 Meter breit ist. Nun, es ist möglich, daß ein Teil der Steine von Stonehenge auf dem Wasserweg transportiert wurde; auch bietet das Gelände hier das beste Durchschnittsgefälle, und der Ursprung der Avenue ist nicht weit entfernt vom »Camp des Vespasian«. Dieses Camp liegt am Ausgang von Amesbury in Richtung Stonehenge. Der Name stammt von Stukeley, und es handelt sich nicht um eine römische Anlage, sondern erinnert vielmehr an die Henge-Monumente, die in der Ebene von Salisbury sehr zahlreich sind. Es hat die bemerkenswerte Ausdehnung von 15 Hektar, steile Ränder und eine Brüstung am Avon, die den Bewohnern einen Zugang zum Fluß verschafften.

Dieses prähistorische Monument liegt Stonehenge am nächsten, und es kann als Zuflucht oder Wohnung für zahlreiche Arbeiter gedient haben, die an seiner Erbauung mitgearbeitet haben. Wir glauben nicht, daß wichtige Grabungen im Camp stattgefunden haben. Um auf die Avenue zurückzukommen, möchten wir sagen, daß uns nichts daran hindert, anzunehmen, sie sei, zumindest während einer bestimmten Epoche, als Prozessionsweg benutzt worden, dann als Straße für den Steintransport, nachdem man beschlossen hatte, das große Stonehenge zu erbauen.

Die Umgebung von Stonehenge

Um unsere Beschreibung zu vervollständigen, möchten wir kurz über die Umgebung von Stonehenge berichten. Wir wollen nicht die Vorgeschichte von Wiltshire oder der Ebene von Salisbury an dieser Stelle behandeln. Schon eine einfa-

che Studie über die Vorgeschichte dieser Region würde Hunderte von Seiten beanspruchen. Wir werden von den Henge-Monumenten sprechen, die dem des »Camp des Vespasian« ähnlich sind. Eines der typischsten ist das »Ogbury Camp« auf dem linken Ufer des Avon, drei oder vier Kilometer südlich von Amesbury. Es besitzt eine Fläche von zweieinhalb Hektar und in dem Graben einen Eingang, der nach Osten liegt. Wir haben schon zwei andere Henges genannt, »Sidbury Hill« und »Grovely Castle«, auf beiden Seiten von Stonehenge in der Verlängerung der Achse.
Muß man dieser Tatsache besondere Beachtung schenken? Wir glauben nicht. Erstens kennt man den Sinn einer solchen Steinreihe nicht, ebenso wie sich uns die Mentalität des Menschen der Neusteinzeit völlig entzieht. Andererseits stammen beide Camps aus der Eisenzeit, sind also später als Stonehenge errichtet. Auch sind die prähistorischen Spuren in der Ebene von Salisbury so zahlreich, daß die Lage der beiden genannten Camps zur Achse von Stonehenge überhaupt nicht ins Gewicht fällt. In jedem Fall haben sie nichts mit dem großen Stonehenge zu tun, dessen Erbauer die Avenue ja offenbar nicht beachtet haben. Wir können zusammenfassend den Satz von Atkins zitieren: »Die Reihe Grovely-Achse von Stonehenge–Sidbury Hill hat keine größere Bedeutung als die Tatsache, daß man auf Kopenhagen trifft, wenn man sie entsprechend verlängert.«
Besonders charakteristisch für die Ebene von Salisbury sind die zahlreichen Gräber, welche über die Erdoberfläche ragen. Man unterscheidet zwei Arten: Long barrow (Langhügelgrab) und Round barrow (Hügelgrab). Von den ersteren gibt es nur etwa ein Dutzend, während letztere zu Hunderten vorkommen. Im Umkreis von etwa 3,5 Kilometern um Stonehenge hat man mehr als 350 Hügelgräber gezählt, die nach ihrer Form oder ihrem Profil (Scheibe, Becher, Schale, Glocke) unterschieden werden. Die Konzentration um Stonehenge ist die bedeutendste von England und zweifellos die wichtigste von Westeuropa.
Die große Zahl der Gräber und der reiche Inhalt und der Cha-

rakter der Denkmäler selbst lassen vermuten, daß zumindest, was den Bau der Sarsenkonstruktion betrifft, die Erbauer von Stonehenge mit dem Volk der Hügelgräber identisch sind. Man muß allerdings sagen, daß dieses Volk nur die Arbeit verrichtet hat, die Konzeption des Monuments kommt woanders her.

Eines der seltsamsten Denkmäler um Stonehenge ist Woodhenge. Es wird häufig zusammen mit seinem berühmten Nachbarn genannt, und viele Abhandlungen tragen zum Beispiel den Titel: Stonehenge und Woodhenge. Aber das ist ein Vergleich, als ob man im gleichen Werk Notre-Dame in Paris mit irgendeiner Dorfkirche in Verbindung bringen würde.
Woodhenge liegt im Norden von Amesbury, auf der Straße von Marlborough.
Das Ensemble besteht aus sechs konzentrischen Reihen von Löchern, wobei jede Reihe ein Oval bildet, das leicht exzentrisch ist. Die große Achse der äußeren Ellipse hat eine Länge von etwa 50 Meter. Die kleine Achse mißt 40 Meter. Die Zahl der Löcher auf jeder Ellipse beträgt von der äußeren gesehen: 60, 32, 16, 18, 18 und 12. In der Mitte des Denkmals wurde ein Grab gefunden, welches das Skelett eines etwa dreijährigen Kindes enthielt, dessen Hirnschale gespalten war; vielleicht ein Sühneopfer?
Wenn man vermutet, was Woodhenge dargestellt haben könnte, so kann man sich nicht vorstellen, daß es eine große Bedeutung gehabt hatte. Falls alle Löcher zur Aufstellung von Holzpfählen gedient haben, so mußte der Eindruck eines Wäldchens entstehen, dessen Bäumen man alle Zweige abgeschnitten hatte. Dies war zumindest dann der Fall, wenn die Pfähle nicht zur Stütze einer Überdachung gedient haben. Die Größe der Löcher der dritten Ellipse (von außen nach innen) ließe dies vermuten. Sie könnten dem Halt starker Pfähle gedient haben, die einen Dachstuhl stützten. Nach außen und innen wäre das Dach geneigt gewesen und durch kleinere Pfähle getragen. Die Mitte des Ensembles wäre nach

174

oben offen geblieben, aber selbst in diesem Falle wäre die Anzahl der Pfähle stark übertrieben.

Man wollte in Woodhenge einen hölzernen Prototyp von Stonehenge sehen, und man vermutete, daß hier das System der Trilithe von den Sarsen angewandt wurde, aber nichts in Woodhenge trägt zur Unterstützung dieser These bei. Selbst wenn das System der V-Verbindung bei der Holzkonstruktion der großen Pfähle vorgekommen wäre, hätte Woodhenge den Anblick einer weiten Hütte oder eines Vorratsschuppens geboten, aber nicht den eines Tempels. Der vage Plan, die Konstruktion von mehr als 150 Pfeilern auf engem Raum, die Unregelmäßigkeit der Ellipsen, wie sie durch die Löcher gezeichnet werden, und ein Graben, all das macht zwar Woodhenge zu einem eigentümlichen Monument, aber doch zu einem völlig anderen als Stonehenge. Als hätte man den Gegensatz noch betonen wollen, wurden inzwischen die alten Löcher mit Betonblöcken markiert, die etwa 50–60 Zentimeter hoch sind. Dadurch erhält Woodhenge von weitem den Anblick eines Depots für Kohlen oder Teerfässer. Hoffentlich kommt man nicht auf den Gedanken, dasselbe in Stonehenge zu tun, zum Beispiel bei den Löchern Q, R, Y, Z oder anderen.

Wenn man von Woodhenge nach Stonehenge zurückkehren will, muß man zuerst einen großen Teil des Militärlagers von Larkhill durchqueren. Dann steigt man in eine leichte Senke hinunter und wäre sehr erstaunt zu hören, daß man über eines der größten neolithischen Denkmäler schreitet, das wir kennen. Es handelt sich um den berühmten Cursus, der auf allen Karten von Stonehenge angezeigt ist; heute ist er sehr schwer zu erkennen. Ein Uneingeweihter, darauf hingewiesen, würde vielleicht denken, die Archäologie sei eine Wissenschaft, die sehr auf Vermutungen beruht. Der Cursus bestand aus einem einfachen Erdwerk, markiert durch einen Graben von einer Länge von 2,8 Kilometern und 135 Metern Breite. Er erstreckt sich fast von Ost nach West mit einer Abweichung von etwa 7 Grad. Am östlichen Ende befindet sich ein Langhügelgrab, während am entgegengesetzten Ende zwei Hügelgräber waren, die durch die Armee zerstört wurden. Man hat ernsthaft vermutet, daß der Cursus für Wagenrennen gedient haben könnte.

Noch eine Kuriosität muß erwähnt werden. Nicht weit von Stonehenge entfernt, im Nordwesten bei Durrington und Bulford, befinden sich isolierte Sarsensteine. Man weiß weder warum noch wie sie dorthin gekommen sind. Es handelt sich um mindestens drei Steine, die vermutlich erstmals durch Stukeley erwähnt wurden. Alle sind recht klein, kleiner in jedem Fall als die Steine, die beim Bau von Stonehenge verwendet wurden. Sie bilden auch darum ein Rätsel, weil sie sich nicht auf dem vermuteten Transportweg befinden; andererseits sind sie zu schwer, falls sie aus dem Verkauf von Steinen aus Stonehenge stammen sollten, da man sie dann in kleinere Teile hätte zerlegen können. Einer dieser Steine liegt im Avon bei Bulford, einige Zentimeter unter Wasser. Er trägt oben einen Eisenring und ein viereckiges Loch von 30 Zentimeter Seitenlänge und 30 Zentimeter Tiefe. Man nimmt an, daß er als Stütze für einen Steg diente.

Der Leser kennt nun Stonehenge. Wir glauben, alles Wichtige beschrieben zu haben, und wenn einzelne Details fehlen, so halten wir sie für unwichtig. Wir werden auf zahlreiche Punkte noch zu sprechen kommen und werden auch neuere Entdeckungen der britischen Archäologen anführen.

GESCHICHTE VON STONEHENGE

Die Erbauer von Stonehenge

Die Geschichte begann gegen das Jahr 2300 vor unserer Zeitrechnung. Damals gab es im Süden Englands, wie in zahlreichen Gegenden Westeuropas, eine Bevölkerung, deren Äquivalent man heute bei einigen Eingeborenenstämmen Australiens finden könnte. Diese Menschen lebten in Behausungen aus Astwerk und benutzten Harpunen und Angelhaken aus Knochen, Pfeilspitzen aus Feuerstein oder Äxte aus Stein, den sie zuschliffen. Ihre Bekleidung bestand aus Tierhäuten, und neben der Jagd und dem Fischfang sicherte das Sammeln von wilden Früchten den Lebensunterhalt. Sie lebten von einem Tag zum andern, unfähig, vorzusorgen für die Zeit, wo Nahrungsmittel knapp wurden, sei es durch Wildknappheit, Waldbrände oder klimatische Einflüsse. Aber gegen 2300 landeten Neuankömmlinge in den Flüssen Südenglands. Sie brachten eine revolutionierende Lebensweise vom Kontinent mit: Landwirtschaft und Viehzucht.
Die Neuankömmlinge setzten sich zunächst an den Küsten des Kanals fest, drangen dann aber nach und nach auch in das Landesinnere vor. Sie kannten keine Metalle, aber sie rodeten die Wälder, und obwohl sie Fischer und Jäger waren, kannten sie die Aufzucht von Hornvieh und eine rudimentäre Landwirtschaft. So waren sie vor den Schicksalsschlägen besser geschützt und hatten mehr Zeit, auch über andere Dinge als die Nahrungsbeschaffung nachzudenken. Man kennt diese Menschen oder ihre Spuren, die sie in England hinterließen, unter dem Namen der Kultur von Windmill Hill.
Windmill Hill ist ein altes Camp aus dem Neolithikum, etwas mehr als zwei Kilometer von Avebury entfernt und etwa 30 Kilometer nördlich von Stonehenge gelegen. Es besteht aus drei konzentrischen Gräben. Der größte Graben umfaßt eine Fläche von 8 Hektar. Windmill Hill ist das Modell der »Cau-

sewayed Camps«; der englische Name bezeichnet Camps, dessen Gräben von Dämmen unterbrochen wurden. Das Stonehenge am nächsten liegende Camp ist »Robin Hood Ball«, etwa 6 Kilometer nördlich.

Das Gerät dieser Kultur ist noch rudimentär. Es besteht aus Schabern aus geschliffenem Feuerstein, Äxten aus dem gleichen Material, Haken aus Geweih, wie sie auch in Stonehenge gefunden wurden, Pfeilspitzen aus feinbearbeitetem Feuerstein, Nadeln aus Knochen und einer ziemlich rohen Keramik, meist halbkugelförmig, auf der sich manchmal eine Verzierung aus Punkten oder feinen senkrechten Strichen befindet.

Die Menschen waren vermutlich in Leder gekleidet und hatten neben Hornvieh auch den Hund domestiziert. Es hat den Anschein, daß sie Kannibalen waren, sicher auf rituellem oder kultischem Hintergrund. In besonderen Fällen wurden vermutlich auch Menschenopfer vorgenommen, wie das Skelett eines Zwerges zeigt, der in einem der Gräber von Windmill Hill gefunden wurde. Die Opferung eines so außergewöhnlichen Menschen muß den Göttern wohlgefällig gewesen sein. Wahrscheinlich waren die Camps nicht ständig bewohnt, sondern dienten vielmehr zum Einstellen von Vieh oder als provisorische Zufluchtstätte. Die Menschen von Windmill Hill sind vor allem bekannt als Volk der Langhügelgräber. Viele dieser Gräber haben eine Länge von 30 Metern, einige überschreiten sogar 100 Meter. Man könnte daher an eine Gesellschaft denken, die in Gruppen organisiert war, welche über den engen Bereich der Familie hinausgingen. Die die Langhügelgräber bedeckende Erde gewann man, indem die Gräber an der Seite ausgehoben wurden, ganz nach der Art der Camps und Henge-Monumente. Die Grabhügel sind häufig nach Ost-West orientiert, wobei sich der östliche Teil etwas höher erhebt als die gegenüberliegende Seite. Unter dem höheren Teil sind allgemein die menschlichen Überreste beigesetzt.

In Wiltshire zählt man etwa 100 Langhügelgräber, davon etwa 10 im Umkreis von 3 Kilometern um Stonehenge. Weiter findet man eines etwa 10 Kilometer vom Monument entfernt, auf der linken Seite der Straße nach Warminster. Es gibt noch ein weiteres nahegelegenes Langhügelgrab im Südwesten bei Normanton Down. Der schon erwähnte Cursus könnte mit den Gräbern in Verbindung stehen, und daraus wäre zu schließen, daß sie vom gleichen Volk erbaut wurden; man nimmt jedoch an, daß der Cursus jünger ist. Es gibt keinen Beweis, daß die Menschen von Windmill Hill an der Erbauung einer ersten primitiven Stufe von Stonehenge beteiligt waren. Die große Zahl der Langhügelgräber und der Cursus lassen aber darauf schließen, daß Stämme des Volkes von Windmill Hill dieser Region eine besondere Bedeutung zumaßen. Auch fand man 1958 bei Grabungen Töpferware der Kultur von Windmill in einem Graben am Heel-Stone. Dies ist, so glauben wir, der älteste Fund in Stonehenge. Leider, und obwohl man in den Henge-Monumenten ähnliche Funde entdeckte, waren diese Zeugnisse nicht ausreichend, um zu beweisen, daß der Heel-Stone von Menschen von Windmill Hill errichtet wurde; es ist dennoch nicht unmöglich.

Die Kultur von Windmill Hill wurde von den Erbauern der Megalithen überlagert, die nach und nach ganz Westeuropa mit ihren seltsamen Bauten bedeckten. Besonders bemerkenswert ist das Langhügelgrab von der West Kennett Avenue südöstlich von Avebury, in welches ein sehr schöner Dolmen mit seitlichen Kammern eingegraben ist. Dieser erinnert an den großen Hügel und seinen Dolmen von Mané-Lud bei Locmariaquer (Morbihan), wenigstens was die Unterteilung in Kammern angeht. Eines der bekanntesten Denkmäler der Megalithzeit ist der gigantische Kromlech von Avebury. Er mißt 300 Meter im Durchmesser und ist von einem tiefen Graben umgeben. Im Innern finden wir zwei aus Steinen bestehende Kreise, deren östliche Seite noch gut erhalten ist, während auf der entgegengesetzten Seite fast keine Steine mehr vorhanden sind. Alle Menhire dieses Denkmals bestehen aus Sarsen, die in der Nähe vorkommen.

Diese gleiche Beschaffenheit der Steine ist das einzige Gemeinsame von Avebury und Stonehenge.

Auch die Kreisform wäre ein gemeinsames Merkmal, wenn nicht der große Kreis von Avebury von einer geradezu trostlosen Unregelmäßigkeit wäre.

Zahlreiche Menhire dieses Kromlechs sind rautenförmig und mit einer ihrer Spitzen in die Erde gerammt, was ihnen ein sehr seltsames Aussehen verleiht. Auf der Westseite des Kreises wurden die fehlenden Steine durch kleine Betonpyramiden ersetzt. Viele englische Wissenschaftler glauben, daß Avebury durch die Menschen der Glockenbecherkultur erbaut wurde und nicht von denen von Windmill Hill oder denen der Megalithen. Sicher kann das Monument in mehreren Phasen erbaut worden sein, und Avebury wird auch heute noch in zahlreichen Werken zusammen mit Stonehenge behandelt. Wir glauben, daß das Monument mit Recht an die Spitze aller runden Kromlechs der Welt gestellt werden kann.

Darüber hinaus haben die Erbauer nichts hinterlassen, was sie von anderen Kulturen unterscheiden würde; der Gedanke, Dolmen und Menhire zu errichten, könnte vom Kontinent nach England gekommen sein, aber man findet im Grunde keine Bestätigung dafür. Man weiß auch nicht, ob er durch einzelne Personen oder Stämme übermittelt wurde, deren Lebensweise sich nicht von der der Eingeborenen unterschied. Wie dem auch sei, mit der Erbauung der Monumente muß eine bestimmte Technik zusammenhängen. Dazu gehört die Benutzung des Hebels, um die schweren Blöcke zu heben und zu transportieren. Auch die schiefe Ebene und die Benutzung von Rollen muß als bekannt vorausgesetzt werden, ebenso wie verschiedene Grundkenntnisse in Astronomie und Geometrie. Wenn man die Monumente ernsthaft untersucht, so stellt man weiterhin fest, daß die Erbauer in der Lage waren, exakte Kreise zu beschreiben, den rechten Winkel kannten und in der Lage waren, einen Winkel in zwei gleiche Teile zu zerlegen und die Monumente auf die wichtigen Positionen der Sonne auszurichten.

Drei oder vier Jahrhunderte nach der Ankunft des Volkes von Windmill Hill war die Verschmelzung mit der Urbevölkerung vollendet. Aus dieser Verschmelzung entstand die Kultur des »Sekundären Neolithikums«, wie es die englischen Wissenschaftler bezeichnen. Die Menschen dieser Epoche waren Jäger und Fischer wie die des Mesolithikums und Bauern und Hirten wie die von Windmill Hill. Aber zugleich gab es in England etwas Neues, was man mit Handel und Industrie bezeichnen könnte. Feuersteinminen werden ausgebeutet, Hacken werden hergestellt, und man handelte damit, um andere Gegenstände einzutauschen. Dies geschah häufig über beträchtliche Entfernungen hinweg. So fand man in Stonehenge vier Steinäxte, die aus der Gegend von Marazion in Cornwall stammen. Es bleiben wenig Spuren einer ständigen Bewohnung, die auf die Zivilisation des »Sekundären Neolithikums« zurückgehen. Dies zeigt sich übrigens bei allen diesen frühen Epochen, wo die Ausstattung der Gräber besser und zumindest dauerhafter ist als die Behausung der Lebenden.

Man könnte daraus schließen, daß die Menschen damals trotz des Ackerbaus Nomaden oder doch Halbnomaden waren. Und doch rechnet man ihnen eine besondere Art von Bauten zu, die wir bereits erwähnten und die nach dem Namen von Stonehenge selbst als Henge-Monumente bezeichnet werden.

Diese dienten weder als Einfriedung für Vieh noch als Zuflucht vor Feinden, sondern man glaubt, daß sie als Tempel oder Heiligtümer dienten. Sie kommen nur in England vor, und ihr Grundriß ist meist kreisförmig. Ihre Umfänge sind sehr verschieden, und meist besitzen sie einen oder zwei Eingänge. Das kleinste Henge-Monument ist das von Fargo Plantation, nahe bei Stonehenge; sein Durchmesser beträgt kaum 8 Meter. Das größte Monument, das oben schon genannte Durrington Walls bei Woodhenge, hat einen Durchmesser von mehr als 450 Metern. Die Straße von Amesbury nach Marlborough teilt es in der Mitte. Eine besondere Gruppe der Monumente enthält im Innern der Böschung einen Kreis von Löchern. Wir glauben, daß sie später gegraben wurden, da sie sich auch oft in den Eingängen befinden. Dies ist der Fall bei Stonehenge, wo die Aubrey-Löcher in regelmäßigen Abständen gegraben wurden, ohne Rücksicht auf die Eingänge in der Böschung.

Das Volk des »Sekundären Neolithikums« könnte also den Kreis der Aubrey-Löcher geschaffen haben, der eine primitive Phase von Stonehenge darstellt. Ähnliche Denkmäler sind Woodhenge, Durrington Walls und der Cursus. Die Regelmäßigkeit des Kreises gibt Anlaß zur Vermutung, daß man es verstand, Kreise von großem Umfang zu beschreiben. Die Technik stammte zweifellos von den Erbauern der megalithischen Monumente. Die primitive Phase von Stonehenge stellt somit eine Art Prototyp der Henge-Monumente dar.

Dabei sind die Henge-Monumente weit davon entfernt, einheitlich zu sein. Einige besitzen keine Löcher und bestehen nur aus einem kreisförmigen Erdwerk. Andere hatten Konstruktionen aus Holzpfählen, die kreisförmig, ellipsenförmig oder in einer anderen geometrischen Figur angelegt waren. Darum glaubten zahlreiche Wissenschaftler, daß auch Stonehenge eine Holzkonstruktion, wie etwa Woodhenge, im Innern enthalten haben könnte. In Monumenten dieser Art, bei denen die Böschung ganz oder teilweise von Löchern begleitet war, fand man immer Brandspuren.

Wenn man den englischen Wissenschaftlern folgt, so verstanden es die Menschen des »Sekundären Neolithikums« Blöcke von 35 Tonnen, wie etwa den imposanten Heel-Stone, nicht nur aufzustellen, sondern auch von den Marlborough Downs her zu transportieren. Diese Leistung ist nicht die imposanteste, die wir von frühen Völkern kennen, aber darum nicht weniger bemerkenswert.

Kurz nach Abschluß der primitiven Konstruktion von Stonehenge, etwa 1700 vor unserer Zeitrechnung, überquerten zahlreiche Siedler den Kanal und Teile der Nordsee. Man kennt sie unter dem Namen »Glockenbecherleute«, so benannt nach ihrem charakteristischsten Gebrauchsgegenstand. Es handelt sich dabei um Becher aus gebrannter Erde, etwa 15 bis 20 Zentimeter hoch und etwa einem Liter Fassungsvermögen. Die Becher sind mit geometrischen Motiven verziert, die einen großen Teil der Außenfläche bedecken. Ihre Form ist häufig die einer Glocke, und man nennt sie daher Glockenbecher.

Wo kamen diese Menschen her? Man glaubt aus dem Rheinland, obwohl ihr Ursprungsland die Iberische Halbinsel zu sein scheint. Am Rhein hatte dieses Volk Kontakt mit den Streitaxtleuten, welche aus dem Osten gekommen waren und die Äxte oder Totschläger besaßen, die aus durchbohrtem Stein bestanden, wobei das Loch dem besseren Halt eines Stieles diente.

Man weiß nicht viel über das tägliche Leben der Glockenbecherleute, die vor allem durch ihre Gräber bekannt sind. Aber mit ihnen kamen wichtige Neuerungen. Das Gemeinschaftsgrab oder Langhügelgrab der Kultur von Windmill Hill und des »Sekundären Neolithikums« wurde durch das individuelle Hügelgrab ersetzt. Auch Kenntnis und Gebrauch sowie Herstellung von Gegenständen aus Metall, Kupfer und Gold wurden mitgebracht. Zu dieser Zeit, 1600 oder 1700 vor Christus, bestand ein großes Herstellungs- und Verbreitungszentrum von Kupfer, später von Bronze, in Irland. Sehr wahrscheinlich gab es Handelsstraßen zwischen Irland und dem Süden Englands zu dieser Zeit. Diese Straßen führten über Land und Meer. Aber selbst wenn man das Metall an der Ostküste von Wales holte, war es unvermeidlich, mit den Seevölkern in Kontakt zu kommen, die es herbrachten. Es ist zweifellos diesen Handelsbeziehungen zu danken, daß die in Wessex lebenden Glockenbecherleute Kenntnis von den wunderbaren Eigenschaften bestimmter Steine erhielten, die man an einigen Stellen im fernen Westen fand.

Die Hügelgräber dieser Epoche zeigen durch ihren Inhalt eine kriegerische Gesellschaft, vor allem durch die Streitäxte, die man hier immer wieder findet. Aber diese Einzelgräber bezeugen auch eine bestimmte Aristokratie, in der die Standesunterschiede besser hervortreten als in der vorausgegangenen Epoche.

Man sieht nun auch eine neue Art von religiösen Denkmälern: den Steinkreis im Innern der Henge-Monumente. Diesen Typus sehen wir in Avebury. Dieser imposante Kromlech wäre also das Werk der Glockenbecherleute, denn es wurden schöne Exemplare der Glockenbecher in den Gräbern gefunden, die bei der Kennett Avenue liegen.

Aber offensichtlich kam noch etwas Neues in das Leben der Glockenbecherleute auf der Ebene von Salisbury. Dieses Faktum ist bis heute unbekannt und unerklärlich. Nach allem, was wir wissen, mußte dieses Volk in Stonehenge einen Kreis aus unbearbeiteten Steinen hinterlassen haben, ähnlich wie in Avebury, der etwa auf dem Kreis der Aubrey-Löcher lag. Diese Steine müssen aus der Umgebung von Marlborough hergebracht worden sein. Dies würde mit dem übereinstimmen, was uns die Vorgeschichte lehrt. Aber was sehen wir statt dessen? Einen Kromlech, sicher, aber einen Kromlech von besonderer Art, könnte man sagen, obwohl er niemals vollendet wurde. Tatsächlich ist der doppelte Kreis der Blue-Stones, falls er das Werk der Glockenbecherleute ist, das einzige dieser Art von Monumenten, soweit uns bekannt ist. Wir haben natürlich nur die Vermutung, da der Kreis niemals vollendet wurde. Es handelt sich nicht um zwei konzentrische Kreise, sondern um eine doppelte Kreislinie, da die Steine vermutlich jeweils gegenüberliegend auf dem gleichen Durchmesser lagen. Auch die Markierung eines Eingangs oder einer Orientierung durch Reihen von mehreren Steinen wäre einmalig im Kreis der Blue-Stones. Auch die Wahl der Steine wäre eine absolute Ausnahme; sie hätte dazu geführt, daß die Erbauer alle in der Antike bekannten Rekorde im Transport von schwerem Material auf weite Entfernungen geschlagen hätten.

Handel war immer eine Quelle des Reichtums. Dies bewahrheitete sich schon in ferner Zeit bei der Bevölkerung von Wiltshire, gegen 1500 vor unserer Zeitrechnung. Warum wurde die Ebene von Salisbury ein so wichtiges Handelszentrum? Zweifellos war die geographische Lage eine der Hauptursachen für diese Entwicklung. Wir wissen, daß sie an der Stelle liegt, wo die Downs zusammentreffen, und diese wurden am häufigsten als prähistorische Kammstraßen benutzt, da sie es erlaubten, die Flußläufe zu vermeiden. Eine der wichtigsten dieser Routen führte vom Nordosten nach Südwesten, von Dorset nach Norfolk, ohne mehr Flüsse zu überqueren als den Little Ouse und die Themse. Die Geographie ist eine sehr alte Wissenschaft.

Um 1400 vor Christus finden wir die Wessex-Kultur. So bezeichnet Professor Piggott aus Edinburgh ein Stadium prähistorischen Lebens im Süden von England, welches besonders durch den Reichtum und die Vielfalt der Funde in bestimmten Hügelgräbern charakterisiert ist. Es muß noch einmal betont werden, daß wir die Menschen jener Zeit nur durch ihre Gräber kennen. Muß man auch daraus schließen, daß sie Nomaden oder Halbnomaden waren? Man könnte es glauben, denn ihre Wohnungen könnten aus Zelten bestanden haben, ähnlich wie die der modernen Beduinen. Zur Zeit Cäsars bestanden die Behausungen der Briten aus Schilfrohr und Holz. Wenn es 1000 Jahre vorher auch so war, ist es verständlich, daß es keine Überreste mehr gibt. Wie dem auch sei, die Wessex-Leute waren in Wiltshire wohnhaft, wie die Zahl ihrer Hügelgräber beweist. Man glaubt, daß sie die Erbauer der grandiosen Sarsenkonstruktion in Stonehenge sind. Ein solches Werk erfordert viel Zeit und könnte kaum durch einige umherziehende Stämme erbaut worden sein. Jahre hindurch wohnten Tausende von Menschen in Stonehenge. Es ist seltsam, daß nur einige Gräber ihrer Anführer übriggeblieben sind.

Woher stammen die Menschen der Wessex-Kultur? Allgemein versteht man unter diesem Begriff nicht ein bestimmtes Volk wie bei Windmill Hill oder den Glockenbecherleuten, sondern eher eine Art Aristokratie, die sich zugleich religiös, kriegerisch und händlerisch betätigte. Woraus war diese Aristokratie gebildet? Vielleicht aus einer Schicht, die durch

Handel reich geworden war oder durch kriegerische Aktionen die Macht übernommen hatte, vielleicht auch beides zugleich. Man hat auch vermutet, daß diese Oberschicht aus der Bretagne gekommen war und sich aufgrund überlegener Waffen in Wessex festsetzen konnte. Wie dem auch sei, man findet eine herrschende Minderheit und eine Mehrheit, die schwere Aufgaben zu erfüllen hatte: den Transport, die Bearbeitung und Aufstellung der gewaltigen Sarsen. Man muß hier nicht unbedingt das Bild vor Augen haben, welches Herodot über die Erbauung der Pyramiden geschildert hat. Die Steine von Stonehenge können unter dem Eindruck eines religiösen Gedankens errichtet worden sein. Übrigens zeigt die Erbauung der Megalithen, daß die Menschen jener Zeit an die schwersten Arbeiten gewöhnt waren.

Die Hügelgräber der Wessex-Kultur sind von Gräben umgeben. So gibt es den Anschein einer Verschmelzung der Grabhügel aus der Glockenbecherkultur mit den Henge-Monumenten des »Sekundären Neolithikums«. Manchmal hat der Hügel die Form einer Glocke und nimmt den ganzen verfügbaren Raum ein, der im Innern des Grabens vorhanden ist. Oder manchmal ist der Hügel nur flach, und das Ensemble bietet den Anblick eines Henge-Monuments ohne Öffnung. Zwischen den beiden Typen der glockenförmigen Gräber und der scheibenförmigen Gräber gibt es zahlreiche Zwischenformen. Erstere sind im allgemeinen Männergräber, während die anderen wohl für Frauen bestimmt waren. Neben den durchbohrten Streitäxten findet man auch Gegenstände und Schwerter aus Bronze, die reich mit Gold verziert sind. Bronzeäxte scheinen aus Südböhmen zu stammen. Man hat auch Bernsteinketten gefunden, die aus Südeuropa und nicht aus Skandinavien stammen. Zu den erstaunlichsten exotischen Gegenständen gehören Kügelchen aus blauem Steingut, deren Farbe im Laufe der Zeit verblaßt ist. Eine genaue Prüfung hat ergeben, daß sie aus Ägypten stammen, und die Tatsache, daß man sie auch auf Kreta findet ebenso wie an den französischen und spanischen Atlantikküsten, läßt einen Import auf dem Seeweg vermuten.

Es wäre also nicht unmöglich, daß die Menschen der Wessex-Kultur nicht nur Kenntnis von den Mittelmeerländern hatten, sondern mit ihnen auch in Beziehung standen. Zu dieser Zeit folgte in Ägypten Thutmosis III. der Pharaonin Hatschepsut, die weite Handelsexpeditionen organisiert hatte. Die Phönizier hatten vielleicht die Straße von Gibraltar durchfahren. In Kreta blühte das minoische Reich, und in Mykene erbaute man die Kuppelgräber, deren Stil man in Westeuropa wiederfindet, wie zum Beispiel bei dem berühmten Megalithen von New-Grange bei Droghedda in Irland. Mögliche Beziehungen zwischen der Wessex-Kultur und den Mittelmeerkulturen sind also nicht auszuschließen.

Die Zerstörung von Stonehenge

Der zerstörte Zustand, in welchem sich Stonehenge heute befindet, ließ immer eine gezielte Aktion von Menschen vermuten. Zwei Epochen würden besonders dafür in Frage kommen: die römische Eroberung und das Mittelalter.

Man kann sich leicht vorstellen, warum man gerade an das Mittelalter dachte. Nicht nur in England, sondern überall in Europa waren die alten Steine Gegenstand der Verehrung durch die Bevölkerung, und dies in einigen Fällen sogar bis ins 18. und 19. Jahrhundert. Es ist wahrscheinlich, daß zahlreiche megalithische Denkmäler darum seit dem 5. Jahrhundert unter dem Einfluß der Kirche zerstört wurden. Es ist höchstens erstaunlich, daß so viele davon übriggeblieben sind. Dagegen kann man sich nicht vorstellen, daß die Römer eine solche Zerstörungsaktion durchgeführt hätten, da dies überhaupt nicht bei ihnen üblich war.

Diejenigen, die für eine Zerstörung durch die Römer plädieren, berufen sich auf die große Zahl von Steinstücken in Stonehenge, die in einer Schicht gefunden wurde, die der Römerzeit entspricht. Alle diese Stücke können in der Tat nicht auf die Behandlung oder den Transport der Blöcke zurückzuführen sein, obwohl viele aus der Bearbeitung selbst stammen könnten. Auch hätten die Römer gefürchtet, daß Stonehenge im Falle einer Zerstörung zum Symbol eines nationalen Widerstandes werden würde.

Es scheint auch wenig wahrscheinlich, daß die römischen Legionäre sich damit vergnügt haben, die Sarsen und Blue-Stones in kleine Stücke zu zerbrechen. Um das Monument zu zerstören, hätte es genügt, die Säulen umzustürzen. Andererseits hatten die Kelten in dem Moment, als Cäsar England betrat, die Menschen der Glockenbecher- und Wessex-Kultur längst ersetzt. Es ist zweifelhaft, daß die Kelten die Absicht hatten, um Stonehenge ein Zentrum des Aufstandes zu bilden; es sei denn, Stonehenge wäre inzwischen ein Druidentempel geworden.

Um zu beweisen, daß der Mensch für die Zerstörung von Stonehenge verantwortlich ist, verwies man auf Avebury, wo Steine, die weniger tief in die Erde gesenkt sind als in Stonehenge, heute noch aufrecht stehen. Das ist zwar richtig, aber man sollte die Dinge in Stonehenge selbst prüfen. Wenn man eine nord-südliche Linie durch Stonehenge zieht, so ergeben sich zwei sehr unterschiedliche Teile. Auf der westlichen Seite finden wir kaum zehn Steine, die noch an ihrem Platz und aufrecht sind, die östliche Seite dagegen enthält fast 24 davon. Die westliche Seite ist den manchmal sehr heftigen Winden in der Ebene von Salisbury am meisten ausgesetzt. Genügt nun der Wind, um eine so starke Zerstörung zu bewirken? Dies kann mindestens teilweise bejaht werden. Es hat seinen Grund in der Lage des Monuments auf einem sehr hohen Plateau ohne schützende Hügel. Auch die Bearbeitung und die Form der Steine begünstigen die Arbeit des Windes. Die rechteckige Form, die diese Monolithen haben, machen sie zu Schirmen, die dem Winddruck eine ideale Angriffsfläche bieten. Es ist nicht notwendig, aerodynamische Formeln zu zitieren, um zu zeigen, daß ein Fabrikschornstein dem Wind besser widersteht als ein simpler Block von gleicher Höhe und Breite. Menhire, die einen ähnlichen Schnitt haben wie die von Stonehenge, sind in Windrichtung geneigt oder gelegen.

Wenn man die Oberfläche eines Monolithen im Kreis der Sarsen auf durchschnittlich 8,5 qm schätzt, die Fläche des waagrechten Schlußsteins nicht mitgerechnet, so unterliegt diese Fläche bei einer Windgeschwindigkeit von 30 km/h einem Druck von 70 Kilogramm. Im Maße, wie die Windgeschwindigkeit zunimmt, nimmt der Druck ungeahnte Ausmaße an. Bei einer Geschwindigkeit von 75 km/h, was hier relativ häufig vorkommt, beträgt der Druck bereits 450 Kilogramm, und bei einem Orkan kann er 1500 Kilogramm erreichen. Wenn wir nun zum Beispiel den großen Trilithen 55/56 betrachten, so können bei ihm Kräfte von 250 bis 6000 Kilogramm wirken.

Die Rechnungen beziehen sich nur auf Blöcke, deren Oberfläche normal dem Wind ausgesetzt ist. Dies ist bei den Säulen von Stonehenge nicht der Fall, aber die Druckverringerung, die daraus resultiert, wird zum Teil wieder aufgehoben durch den ständigen Wechsel der Windstärken und die zum Teil geringe Tiefe der Eingrabung.

Der Fall des zentralen Trilithen ist typisch. Wir haben schon auf die Unausgewogenheit hingewiesen, die hinsichtlich der Eingrabung der Säulen besteht. Nr. 55 ist 0,90 Meter, während Nr. 56 2,30 Meter tief in die Erde versenkt ist. Als man 1958 den Trilithen 57/58 wieder aufrichtete, war man erstaunt über die geringe Tiefe des Fundaments. Man kann sich fragen, wie dieses Ensemble bis in jüngere Zeiten aufrecht bleiben konnte. Das gleiche läßt sich an bestimmten Monolithen der Sarsen beobachten.

Es ist also möglich, daß Naturerscheinungen bei der Zerstörung von Stonehenge eine Rolle gespielt haben. Seit man sich wissenschaftlich mit Stonehenge beschäftigt, führt man das Umstürzen der Steine auf natürliche Ereignisse zurück. Vor einigen Jahren noch neigten sich einige Säulen sehr gefährlich. Man mußte sie stützen, indem man ihre Fundamente mit Beton ausgoß, und bis heute sind einige immer noch geneigt. Wohlgemerkt, die Hand des Menschen konnte die Wirkung der Natur unterstützen. Zahlreiche Steine fehlen, vor allem unter den horizontalen Schlußsteinen des Sarsenkreises. In einem Land, das so arm an Bausteinen ist wie die Ebene von Salisbury, scheint dies normal, und es ist verwunderlich, daß nicht noch mehr Steine fehlen. Jedoch sind einige Fälle schwierig zu klären, was den Fall oder das Verschwinden der Steine betrifft.

Nehmen wir zum Beispiel den Schlußstein 105, der die Säulen 5 und 6 des Sarsenkreises verband. Er ist verschwunden, aber seine Nachbarn 104 und 106 sind noch an Ort und Stelle. Der Sturz dieses Blockes kann nicht dem Wind zugeschrieben werden. Andererseits, falls es durch Menschen geschah, so ist es seltsam, daß man nicht zuerst einen der Nachbarsteine entfernt hat, denn ansonsten war die ganze Aktion schwierig und gefährlich. Man hätte ein Gerüst bauen müssen, um den Block aus seinen Halterungen zu nehmen. Diese Aufgabe wäre äußerst kompliziert gewesen, vor allem, wenn man bedenkt, daß er fünf oder sechs Tonnen wog. Selbst das Zerbrechen des Steines wäre eine zusätzliche unnütze Arbeit gewesen, denn das wäre auf der Erde viel leichter vonstatten gegangen. Aber auch dieser Vorgang wäre gefährlich, da auch die Bruchstücke vielleicht noch mehr als zwei Tonnen wogen. Auch der Fall des Trilithen 59/60 ist verwirrend. Wie wurde sein gewaltiger Schlußstein aus der Halterung gehoben? Das ist sehr schwierig zu erklären, da die Säule 60 sich noch auf ihrem Platz befindet. Die Nachbarsäule liegt auf der Erde, aber wenn ihr Sturz zum Fall des Schlußsteines geführt hätte, so müßte die Säule 60 stärker geneigt sein, wie dies auch beim zentralen Trilithen geschah. Die Halterung hätte jedes Abgleiten verhindert, und der Sturz einer Säule hätte den der Nachbarsäule bedingt. Auch war gerade die Säule 60 sehr zerbrechlich wegen der Aushöhlung am unteren Ende, von der wir bereits sprachen. Zudem liegen die Bruchstücke des horizontalen Schlußsteins in einer solchen Entfernung vom Fuß des Trilithen – das nächste 4 Meter, das weiteste 7,5 Meter –, daß man glaubt, übernatürliche Kräfte hätten sie geschleudert.

Man könnte glauben, die Zerstörung des Trilithen habe sich etwa so abgespielt: Während Leute oben auf der Säule 59 waren und auf Hebel drückten, um den Schlußstein aus dem Zapfen zu heben, brachten andere den Pfeiler zum Wackeln. Allerdings welche Arbeit, wenn eine einfache Grabung am Fuß des Ensembles die Zerstörung hätte wesentlich erleichtern können! Darum glauben wir auch eher an eine Senkung des Pfeilers. Dieses Absinken zog ein Herabsinken des Schlußsteins mit sich, der, mehr und mehr auf die Säule drückend, dann den Umsturz bewirkte. Die schwache Höhe des Zapfens auf dem Pfeiler 60 könnte zum Loslösen des Schlußsteins mit beigetragen haben. Dieser schoß dann, wie von einer Schleuder abgeschossen, bis zu der oben genannten Entfernung.

Zusammenfassend sei gesagt, daß wir meinen, der jetzige ruinenhafte Zustand sei zum großen Teil aufgrund natürlicher Kräfte und der schwachen Konstruktion eingetreten. Nach unserer Kenntnis ist Stonehenge das einzige Monument, wo die sichtbaren und die begrabenen Teile gleichartig sind. Nichts sagt, daß, wenn der Bau nicht einer beginnenden Zerstörung unterlag, diese nicht sofort von der Kirche angeordnet worden sein könnte.

Der einzige Mangel von Stonehenge war die ungenügende Einbettung der Steinsäulen, die man aber den Erbauern nicht zur Last legen kann.

Man hat den Beweis, daß ihnen dieser Mangel nicht entgangen ist, wie zum Beispiel die früher beschriebene Säule 55 zeigt. Vielleicht war es ihnen nicht möglich, Monolithen von ausreichender Länge zu finden, und außerdem mußten gewisse Proportionen beachtet werden. Die Stabilität des Bauwerks mußte notwendigerweise darunter leiden.

1900–1700 Stonehenge I
a) Bau des runden Erdwerks und der Aubrey-Löcher
b) Errichtung des Heel-Stone
c) Errichtung von Steinen in den Löchern D und E
d) Pfahllöcher im Eingang des Henge-Monuments
e) sehr hypothetische Holzkonstruktion im Zentrum des Monuments

1700–1600 Stonehenge II
a) Transport der Blue-Stones aus Wales
b) Bau des doppelten Kreises aus Blue-Stones in den Löchern Q und R
c) Bau der Avenue
d) Graben um den Heel-Stone
e) Errichtung von Steinen in den Löchern B und C
(Zu dieser Zeit waren alle Holzkonstruktionen verschwunden)

1500 Stonehenge IIIa
a) Schleifen des doppelten Kreises der Blue-Stones
b) Transport der Sarsen von den Marlborough Downs
c) Errichtung der Sarsenkonstruktion mit den Vier Stationen, dem Slaughter-Stone und seinem Pendant.

1500 Stonehenge IIIb
a) Grabung der Löcher Y und Z
b) Errichtung eines Baus aus Blue-Stones im Innern der großen Trilithen.
(Diese Anlage von ovaler Form hatte enthalten: zwei Trilithen aus Blue-Stones, die zusammengefügten Steine 66 und 68 sowie den Altarstein, der wie eine Säule aufgerichtet war)
c) Aufgabe des Planes einer Errichtung eines doppelten Kreises aus Blue-Stones in den Löchern Y und Z

1400 Stonehenge IIIc
a) Schleifen der inneren Konstruktion von Blue-Stones
b) Bau des Hufeisens und des aktuellen Kreises aus Blue-Stones

50–400 n. Chr. Mögliche gezielte Zerstörung von Stonehenge.

V.
Das Rätsel der Megalithen

DIE LAGE DER DOLMEN
IM VERHÄLTNIS ZU DEN HIMMELSRICHTUNGEN

Über der Frage, ob sich die Erbauer der Dolmen an der Sonne orientierten, ist schon viel Tinte vergossen worden. Sie wurde von den einen verneint, von anderen mit Vorbehalten bejaht, ernsthaft untersucht jedoch wurde sie noch nie. Es gibt dafür verschiedene Gründe; der Hauptgrund aber scheint in den mangelnden Kenntnissen und der fehlenden Methodik derer zu liegen, die sich damit beschäftigt haben. Aufgrund der Geräte, die man in diesen Monumenten fand, wurde vermutlich angenommen, daß Menschen, die sich auf einer niedrigen Entwicklungsstufe befanden, noch nicht in der Lage waren, sich am Stand der Gestirne korrekt zu orientieren. Wir haben jedoch keinen Grund, in diesem Punkt auf unser heutiges Wissen stolz zu sein. Wie vielen von uns würde es ohne Kompaß und Karte gelingen, einigermaßen genau anzugeben, wo der Süden liegt? Und nun übertrage man unsere Unwissenheit auf Menschen, die vier- oder fünftausend Jahre vor uns lebten. Wer von uns hat im übrigen schon je versucht, die einfachsten diesbezüglichen Experimente anders als auf dem Papier durchzuführen? Die Unkenntnis der elementarsten kosmographischen Grundbegriffe ist weiter verbreitet, als man zunächst glauben möchte. Man bekommt diese Kenntnisse meist in der Volksschule beigebracht und vergißt sie dann schnell. Wir haben oft genug Gelegenheit, dies festzustellen, und es ist, so glauben wir, auf zwei Hauptursachen zurückzuführen: auf den allgemeinen Gebrauch des Kalenders und die elektrische Beleuchtung.
Dem täglichen und dem jährlichen Lauf der Sonne wird heute viel weniger Bedeutung beigemessen als früher. Zahllosen Menschen ist der jeweilige Stand der Sonne völlig gleichgültig, außer sie wollen spazierengehen. Wir haben die Zeit in Abschnitte, in Jahre, Monate und Wochen usw. eingeteilt, und wir leben im Rhythmus dieser Einteilung. Andere

bebauen für uns die Erde, und im Komfort unserer modernen Wohnungen genügt ein Druck auf den Knopf, um uns so viel Licht zu verschaffen, wie wir nur wünschen. So fällt es heute vielen Menschen schwer, sich die Bedeutung vorzustellen, die die Sonne in Zeiten hatte, als man noch keine Kalender zugeschickt bekam und es kaum künstliche Beleuchtung gab. Außerdem haben wir die Sonne mittlerweile gewogen und vermessen, ihre Temperatur und ihre Entfernung zur Erde berechnet. Sie ist ein Stern wie alle anderen, und die Kulte, in denen sie als göttliches Wesen galt, finden wir heute lächerlich. Kurz alles, was den Menschen der Steinzeit mit der Sonne verband, seine bäuerlichen Arbeiten ebenso wie seine religiösen Vorstellungen, wird heute allgemein und manchmal ganz systematisch ignoriert. Man muß noch froh sein, wenn dies ohne Ironie geschieht, denn man ist, wie Goethe sagt, immer geneigt, die Dinge zu verspotten, die man nicht versteht.

Gewiß wird man die Zeichen, die als Sonnensymbole verstanden werden können, nicht einfach unter den Tisch fallen lassen. Das wäre auch kaum möglich, aber besonders wenn die richtungsmäßige Anlage von Megalithbauten zur Debatte steht, kommt es immer leicht zu Streitfragen. Man kann sie leugnen oder als Nebensächlichkeit abtun und damit leider auch eine Reihe anderer Dinge rechtfertigen. Sobald man einmal davon ausgeht, daß die Tragsteine eines Dolmen nicht nach Osten weisen, kann man dessen Position nach Belieben interpretieren, wenn man im Laufe der Ausgrabungen das Bedürfnis danach verspürt. Wir wollen diese Dinge nicht überbewerten. Indem wir die Himmelsrichtung ebenso aufschlußreich finden wie einen Tonscherben oder den Splitter eines Kieselsteines, bemühen wir uns lediglich, ihr die gleiche Bedeutung beizumessen, wie ihr offenbar die Erbauer der Dolmen selbst beigemessen haben.

Nun müssen wir zunächst einmal zugeben, daß es nicht immer leicht ist, die richtungsmäßige Anlage eines Dolmen zu bestimmen, und daß sich so mancher Amateur oder auch Fachmann unter den Archäologen von dieser Schwierigkeit abschrecken ließ. Wenn die Tragsteine parallel angeordnet sind, so läßt sich die Himmelsrichtung an einer Schnur ablesen, die man als Längsachse durch den Dolmen zieht. Etwas schwieriger wird diese Operation, wenn die Steinreihe »schlangenförmig« angelegt ist, wofür sich in den Dolmen der Bretagne zahlreiche Beispiele finden. Aber auch in diesem Fall läßt sich vom hinteren Ende des Innenraumes stets eine gerade Linie zur Mitte zwischen den beiden Eingangssteinen ziehen. Da es manchmal genügen würde, einen der Tragsteine ein paar Zentimeter nach innen zu setzen, um diese Linie zu zerschneiden, können wir darin die Absicht der Erbauer erkennen, den Dolmen in einer ganz bestimmten Richtung anzulegen. Die Schwierigkeiten und Ungewißheiten wachsen noch bei den Dolmen, deren Anordnung der Pfeiler uns keinen geometrischen Plan und damit auch keine Absicht der Erbauer erkennen läßt. Besonders bei Dolmen mit zahlreichen Tragsteinen könnte man, je nachdem, von welchen Steinen man ausgeht, jede beliebige Richtung ermitteln. Bei dieser Art von Grabstätten wird die Richtungsbestimmung unmöglich oder zumindest zweifelhaft. Dennoch stoßen wir auch hier auf recht deutlich markierte Anordnungen: etwa im Falle von Cruz-Moquen in Carnac, Saint-Fort-sur-le-Né, Penter-Ifan, u. a. Bei den kleinen Dolmen schließlich, deren Pfeiler keine große Fläche umfassen, ist es im allgemeinen nicht auszumachen, in welche Richtung sie weisen, denn wenn man sich Mühe gibt, kann man an ihnen fast alle Himmelsrichtungen ablesen.

Von ernsthafter Richtungsbestimmung kann also nur bei denjenigen Dolmen die Rede sein, die nicht nur von Tragsteinen eingefaßt sind, sondern deren Ausdehnung in eine Richtung größer ist als in allen anderen Richtungen. Das Instrument, mit dem man das Problem zu lösen suchte, und über das man die Dinge anpeilte, war jedoch nur allzu oft der Daumen. Bis zu 90° gehen die merkwürdigen Irrtümer, die dabei begangen wurden. Fehler von 45° sind nicht selten, und Abweichungen von plus oder minus 10° sind ganz geläufig. Da heißt es dann von irgendeinem Dolmen: »Das Monument öffnet sich nach Südosten« oder: »Alle Dolmen (einer bestimmten Gegend) sind von Ost-Nordost nach Ost-Südost ausgerichtet.« Letzteres ist eine recht häufige Angabe. Sie bedeutet lediglich, daß die Achse des Dolmens mit dem Osten einen Winkel von 22° 30' bildet. Im allgemeinen ist dieser Winkel jedoch nie genau angegeben. Man begnügt sich mit solch vagen Auskünften.

Ein anderes bemerkenswertes Beispiel für die Daumenpeilung liefert uns Cartailhac, der sich stark für die Richtung der Dolmen interessierte, seine Winkel aber auf Dutzende von Graden aufrundete. Für den Dolmen von Vaour im Departement Tarn gibt er unter anderem die folgenden Werte: 250–70. Das sind keine besonders aufschlußreichen Zahlen, aber wenn der berühmte Prähistoriker damit sagen wollte, wie wir annehmen dürfen, daß die Achse des Dolmens mit dem Süden einen Winkel von 250° in einer Richtung und 70° mit der anderen bildete, so ist diese Auskunft ganz offensichtlich falsch. Es genügt, von diesem Dolmen aus an einem 21. Dezember die Sonne aufgehen zu sehen, um zu erkennen, daß dieser Dolmen genau auf den Sonnenaufgang der Wintersonnwende ausgerichtet ist. Sein Azimut beträgt somit etwa 123° nach Norden und 303° nach Süden. Wer nicht die Gelegenheit hat, sich an bestimmten Tagen an Ort und Stelle zu begeben, wie wir das getan haben, der wird diese Resultate natürlich auch durch korrektes Ablesen des Kompasses erzielen können.

Die Erbauer von Dolmen haben ihre Monumente nicht nur nach Osten, also in die Richtung angelegt, in der die Sonne zur Tagundnachtgleiche am 21. März und am 23. September aufgeht, sondern sie haben sich auch am Aufgang der Sonne zur Sonnwende am 21. Juni und 21. Dezember orientiert. Wir haben zahlreiche Fälle einer solchen Orientierung festgestellt. In Frankreich bildet die Sonne zur Sonnwende bei ihrem Aufgehen mit dem Osten einen Winkel zwischen 30° und 40°. Wer auf den Kompaß schaut wie auf eine Armbanduhr, der kann freilich ohne weiteres meinen, ein auf die

Wintersonnwende gerichteter Dolmen öffne sich nach Ost-Südost. Das ist eine höchst bedauerliche Ungenauigkeit, bei der wichtige Dinge außer acht gelassen werden. Der Winkel zwischen der Ostwest-Achse und dem Sonnenaufgang zur Sonnwende variiert überdies mit dem Breitengrad. In den Ostpyrenäen beträgt er etwa 32°45′ gegenüber 39°15′ beim Ärmelkanal. Diese Differenz wird entsprechend größer, wenn man sich von einem Dolmen in Andalusien zu einem in Dänemark begibt.

Die Richtungsbestimmung eines Dolmen ist also gar nicht so einfach. Der Kompaß muß stets in Ruhestellung auf eine horizontale Ebene und auf die mit Hilfe einer Schnur dargestellte Achse des Monuments gebracht werden. Wenn sich dann die Nadel eingependelt hat, liest man zunächst den Winkel der Dolmenachse mit dem magnetischen Nordpol ab (was man manchmal besser mit einer Lupe macht) und berechnet sodann die jeweilige Abweichung, um die korrekte Nordrichtung zu ermitteln. Diese variiert nach Raum und Zeit. Für Frankreich finden wir sie nach Jahreszahl und Département im »Annuaire du Bureau des Longitudes« berechnet. Für kleinere Regionen kann man sich der Angaben auf der Generalstabskarte bedienen.

Wenn man die Möglichkeit hat, sollte man natürlich idealerweise den Sonnenaufgang an den fraglichen Tagen im Monument selbst beobachten.

Einer der häufigsten Einwände, der bei der Richtungsbestimmung von Megalithen vorgebracht wird, ist der folgende: Man wisse ja nicht, ob sich die Erbauer beim Sonnenaufgang auf die gerade am Horizont erscheinende Spitze, auf die zur Hälfte sichtbare Scheibe oder auf die voll aufgegangene, den Horizont nur noch berührende Sonne bezogen. Wenn er ernst gemeint ist, so beweist dieser Einwand nur eines: Diejenigen, die ihn vorbringen, haben wohl kaum je selber versucht, an Ort und Stelle einen solchen Sonnenaufgang festzuhalten. Andernfalls hätten sie bemerkt, daß es hier keinen Zweifel geben kann, zumindest, wenn man eine gewisse Präzision anstrebt.

Die Mehrheit, nämlich 65 Prozent der Dolmen, die wir untersucht haben, war nach dem Sonnenaufgang zur Tagundnachtgleiche ausgerichtet oder nach dem Sonnenaufgang zur Sonnwende, oder schließlich nach Süden. Die häufigsten waren die ersteren, und die letzteren waren oft in eine Senke gebaut, so daß sie einen beschränkten Horizont besaßen. Zu den Dolmen, die in keine besondere Richtung hin angelegt scheinen, zählen wir auch diejenigen, deren Tragsteine ein Rechteck bilden, und bei denen eine Diagonale deutlich in eine bestimmte Richtung weist. Wir sind gelegentlich auf diesen Fall gestoßen, wollen jedoch aufgrund seiner Unbestimmtheit nicht näher darauf eingehen.

Es kommt auch vor, daß die Achse eines Dolmens mit dem magnetischen Norden einen Winkel von beispielsweise 39° bildet. Da dieser Winkel jedoch auf keinen bemerkenswerten Punkt am Horizont weist, könnte man zu dem Schluß kommen, daß die Erbauer dieses Monuments sich an keiner Richtung orientierten. Wenn man dann jedoch in der gleichen Region auf mehrere Dolmen mit derselben Richtung stößt, so wird die Wahrscheinlichkeit groß, daß diese Richtung beabsichtigt war. Aber aus welchem Grund? Wir wissen es nicht, wir wissen nur, daß die Erbauer zweifellos irgendeine Absicht verfolgten. Die Richtung des spitzbogigen Pfeilers der »Table des Marchands« ist in dieser Hinsicht bezeichnend. Schwer zu sagen, worauf die Richtung dieser Dolmen sich bezieht. Einen bestimmten Gebrauchswert können wir uns kaum vorstellen. In der Tat kann keiner dieser Bauten auch nur auf zwei oder drei Wochen genau mit irgendeinem wichtigen Datum des Jahres in Zusammenhang gebracht werden. Wir wissen zwar nicht, wie vom Inneren solcher Dolmen Beobachtungen anzustellen wären, wahrscheinlich aber stand ihre Richtung in irgendeinem Zusammenhang mit den religiösen Kulten ihrer Erbauer. Vielleicht galt ihre Verehrung der Sonne als dem Lebens- und Wärmespender.

Ein Detail scheint bisher noch nicht berücksichtigt worden zu sein: Damit ein Dolmen genau nach dem Sonnenaufgang zur Sonnwende oder zur Tagundnachtgleiche ausgerichtet sein kann, muß der Horizont sich dort auf der gleichen oder annähernd gleichen Höhe befinden wie der Dolmen selbst. Und das führt uns zur Erörterung eines anderen Problems, das mit dem der Richtung vielleicht zusammenhängt, nämlich dem Problem des Materialtransportes über größere Entfernungen.

Nicht selten steht man vor einem Dolmen oder Menhir und sieht in dessen unmittelbarer Nähe keinen Ort, aus dem die Steine des Monuments stammen könnten. Manchmal muß man sehr weit gehen, um schließlich einen Steinbruch zu entdecken, der in Frage käme. Fast immer war ein Transport zu bewältigen. Höchst selten wurden die Monumente dort errichtet, wo auch die Materialien zu finden waren. Die Steine wurden über mehr oder weniger große Entfernungen hinweg transportiert (zwischen einigen Dutzend Metern und Dutzenden von Kilometern), aber sie wurden transportiert, und zu Recht hat diese Tatsache schon immer Verwunderung erregt. Der riesige Menhir von Dol im Département Ille-et-Vilaine stammt aus einem drei Kilometer weit entfernten Ort. Die Decksteine der Dolmen von Fontenille wurden aus einer Entfernung von vier Kilometern herangeschafft. Wobei wir nicht vergessen dürfen, daß »die große Perotte« mehr als 80 Tonnen wiegt! Das gleiche gilt für das Galeriegrab von Essé, bei der ein Deckstein an die 45 Tonnen wiegt. Die Menhire der Steinreihen von Saint-Pantaléon haben einen Transport von 8 Kilometern und der Menhir von Chaudes-Aigues (Cantal) sogar von 15 Kilometern hinter sich. Was den Dolmen von Moulins im Département Indre betrifft, so stammen seine Materialien aus einem 35 Kilometer entfernten Steinbruch.
Bei den Megalithen anderer europäischer Länder stehen wir vor dem gleichen Problem. Zwischen den Blöcken des Dolmen Soto bei Huelva in Andalusien und ihrem Ursprung liegen 38 Kilometer! Der heute verschwundene große Deckstein dieses Dolmen muß jedoch mindestens 50 Tonnen gewogen haben. Die Bestandteile der Dolmen Koreas wurden aus gro-

ßer Entfernung und auf dem Wasserwege herangeschafft. Ganz zu schweigen von Stonehenge, dessen Blöcke teilweise aus 300 Kilometer entfernten Gesteinsmassen stammen. Die Zahl der Beispiele ließe sich vervielfältigen, und es ist alles sehr rätselhaft. Zu den Schwierigkeiten des Baues selbst kommen die mindestens ebenso großen des Transports über weite Strecken. Wer von uns kann sich vorstellen, was es bedeuten mußte, die riesigen Blöcke des Dolmen von Bournand auch nur über zwei oder drei Kilometer hinweg zu befördern?

Die Erbauer müssen ernsthafte Gründe dafür gehabt haben, daß sie ihre Monumente so weit von der Fundstätte der Materialien entfernt errichteten. Darin liegt gewiß einer der geheimnisvollsten Aspekte der Megalithkultur. Welche Gründe mögen hinter dieser Wahl der Kultstätten stehen? Wenn diese Dolmen Grabstätten sind, so könnte man sich vorstellen, daß sie dort errichtet wurden, wo die Menschen gestorben waren, deren Überreste sie bergen sollten – aber auch die Menhire sind transportiert worden. Wir werden später noch sehen, was von den Grabdolmen zu halten ist. Oder handelt es sich vielleicht um einen geweihten Ort, der durch einen noch älteren Kult als den der Megalithen geheiligt worden war? Das ist bei manchen englischen Kromlechs, etwa bei Avebury, der Fall, aber was die Dolmen betrifft, so findet man dafür wirklich keinerlei Anhaltspunkte. Gelegentlich ergeben sich sogar noch weitere Schwierigkeiten: Beim Bau des Dolmens von Monte Abraho bei Lissabon mußte man im Kalksteinboden Gräben anlegen, um die Tragsteine aufzurichten. Hundert Meter weiter hätte man dagegen ein Gelände vorgefunden, das viel leichter zu bearbeiten gewesen wäre.

Aus diesem Grunde haben wir uns gefragt, ob die Wahl des Ortes, an dem manche Dolmen oder auch andere Megalithbauten errichtet wurden, nicht mit ihrer Richtung zusammenhängen könnte. Betrachten wir beispielsweise das auf die Wintersonnwende gerichtete Galeriegrab von Essé. Wenn die Sonne über seiner Längsachse aufgeht, so geschieht dies tatsächlich zur Zeit der kürzesten Tage, und die Sonne erscheint am Horizont an einem Punkt, der sich mit dem Grab auf gleicher Höhe befindet. Nun muß man sich einmal überlegen, daß diese Konstellation nur dann mühelos zu realisieren ist, wenn man sich auf einer großen Ebene befindet. In einer beliebig gewählten Landschaft wird man nicht ohne weiteres eine Stelle finden, die mit dem Horizont in einer ganz bestimmten Richtung auf gleicher Höhe liegt. Es könnte sein, daß man eine solche Stelle nur in beträchtlicher Entfernung von Steinbrüchen entdeckt, und in dieser Schwierigkeit könnte also der Grund für den Transport der Materialien gelegen haben.

Wir wissen nun freilich nicht, ob die Erbauer der Megalithen bei der richtungsmäßigen Anlage ihrer Monumente mit einer derartigen Sorgfalt verfuhren und eine derartige Präzision anstrebten. Immerhin kamen wir in jedem Fall, den wir selbst untersuchten, zu dem selben Schluß. Ein Dolmen, dessen Achse genau auf den Punkt weist, über dem die Sonne an besonderen Tagen aufgeht, liegt sehr häufig auf der gleichen Höhe wie dieser Punkt. Und wo Differenzen auftreten, so beeinträchtigen sie diese Regel nicht übermäßig. Leider können wir von vereinzelten Fällen noch kein allgemeines Gesetz ableiten. Die Zahl der Monumente, auf die wir unsere Untersuchungen ausdehnen konnten, war leider nicht genügend groß.

Bis heute sind zumindest in Westeuropa die weitaus meisten Dolmen untersucht worden. Dem Inneren dieser Dolmen hat man also praktisch alles entnommen, was darin zu holen war. Mit Ausnahme der Gegenstände oder Stoffe, die man auf ihren radioaktiven Kohlenstoff untersucht, ist es damit ziemlich unwahrscheinlich geworden, daß die Resultate der bisherigen Forschung durch neue Entdeckungen völlig umgestoßen werden. Allerdings liegen uns noch längst nicht alle Ausgrabungsberichte vor. Es fehlen zahlreiche negative Resultate, d. h. Angaben über Dolmen, in denen nichts gefunden wurde. Die Archäologen des letzten Jahrhunderts veröffentlichten ihre Arbeiten meist nur, wenn sie positive Ergebnisse vorzuweisen hatten. Wenn sie in einem Dolmen nichts fanden, so machten sie darüber meistens auch keine Mitteilung.

Nun scheint jedoch die Zahl der leeren Monumente bedeutender zu sein, als man zunächst glauben möchte. Ein katalanischer Archäologe gibt beispielsweise als Resultat seiner Ausgrabungen bekannt, daß er in fünfzig, also einem Viertel der etwa zweihundert Dolmen im spanischen Katalonien, keinerlei bewegliche Gegenstände finden konnte. Zumindest hat er sie mit der Bemerkung versehen: »Excavado sin resultado.« Diese negativen Befunde werden auch bei der Lektüre kleinerer, einzelnen Monumenten gewidmeter Monographien deutlich. Häufig stößt man auf Sätze wie etwa: »Die im Jahre X von Y durchgeführten Ausgrabungen erbrachten kein Ergebnis.« Adrien de Mortillet bekannte, daß er in den Megalithbauten von Korsika nichts entdecken konnte. Auch in den Dolmen Koreas wurden keinerlei Gegenstände gefunden. Wir lesen da etwa:

»Eine beträchtliche Anzahl von Galeriegräbern ist seit jeher als leer bekannt, vermutlich weil sie vor sehr langer Zeit ausgeraubt wurden. Die Dinge liegen hier einfacher als bei den Ganggräbern, die von der dicken Erdschicht ihres Grabhügels geschützt waren. Absolut unbekannt ist uns die Ausstattung sowohl der Steingräber im Inneren der Bretagne als auch die im Osten der Départements Côtes-du-Nord und Ille-et-Vilaine.«

Wenn die leeren Dolmen auch keineswegs in der Überzahl sind, so sind sie doch auch keine Ausnahme und bilden daher einen Faktor, der berücksichtigt werden muß.

Man liest freilich oft, das Fehlen von Gegenständen sei auf »Schatzgräber« oder auf andere Umstände zurückzuführen. Diese Erklärung ist jedoch bei weitem nicht ausreichend und wird auch noch durch eine Reihe von Argumenten geschwächt. Neben leeren Dolmen findet man solche mit ansehnlicher Ausstattung. Wie soll man erklären, daß die einen ausgeplündert wurden und die anderen nicht? In bereits durchsuchten Monumenten wurden noch weitere Gegenstände gefunden. In ein und demselben Dolmen ergaben drei sukzessive, in Abständen von Jahren durchgeführte Ausgrabungen jeweils positive Resultate. Im »Peyrolevado« genannten Dolmen in Saint-Germain bei Millau im Département Aveyron förderte beispielsweise eine Ausgrabung, die nach einer ganzen Reihe vorausgegangener durchgeführt wurde, folgendes zutage: 700 Perlen aus grauem Stein – mehrere unversehrte Muschelschalen – durchbohrte Knochen und Zähne – zugespitzte Knochen – sieben kleine Ringe und Perlen aus Bronze – achtzehn Pfeilspitzen aus Kieselstein – eine Reihe von Tonscherben usw. In Gegenden mit vielen Dolmen wären Schatzgräber durch das, was sie in den Grabkammern fanden, wohl bald entmutigt und von ihren manchmal recht gefährlichen Raubzügen abgebracht worden. Schließlich ist es schwer vorstellbar, daß diese Räuber ein Interesse daran hatten, Bruchstücke von Scherben und Kieselsteinen und menschliche Fingerknöchel mitzunehmen. Zur Not kann man ihnen vielleicht das Durcheinander archäologischer Schichten zur Last legen, nicht aber die absolute Leere von Dolmen.

Zu einer Zeit, als Ausgrabungen mit negativem Ergebnis den offiziellen Theorien zuwiderliefen, mußte ein Monument wirklich völlig leer sein, damit man wagte, dies zu bekennen; wenn man jedoch die Resultate der ernsthaftesten Ausgrabungen studiert, so kommt man fast zwangsläufig zu der Überzeugung, daß in einen Dolmen, den man leer findet, auch nie etwas hineingelegt worden war.

Den Ergebnissen der Ausgrabungen ist eine allgemeine Feststellung zu entnehmen: Die Dolmen wurden weder regelmäßig noch gleichmäßig ausgestattet. Das eine Monument liefert uns eine Fülle von Gegenständen, deren Aufzählung fast eine Seite füllt; im anderen, daneben liegenden, finden wir zwei oder drei Bruchstücke eines Scherbens und einen menschlichen Zahn. Der eine wie der andere waren unberührt. Ein Koloß wie Antequera gibt überhaupt nichts her, während beispielsweise aus dem mittelgroßen Dolmen von Noguès (Département Aveyron) unter anderem 150 Pfeilspitzen aus Kieselstein und 500 bis 600 Kugeln von Halsketten zu holen sind. Was die Ausstattung der Dolmen betrifft, so ist also den Ausgrabungen einfach keine Regel und kein Gesetz zu entnehmen. Ganz unabhängig von der Lage oder der Wichtigkeit des Monuments reicht die Zahl der darin zu findenden Gegenstände von Null bis in die Tausende.
Die Art dieser gefundenen Gegenstände erfordert eine allgemeine Bemerkung: Auf geschliffene Kieselsteine und Bruchstücke von Keramik stoßen wir in den meisten Fällen. Die Kieselsteine erscheinen in recht unterschiedlichen Formen: als Pfeilspitzen, die manchmal sehr sorgfältig gearbeitet und mit Flügeln oder Stielen versehen sind; als vollständige Messer oder Bruchstücke von ihnen; als Klingen, Kratzwerkzeuge, Spitzen, Keile, Schlagbolzen, Sägen usw. Man findet manchmal so viele Bruchstücke von Kieselsteinen, als sei der Innenraum des Dolmen einmal eine Werkstatt gewesen.
Bei der Keramik stoßen wir meist auf Fragmente, selten auf ganze Vasen. Es handelt sich im allgemeinen um grobe, handgeformte Gefäße. Manchmal genügen die Bruchstücke, um das Gefäß zu rekonstruieren. Es handelt sich dann oft um glockenförmige Gefäße. Unabhängig von ihrer Form besteht

22   *In die Wände des Gang-Grabes von Gavrinis (Dpt. Morbihan, Bretagne) eingemeißelte Motive*

23 *La Table des Marchands, ein 10,50 m langer Dolmen bei Locmaria-quer, Dpt. Morbihan, Bretagne*

24 *Das Innere des Dolmens von Kérioned, Carnac (Bretagne)*

eines der Kennzeichen dieser Art von Vasen darin, daß sie mit horizontalen Streifen versehen sind, von denen die einen Ornamente tragen, die anderen nicht. Aus den holländischen Dolmen besitzen wir Keramikvasen mit einer gewissen Reichhaltigkeit der Ornamentierung. Unter ihren vielfältigen Formen dominieren die fließenden und die trichterförmigen. Die Keramik-Fragmente, die man *unter* den Steinplatten des Dolmen von Kourégan bei Carnac gefunden hat, gehören zu denjenigen Fragmenten, die man auch *über* diesen Steinplatten fand.

Auf Beile aus poliertem Stein stößt man ziemlich häufig, auch auf Bruchstücke solcher Beile, aber was zumindest zahlenmäßig vorherrscht, sind Teile von Halsketten. Von ihnen hat man Zehntausende gefunden. Hundertfünfzig in einem einzigen Dolmen ist keine Seltenheit. Sie bestehen aus den verschiedensten Materialien, aus Steatit, Perlmutt, Knochen, Bernstein, Obsidian, Gagat, Horn, Schlangenstein, Alabaster, Kalkspat u. a. Man findet sie auch aus »Callais«, einem grünen, dem Türkis vergleichbaren und sicher aus dem Orient stammenden Stein. Darauf, daß Bauern in einigen Dolmen solche Kugeln fanden, geht vielleicht die Bezeichnung »Türkisstein« zurück, die diesen Monumenten gegeben wurde. Neben den Keramikstücken sind die Teile von Halsketten vielleicht die häufigsten Fundgegenstände.

Aus Stein finden wir unter anderem auch Plaketten (etwa aus Schiefer), Geröllkiesel, Ohrgehänge oder Kellen. Oder aus Knochen: Ahlen, Wildschweinhauer, V-förmig durchbohrte Knochen etc. Soweit wir in der Jungsteinzeit bleiben, bemerken wir die Seltenheit von Metall, zumindest für die Waffen und gebräuchlichen Werkzeuge. Mit Ausnahme gelegentlicher Ahlen handelt es sich bei den metallischen Gegenständen fast ausschließlich um kupferne oder bronzene Schmuckstücke, Ringe, Plaketten oder Teile von Armbändern. Sie sehen nach billiger Importware aus. Kupferne Dolche wurden ganz oder teilweise in den Dolmen von Kerlagat (Morbihan) und Plozévet (Finistère) gefunden. Gold bleibt selten, aber in der Bretagne ist man im Dolmen von Rondossec bei Plouharnel unter anderem auf goldene Armreifen gestoßen.

Es gibt auch kuriose Funde: beispielsweise dreizehn durchbohrte Oberarmknochen und ein Lendenwirbel, in dem noch die tödliche steinerne Pfeilspitze steckte (Lomède, Lozère), eine bronzene Pfeilspitze in einem menschlichen Schädel (Riner, Spanien), ein Stück Elfenbein (Pépieux, Aude), ein Stück Oberschenkelknochen mit Pfeilspitze (Corlus, Aveyron), das Skelett eines jungen Hundes neben dem einer alten Frau (Exford, Gloucestershire), das Skelett einer Katze (Tinkiswood, Clamorgan), usw.

Wenn wir menschliche Gebeine vermischt mit Gegenständen finden, so steht die Zahl der Gegenstände in durchaus keinem festen Verhältnis zur Zahl der Skelette. Der Dolmen von Menouville (Seine-et-Oise) enthielt beispielsweise etwa 50 guterhaltene Skelette, aber kaum ein Dutzend ungeformter Kieselsplitter und eine ebenso geringe Zahl kleiner Tonscherben. Der Dolmen von Cazale (Tarn-et-Garonne) enthielt menschliche Gebeine vermischt mit Hasenknochen, darüber hinaus aber keine Spur weiterer Gegenstände . . .

Die Gegenstände, die man in den Dolmen fand, stammen allerdings nicht nur aus dem Neolithikum, sondern auch aus späteren Epochen: karthagische Münzen (Ellez, Tunesien), Fragmente iberischer oder griechischer Keramik (Muntant, Espolla, Rosas, El Vilar in Spanien), galloromanische Töpferei (Saint-Gildas-de-Rhuis, Le Net, Morbihan; Cebazac, Concourès, Aveyron), Dachziegel mit Rand (Saint-Priest-la-Feuille, Bénévent, Creuse), römische Keramik (Enstone, Oxfordshire), Eisennägel (Salles-la-Source, Aveyron), ein Schwert aus Bronze (Limogne, Lot), ein eiserner Speer und ein Heller aus der Zeit Ludwigs XIII. (Le Mas-d'Acil, Ariège), römische Münzen (Mané-Rutual, Baden, Arzon, Morbihan) . . .

In manchen Dolmen des Départements Morbihan (Locmariaquer, Baden, Arzon, Saint-Gildas-de-Rhuis u. a.) stieß man auf große Mengen von Bruchstücken weißer Statuetten aus Tonerde. Es handelte sich um Göttinnen aus römischer und galloromanischer Zeit, und ihre Zahl war so groß, daß man sich fragen konnte, ob die betreffenden Dolmen zu dieser Zeit vielleicht als Devotionalienlager benützt wurden. Gegen die Mitte des letzten Jahrhunderts machte Baron von Bonstetten eine bemerkenswerte Entdeckung. Er untersuchte einen Dolmen bei Locmariaquer – er sagt nicht genau, welchen – und stieß zunächst auf Bruchstücke primitiver Keramik und eine Pfeilspitze aus Edelstein und sodann, *sechzig Zentimeter darunter*, auf zwei Terrakotta-Statuen der griechischen Göttin Leto, eine Münze aus der Zeit Konstantins II. und römische Töpferarbeiten. Da keine menschlichen Gebeine zu finden waren, konnte man annehmen, daß vor allem die beiden Statuetten in den entsprechenden Epochen in diesem Dolmen vergraben worden waren. Das müßte mit einer religiösen Absicht geschehen sein.

Trotz ihrer Knappheit erlauben unsere Darlegungen eine Feststellung, die durch weitere Beispiele im wesentlichen nur bestätigt werden könnte: Bei der Benützung der Dolmen wurde kein einheitlicher Zweck verfolgt. Sie waren zu keinem speziellen Gebrauch bestimmt (das nächste Kapitel wird zeigen, was von »Grabdolmen« zu halten ist), und das gilt für den Raum ebenso wie für die Zeit. Es stand im Belieben der Völker und der Epochen, übrigens bis in unsere Zeit, sich der Dolmen für ihre jeweiligen Zwecke zu bedienen. Einige von ihnen dienten und dienen heute noch als Ställe oder als Lagerräume. Wir können daraus den Schluß ziehen, daß die Resultate der Ausgrabungen uns den ursprünglichen Sinn dieser geheimnisvollen Stätten nicht enthüllen.

Prähistorische Gegenstände wurden jedoch nicht nur im Inneren der Monumente, sondern in vielen Fällen, insbesondere bei den spanischen Dolmen in Katalonien, bei Alayrac (Tarn), bei Neuville-Pont-Pierre (Indre-et-Loire), bei Goidel (Morbihan), bei Vauxrézis (Aisne) u. a., in deren unmittelbarer Umgebung gefunden. Direkt neben einem Dolmen von Minerve (Hérault) entdeckte man im letzten Jahrhundert eine ansehnliche Menge von Ziegen- und Schafsknochen sowie ein Steinbeil. Im Dolmen von Sainte-Suzanne (Mayenne) fand man sowohl innen wie auch außen menschliche Schädelknochen, und zwar waren letztere durch genau zusammengefügte Steine hermetisch abgeschlossen. Ausgrabungen von Dolmen bei Algier ergaben innen und außen die gleichen Gegenstände. In der Nähe des Dolmen von Roscoff (Côtes-du-Nord) wurden zu Beginn des 19. Jahrhunderts bronzene Waffen und Steinbeile entdeckt. Insgesamt wurde im Umkreis von Dolmen vermutlich ebenso viel, wenn nicht mehr, gefunden als in ihrem Inneren.

Wir dürfen auch nicht vergessen, daß am Fuße und im Umkreis von Menhiren und verwandten Monumenten ähnliche Gegenstände wie in den Dolmen gefunden wurden. Beispiele dafür sind die Ausgrabungen in den Steinreihen von Manio, die Fortführung derer von Kerlescan bei Carnac oder am Fuß des Menhirs von Clos-la-Ferrîre im Département Orne. Im Kromlech von Kervihan bei Quiberon kamen Terrakottavasen, steinerne Pfeilspitzen, geschliffene Steinbeile u. a. zum Vorschein. In den Steinreihen von Guitté (Côtes-du-Nord) wurden Kohle- und Keramikfragmente gefunden. Paul du Chatelier erwähnt ein Dutzend Menhire in der Gegend von Pont-l'Abbé (Finistère), an deren Fuß Gegenstände ausgegraben wurden, die auch aus Dolmen hätten stammen können. Bei zweien von ihnen wurden sogar die Überreste eingeäscherter Menschen entdeckt. Das gleiche soll bei den Menhiren der Thoury-Ferrottes (Seine-et-Marne) der Fall sein. Ein menschliches Skelett wurde am Fuß des Menhirs von Ecuelles, ebenfalls im Département Seine-et-Marne, ausgegraben. Es war von einer Schicht großer Steine bedeckt. Ungeheuer ergiebig war das Innere des Kromlechs von Er-Lanic im Golf von Morbihan. Dieser Kromlech muß eine Werkstatt für die Bearbeitung von Kieselstein und eine Töpferei enthalten haben, denn in ihm wurden mehr als 15 000 Kieselsplitter, 800 Kilo Keramikfragmente, verbrannte Knochen usw. gefunden. Eine vollständige Aufzählung würde zwei bis drei Seiten füllen. Alles dies wurde 1923 von Le Rouzic zutage gefördert, nachdem bereits 1882 De Closmadeuc an der gleichen Stelle eine beträchtliche Menge ähnlicher Gegenstände ausgegraben hatte.

Damit haben wir fast alles aufgezählt, was im Inneren von Dolmen oder am Fuß von Menhiren zu finden ist. Diese Gegenstände unterscheiden sich in nichts von dem, was aus der gleichen Epoche an anderen Orten gefunden wurde: in Grabgrotten, Behausungen, offenen Grabstätten u. a., in Treilles und Saint-Jean-d'Alcas (Aveyron), Caunes (Aude), L'Homme Mort, Sévérac, Almères (Lozère), Campriac (Dordogne), Châlons-sur-Marne . . . Manche Archäologen veranlaßte diese überraschende Gleichheit der Funde zu dem Schluß, daß es ein »Volk der Dolmen« nie gegeben hat.

SIND DOLMEN GRABSTÄTTEN?

Wer heutzutage eine solche Frage stellt, riskiert, daß sie mit einem Achselzucken beantwortet wird, denn jedes Werk, das dieser Frage nachging, wurde bisher von den großen Prähistorikern unerbittlich abgelehnt. In den Büchern oder Studien, die Megalithbauten behandeln, liest man oft: »Dolmen sind Grabstätten.« Und falls auch nur der geringste Zweifel aufkommt, wird hinzugefügt: ». . . und nichts als Grabstätten.« Diese Worte werden mit einer derartigen Insistenz vorgebracht, daß sie am Ende weniger wie eine wissenschaftliche Aussage wirken, sondern mehr wie ein Glaubensartikel. Wenn Dolmen nichts anderes sein können als Grabstätten, wozu dann insistieren?

Wir sind auch auf Behauptungen folgender Art gestoßen: »Es gibt keinen Dolmen, bei dessen Ausgrabung man keine menschlichen Gebeine gefunden hätte.« Bevor wir nun untersuchen, auf welcher Grundlage diese Behauptung beruht, möchten wir daran erinnern, daß für uns im Begriff des Dolmen weder die Zisten noch die Monumente mit gemauerten Wänden eingeschlossen sind, und zwar auch dann nicht, wenn sie von einer Steinplatte bedeckt sind. Wir wollen hier nur von den echten Dolmen sprechen, wie wir sie definiert und beschrieben haben. Ernsthaft angeschnitten wurde die Frage um 1900 herum. In der Anthropologischen Gesellschaft von Paris war eine Unterkommission zur Erforschung der Megalithbauten gebildet worden, und gegen ihren Richtspruch sollte es keine Berufung geben: »Der Ursprung der Dolmen ist leicht zu bestimmen. Es handelt sich um monumentale Grabstätten, und sie liefern den Beweis dafür, daß die ersten architektonischen Leistungen zur Herstellung von Gräbern dienten.« Darüber ist man seitdem noch nicht hinausgekommen.

Fast alle westeuropäischen Dolmen sind, wie gesagt, zur Zeit bereits untersucht worden. Vielleicht gibt es in schwer zugänglichen Gebieten noch einige unausgegrabene Monumente, aber ihre Zahl ist unerheblich. Gewiß wird man zugeben müssen, daß in einigen Fällen nicht mit der ganzen wünschenswerten Sorgfalt und Methodik vorgegangen wurde, im allgemeinen aber verfährt man schon seit mehr als einem halben Jahrhundert mit der gleichen Gewissenhaftigkeit wie heute. Zumindest was Quantität und Qualität der gefundenen Gegenstände anlangt, sind daher die älteren Ausgrabungsberichte ebenso zuverlässig wie die jüngeren. Wenn wir uns somit auf die Resultate von etwa 100 Jahren Ausgrabungen in Dolmen stützen dürfen, so kommen wir zu dem Schluß, daß nicht *immer* und in *allen* Dolmen menschliche Gebeine gefunden wurden. Ob man will oder nicht, dies ist das eindeutige Resultat der Studien.

Da man daran nicht vorbeikam, suchte man Erklärungen. Zunächst legte man natürlich das Fehlen menschlicher Gebeine, wie das aller anderen Gegenstände, früheren Eindringlingen und insbesondere Schatzgräbern zur Last. Dieses Argument ist völlig unbrauchbar. Wer in einem Dolmen Gold zu finden hoffte, hielt sich gewiß nicht damit auf, Hunderte von Knochen (beim Menschen sind es 208), auf die er vielleicht stieß, wegzuschaffen und auch noch das kleinste Fingerglied und den letzten Zahn mitzunehmen. Nach zwei aufeinanderfolgenden Ausgrabungen im Dolmen von Montguyon (Charente-Maritime) förderte eine dritte Ausgrabung noch immer menschliches Gebein, Steinbeile etc. zutage. Äußerst bezeichnend ist in dieser Hinsicht der Dolmen von Thérondels (Aveyron). Nachdem dieser Dolmen nicht nur durchsucht, sondern auch zerstört worden war, weiß Cartailhac folgendes über ihn zu berichten: »Diese Grabstätte war vor kurzem durchsucht worden, und neben ihr lag ein riesiger Haufen von Knochen, die wie zum Spaß zerbrochen waren. Als wir die Erde aus dem Inneren durchsiebten, fanden wir noch fünf Ohrgehänge aus Gagat in der Form von Eckzähnen sowie einen ähnlichen aus Muschelschale, kleine, perlenförmige Scheiben aus Kadmium, Kalkstein, Schiefer oder Gagat sowie andere aus Knochen; den durchbohrten Eckzahn eines Fuchses, eine Kalksteinplakette mit zwei Löchern, eine längliche Kalksteinperle, eine Schale aus Knochen (Schädelknochen?), die an zwei Löchern aufgehängt werden konnte, vier kleine Perlen und einen kleinen Stiel aus Bronze; eine Pfeilspitze aus Kieselstein. Ein zugespitzter Knochen (Schienbein eines Schafes) diente vermutlich als Lanzenspitze.« Angesichts eines solchen Berichtes dürfte es wirklich schwerfallen, das Fehlen jeder Spuren in einem Dolmen auf vorausgegangene Ausgrabungen zurückzuführen.

Man hat ferner versucht, das Fehlen von Gebeinen durch die Beschaffenheit des Bodens zu erklären, der sie vielleicht allmählich auflöste. Dieses Argument wird am häufigsten vorgebracht, ist jedoch ebenfalls wertlos. Es ist ein »verzweifeltes« Argument. Es gibt nämlich Monumente, die auf dem gleichen Boden errichtet wurden, und in denen man zwar auch keine menschlichen, wohl aber tierische Knochen findet. Überdies hat mancher Dolmen, der keine menschlichen Überreste enthält, einen Nachbarn, in dem sie zu finden sind. Übrigens scheinen sich die Prähistoriker mit dieser Frage vor allem zu Anfang unseres Jahrhunderts auseinandergesetzt zu haben, als man sich intensiv mit der Ausgrabung von Dolmen beschäftigte. In der Prähistorischen Gesellschaft von Frankreich wurde darüber oft und lange debattiert, aber das einzige einleuchtende Resultat scheint gewesen zu sein, daß Knochen sich in der Erde besser erhielten als in Höhlen oder Sarkophagen.

Die Zahl der Monumente ohne menschliche Knochenfunde scheint größer zu sein, als man auf den ersten Blick glaubte. Die von uns durchgeführte Nachforschung ergab, daß in etwa einem Drittel der Dolmen keinerlei menschliche Überreste gefunden wurden. Den gleichen Anteil haben auch die völlig leeren Dolmen; es wären jedoch auch noch die zweifelhaften Fälle zu berücksichtigen.

Kennzeichnend ist folgende Tatsache: Die schönsten und die größten Dolmen enthielten fast alle keine menschlichen Gebeine. Zu ihnen zählen die großen Bauten von Locmariaquer,

Gavrinis, Bagneux, Antequera, Essé usw. Man wird vielleicht einwenden, daß diese Monumente Plünderer mehr gereizt haben als andere. Aber, noch einmal sei es gesagt, dieses Argument ist nicht stichhaltig. Warum sollten die Plünderer in einem Monument noch das kleinste Knöchelchen wegschaffen, in einem anderen, gleichen Monument dagegen drei geschliffene Steinbeile, zwei Vasen, Tierknochen, Werkzeuge aus Quarz und Kieselstein u. a. zurücklassen. Wir müssen erneut betonen: Wenn in einem Dolmen keinerlei menschliches Gebein auszugraben ist, dann hat sich darin auch nie eines befunden. Diese alte Schlußfolgerung war es vermutlich, aus der die Vorstellung vom »Opferdolmen« geboren wurde.

Auf den Scilly-Inseln barg ein Dolmen vier Haufen menschlicher Gebeine, während seine beiden Nachbarn nicht einen einzigen Knochen enthielten. In vier Dolmen auf der Ille-aux-Moines im Golf von Morbihan ist nichts, in einem fünften jedoch ein Fragment zweifelhaften Ursprungs zu finden. Etwa 20 km nördlich der algerischen Stadt Constantine sind in einem Dolmen einzelne Trümmer, in seinen beiden Nachbarn dagegen ist gar nichts zu finden, und zwar aus dem einfachen Grund, weil sie direkt auf den Felsen gebaut sind. Manche werden sagen, das seien keine echten Dolmen. Aber was sollen sie sonst sein? Adrien de Mortillet bekennt, daß er in den Dolmen Korsikas keinerlei menschliche Gebeine fand, und von Capitan erfahren wir, daß sie in denen der Bretagne nur selten anzutreffen sind. Er fügt zwar hinzu: »Aufgrund der Kieselsäure im Boden sind sie nicht erhalten.« Tierische Knochen scheint diese Kieselsäure aber verschont zu haben. Und menschliche auch! In den 200 Dolmen, die er im Département Lozère untersuchte, fand Dr. Prunières immerhin 50 menschliche Schädel . . .
Monumente ohne irgendwelche menschlichen Überreste versetzten die Forscher offenbar in einige Verlegenheit.
»Sonderbarerweise sind hier zwei leere Dolmen anzutreffen, die von ihren Erbauern nicht als Grabstätte für ihre Angehö-

rigen benutzt wurden«, schrieb Cartailhac mit Bezug auf einige Dolmen im Département Aveyron. Und er fährt fort: »Es handelt sich dabei nicht um die einzigen leeren Dolmen, auf die ich hinweisen könnte. Während in dem großen (von Hirten ausgeräumten) Dolmen bei Laumière noch mehrere Gegenstände, zahlreiche Zähne usw. zu holen waren, enthielt der kleine daneben liegende und anscheinend unberührte Dolmen nichts.«

Hinsichtlich der Ausgrabungen in den Dolmen der kleinen bei Bréhat gelegenen Insel Lavret im Département Côtes-du-Nord kann man lesen:

»Obwohl wir in diesen Höhlungen keine Gebeine fanden, haben sie höchstwahrscheinlich als Grabkammern gedient. Das Verschwinden der Gebeine läßt sich sehr leicht damit erklären, daß diese Kammern in früheren Zeiten durchwühlt wurden, vielleicht sogar mehrfach, denn diese großen Granitblöcke blieben gewiß nicht unbemerkt.«

Im Ausgrabungsbericht über sechs Dolmen im Département Haute-Vienne steht nach der Aufzählung der gefundenen Gegenstände der Satz:

»Leider bin ich auf keine menschlichen Überreste gestoßen.«

Mit Bezug auf die Dolmen von Brugeilles im Département Corrèze lesen wir:

»Wir haben hier nur grobe und glatte Bruchstücke von Keramik gefunden, aber keinerlei Knochen. Dabei darf freilich nicht vergessen werden, daß in diesem gneis- und granithaltigen Boden Knochen sich nicht erhalten können . . .«

Zum großen Erstaunen des ausgrabenden Forschers waren in einem Dolmen im Wald von Carnoet (Finistère), in dem vor allem eine goldene und eine silberne Kette entdeckt wurden, keinerlei menschliche Gebeine zu finden. Da er in diesem Fall nicht mit der Hypothese von Schatzgräbern arbeiten konnte, nahm unser Forscher an, daß er in einer schwärzlichen Bodenablagerung das Verwesungsprodukt der Leichen zu erblicken habe.

Angesichts des Dolmen von Saint-Mesmin-le-Vieux im Département Vendée, in dem keinerlei Knochenreste aufzu-

treiben waren, schreibt ein Forscher seufzend: »Diese Grabstätte muß bereits vor sehr langer Zeit ausgeräumt worden
sein.«

Zum »Maison des Korrigans« von Plumelec im Département
Morbihan: »Das Monument schien unberührt zu sein, enthielt aber nur einige Keramikstücke aus grober Tonerde.«

Ein weiterer Forscher nach der Durchsuchung des Galeriegrabes von Kerbors im Département Côtes-du-Nord: »Da die
Bedingungen für die Erhaltung von Gebeinen nicht günstig
waren, ist von den zahlreichen Skeletten, die dieses Monument geborgen haben mußte, fast nichts übrig geblieben.«

In der Umgebung von Tebessa in Nordafrika: ». . . M. de
Boisredon ließ ein Dutzend Dolmen völlig ergebnislos durchsuchen. Die meisten von ihnen stehen entweder direkt auf
dem Felsen oder zumindest auf einer Erdschicht, die nicht
tiefer ist als 40 cm.«

Diese Beispiele ließen sich beliebig vervielfachen. Es gab
auch ungewöhnliche Fälle. Bei der Erforschung eines Galeriegrabes im Département Finistère entdeckte Paul du Chatelier eine Menge menschlicher Gebeine an einer von Steinen
eingegrenzten Stelle außerhalb des Monuments, aber keine
im Inneren. In den fünf oder sechs untersuchten Dolmen der
Ile-aux-Moines wurde unter riesigen Mengen von Keramik-
bruch und verschiedenen Gegenständen nur ein einziger
langer Knochen zweifelhaften Ursprungs gefunden. Da man
andererseits Tierknochen fand, ist das Fehlen menschlicher
Überreste schwer zu erklären.

Auf der ersten Seite einer kleinen, um 1900 veröffentlichen
Broschüre verkündet F. Gaillard, daß Dolmen Grabstätten
seien. Er tut dies recht ausführlich und nachdrücklich, und
man begreift erst später, warum. Er berichtet nämlich von
etwa zehn Dolmen im Département Morbihan, die er untersucht hatte, ohne in ihnen irgendein menschliches Gebein zu
finden!

Ein weiteres Beispiel ist ein Monument auf der Ile d'Yeu, in
dem fünf kleine Meerkieselsteine und 40 Kieselsplitter entdeckt wurden. Dieser reiche Fund an »Grabgegenständen«

(»mobilier funéraire«) soll als Nachweis genügen, daß es sich bei dem fraglichen Monument, in dem wohlgemerkt keinerlei menschliche Überreste gefunden wurden, um ein neolithisches Grab handelte. Paul du Chatelier stieß bei der Untersuchung der Dolmen im Département Finistère auf keinerlei Spuren menschlicher Skelette, aber häufig auf eine Schicht von Asche und Holzkohle, und zog daraus den Schluß, daß die Leichen eingeäschert worden waren.

Die originellste und unseres Wissens einmalige Erklärung ist jedoch die folgende. Sie wurde von einem gewissen Vauville nach der Durchsuchung des Dolmen von Missy-aux-Bois im Département Aisne gegeben. Enttäuscht von der Tatsache, daß es ihm nicht gelungen war, irgendwelche menschlichen Gebeine auszugraben, befand er, daß der etwas verfallene Zustand des Monuments auf die Zeit seiner Erbauung zurückging und die Erbauer schon damals daran gehindert haben mußte, es als Grabstätte zu benützen.

Mit Fakten und Schlußfolgerungen solcher Art könnte man ein ganzes Buch füllen.

Nachdem jedoch effektiv die Dolmen mit menschlichen Gebeinen in der Überzahl sind, haben wir die Frage nach den »Grabdolmen« dennoch zu stellen. Dabei gilt es zunächst, die gängige Vorstellung von einem »Grab« aufzugeben. An sich könnten Dolmen natürlich ohne weiteres derartige Monumente darstellen. Dagegen spricht nichts. Beim Anblick mancher von ihnen, besonders der kleineren, kommt man von selbst auf den Gedanken, es handele sich um eine Art steinernen Sarg oder primitiven Sarkophag. Man könnte sich sogar darüber wundern, daß diese Vorstellung in den volkstümlichen Überlieferungen und Legenden nicht ebenso dominierte wie unter den Wissenschaftlern vor der zweiten Hälfte des 19. Jahrhunderts.

Wenn ein Grabmal gebaut ist, so geschieht das jedoch, um darin einen, zwei, oder mehrere Tote zu bestatten. In den Dolmen müßte man demnach wenigstens ein Skelett in seiner zumindest annähernd anatomischen Konstellation vorfinden. Genau dieser Fall ist jedoch so selten – und unter diesen wenigen Fällen gibt es auch noch zweifelhafte –, daß wir ihn als inexistent betrachten können. Und wenn wir in einem Dolmen einmal zufällig ein intaktes Skelett entdecken, so stammt es nicht aus der Zeit seiner Erbauung. Neben dem Dolmen findet man dann beispielsweise eine Vase mit einer Münze, die das Bild des römischen Kaisers Domitian trägt. Wir werden auf diesen Punkt noch zurückkommen.

Fast immer befinden sich menschliche Knochenfunde in einem derartigen Durcheinander, daß selbst die blasiertesten Prähistoriker ins Staunen kamen. Sie hatten dazu auch wirklich allen Grund. Die Knochen liegen nämlich nicht nur in der denkbar größten Unordnung durcheinander, sondern sie sind auch zerbrochen, manchmal sogar in winzige Stücke. Oft liegen sie in einer kompakten Knochenschicht, in der es unmöglich ist, den einzelnen Knochen einem bestimmten Skelett zuzuordnen. Als wir den Dolmen von Buzeins (Aveyron) aufsuchten, konnten wir feststellen, daß der Boden derart mit Bruchstücken menschlicher Gebeine übersät war, daß man den Eindruck hatte, außer Erde und Kieselsteinen gäbe es hier überhaupt nur diese Knochen. Es ist übrigens kein angenehmes Gefühl, einen solchen Boden zu betreten.

Die in den Dolmen zu findenden Knochen stammen unterschiedslos von Männern, Frauen, Kindern und Alten. Deren Zahl kann bei einem Innenraum von einigen Quadratmetern in die Dutzende gehen. In einem völlig durchschnittlichen Dolmen von Monastier (Lozère) hat man die Reste von 62 Skeletten gezählt, im Dolmen von Brèzé (Maine-et-Loire) waren es 70 und im Falle des Dolmen von Bellas bei Lissabon gar 80 Skelette. Aus den Knochenfunden in einem Dolmen bei Salles-la-Source (Aveyron) konnte man die Zahl von 203 Skeletten rekonstruieren (185 Erwachsene und 18 Kinder), und in dem nur acht Meter langen Dolmen von Montigny-l'Engrain (Aisne) waren es 200, was 25 Skelette pro Meter bedeutet. Bei manchen Monumenten begnügt man sich mit Schätzungen und gibt die Zahl der Skelette nur in Zehnern an.

Es spricht alles dafür, daß dieser Zustand von Anfang an beabsichtigt war. Er ist zu allgemein verbreitet und kann nicht auf natürliche Vorgänge oder auf Tiere zurückgeführt werden. Wir übertreiben keineswegs, wenn wir sagen, daß diese Überreste ganz bewußt in die Dolmen wie auf einen Ablageplatz geworfen wurden. Zitieren wir noch einige andere Berichte von Ausgrabungen in diesen »Gräbern«.

»Die Skelette liegen in großer Zahl und unübersichtlich verteilt; die Schädel befinden sich fast alle im selben Teil des Innenraumes . . . Es handelt sich um die Überreste von 70 Menschen . . .« (Dolmen von Mériel, Seine-et-Oise).

». . . eine sehr große Zahl von Knochen, die aufgrund der schlechten Bedingungen, in denen sie sich befanden, leider alle zerbrochen waren, bildeten eine sehr kompakte Knochenmasse, der wir keinen einzigen intakten Knochen entnehmen konnten.« (Dolmen von Montreuil, Seine-et-Oise).

»Die Erde des Innenraumes enthielt in vollständiger Vermischung die Skelette von 7 verbrannten oder verwesten Menschen verschiedener Altersstufen; selbst ein kleines Kind war dabei. Kein Schädel war unversehrt. Die Knochen waren generell zerbrochen . . .« (Ein Dolmen von Saint-Cézaire, Département Alpes-Maritimes).

Glyn E. Daniel schreibt: »In den Dolmen von Südengland befinden sich die Gebeine nicht nur in einem Zustand der Unordnung und des Durcheinanders, sondern auch der Fragmentierung . . . Das war in allen untersuchten Dolmen zu beobachten. In der Mehrzahl der Fälle kann kein Zweifel bestehen, daß die Knochen von Menschenhand zerbrochen waren . . . In den englischen und wallisischen Dolmen bilden die meisten Gebeine . . . eine ungewöhnlich verworrene menschliche Knochenmasse . . . In diesem noch unberührten Teil des Dolmens war es unmöglich, ein intaktes Skelett in seiner Position zu rekonstruieren . . .«

Der Ausgrabungsbericht über einen Dolmen aus der Umgebung von Algier lautet folgendermaßen: »Auf die Knochen stößt man in einer Tiefe von 0,30 bis 0,35 m unter dem Boden. Die Überreste der Skelette liegen ohne anatomische oder individuelle Relationen wirr durcheinander; Geschlecht, Alter und Größe der Toten sind in diesem Durcheinander von Knochenstücken unmöglich zu bestimmen, und wir haben auch keinerlei Anhaltspunkte dafür, ob die Toten horizontal oder sitzend bestattet wurden.«

Bezüglich einiger Dolmen im Département Morbihan: »Ich war überrascht von der großen Knochenmenge; diese Unordnung war unmöglich natürlichen Vorgängen oder normalen Exhumierungen zuzuschreiben; die Knochen lagen beispielsweise völlig durcheinander, und der Schädel am Fußende des Skeletts . . . Eine Schicht von Steinplatten zerteilte den Innenraum in zwei Etagen, die mit menschlichem Gebein in vollständiger Unordnung gefüllt waren . . .«

In einem zwei Quadratmeter großen Dolmen (Cabris, Alpes-Maritimes) wurden die Überreste von 35 bis 40 Toten gefunden, und aus dem Dolmen von Us im Département Seine-et-Oise wurden die Knochen in Wagenladungen fortgeschafft. Man sieht, Dolmen sind Gräber einer ganz speziellen Art, denn die genannten Beispiele bilden keine Ausnahme. Worsae beschreibt einen Dolmen in Dänemark, der bis zum Deckstein hinauf mit menschlichen Knochen gefüllt ist. Da dieser auf die Knochenmasse zu drücken und sie zu komprimieren schien, könnte man annehmen, das Monument sei zuerst mit gesäuberten und zertrümmerten Knochen gefüllt und der Deckstein dann erst darüber gelegt worden.

Angesichts dieses verwirrenden Durcheinanders läge es nahe, die Vorstellung vom »Grabdolmen« zugunsten der eines »Beinhausdolmen« aufzugeben und, wie das auch geschehen ist, an sukzessive Bestattung zu denken. Diese neue Hypothese ist jedoch nicht überzeugender als die alte. Wenn dem so wäre, dann dürfte in den obersten Schichten kein Durcheinander herrschen. Bei vollständigen Skeletten stoßen wir jedoch fast immer auf Gegenstände aus einer Zeit nach der Erbauung des Dolmen. Ein Beispiel dafür haben wir bereits gegeben, hier noch einige andere:

Ein Dolmen im Département Ardèche enthält das vollständige Skelett eines Mannes und neben ihm eine eiserne Lanzenspitze und ein Stück eines Schildes.

In einem Dolmen im Département Lozère stößt Dr. Prunières auf sechs reguläre Skelette, zugleich aber auch auf eine bronzene Schnalle und eine silberne Nadel . . .

Im Dolmen von Mallow (Cork, England) wurde zwar ein vollständiges Skelett entdeckt, daneben aber lag ein Schwert aus Bronze.

Bei Montélius lesen wir: »In einem Dolmen bei Mammar in der Nähe von Kristianstad fand ich zwei Skelette mit einem Bronzeschmuck, wie er für die frühe Bronzezeit charakteristisch ist. Diese Skelette lagen in den oberen Schichten der Grabkammer; darunter fand ich unverbrannte menschliche Gebeine sowie eine Pfeilspitze aus Kieselstein.«

Mit anderen Worten, sehr viele Dolmen haben ihre »Geschichte« und geben sie demjenigen preis, der sich die Mühe macht, ihre verschiedenen archäologischen Schichten zu studieren. Diese Geschichte besteht vor allem darin, daß sie in den verschiedenen Epochen zwischen der Vorgeschichte und der Geschichte des Menschen mehrfach verwendet wurden; das jedoch hat uns hier nicht zu interessieren. Ein bronzenes Armband oder eine römische Münze geben uns keinerlei Auskunft über den Sinn der Megalithbauten. Was es zu untersuchen gilt, das sind die ältesten Zeugnisse: Aus ihnen erfahren wir vielleicht etwas über die Bestimmung dieser Monumente. Und diese Zeugnisse führen uns zu folgendem:

Eine bestimmte Zahl von Menschen ist in einem Volksstamm gestorben, und die Überlebenden beschließen, einen Dolmen zu bauen. Während der Bauzeit werden die Toten auf natürlichem oder künstlichem Wege skelettiert. Sobald der Dolmen fertig ist, werden die Knochen in kleine Stücke zerbrochen und völlig unterschiedslos, vielleicht mit Hilfe von Schaufeln oder Körben, in die »Krypta« geworfen. Der Kontrast zwischen der Größe des Baues und den Anstrengungen, die er gekostet hat, und die offensichtliche Geringschät-

25 Das Henge-Monument von Avebury (Grafschaft Wiltshire, England) mit Ringwall, Graben und mehreren Steinkreisen (um *1500* v.Chr.)

26 Der Ring von Brodgar, ein kreisförmiger Kromlech auf Mainland, Orkney-Inseln

27   *Stonehenge, nördl. Salisbury (Grafschaft Wiltshire, England)*

zung, mit der die Überreste derjenigen behandelt werden, für die er angeblich errichtet wurde, ist nicht nur überraschend, sondern geradezu unwahrscheinlich. In Wahrheit sollten wir von keinem Beinhaus sprechen, sondern eher von einem Massengrab, und selbst das ist noch eine großzügige Bezeichnung.

Aus den von 80 Skeletten stammenden Knochenmassen im Dolmen von Karleby in Schweden lassen sich nur vier oder fünf Skelette rekonstruieren. Nach dem, was Montélius von den Ausgrabungen berichtet, scheint man die Schädel mit großen Steinen zertrümmert zu haben, die in dieser »Grabstätte« noch vorhanden waren. Häufig wurden die Knochen später in einer Seite des Dolmen aufgehäuft, um Platz für andere zu machen. Manchmal, beispielsweise in Skandinavien, wurden die Gebeine auch herausgeschafft und außerhalb des Monuments aufgehäuft. Dies ist auch bei Port-Blanc (Côtes-du-Nord) der Fall: Neben zwei Dolmen voller Knochenmassen erhebt sich ein Menhir, an dessen Fuß ebenfalls Haufen von Knochen entdeckt wurden.

Die menschlichen Überreste befinden sich jedoch nicht immer und überall in einem derart extremen Durcheinander. In einem schwedischen Dolmen liegt ein Schädel über dem anderen, und in einem anderen Dolmen des gleichen Landes fand man in einer Ecke die Schädel, daneben die Wirbel usw. Beim Transport der Gebeine zu den Dolmen scheint man auch manchmal einige zurückgelassen oder unterwegs verloren zu haben. Manchmal sind nur Schädel zu finden, oder es fehlen die Oberschenkelknochen. Im Dolmen von Epone im Département Seine-et-Oise waren bei schätzungsweise 60 Toten nur 58 linke Oberarmknochen und zwölf Schädel zu zählen. Sehr oft wurden nur die Zähne aufbewahrt. Es fällt schwer, bei all dem an einen Totenkult zu glauben.
Hören wir, was Dr. Prunières, dem begeisterten Erforscher der Dolmen des Département Lozère, zustieß:
»Einige Tage später durchsuchte M. Prunières auf der Hochebene von Marconnière einen weiteren Grabhügel samt

Dolmen. Nachdem er einen Meter Kies und die Schichten entfernt hatte, die in den Dolmen der Lozère die Knochenschicht bedecken, bot sich ihm ein sehr bezeichnender Anblick. Bei großen Unwettern war das Wasser unter die Steinplatten geflossen und hatte die Erde herausgespült. Als diese Platten entfernt wurden, hatte man eine Art riesiges Schachbrett vor Augen. Dessen unregelmäßige Felder wurden entweder von weißen Knochen gebildet, die nie mit Feuer in Berührung gekommen waren, oder aus schwarzgebrannten Knochen, die wie Pechkohle leuchteten. Über all diesen Knochen lagen drei schöne Lanzenspitzen aus geschliffenem Kieselstein . . . Im ersten Abschnitt des Monuments befanden sich fünf Schädel, die nicht verbrannt waren, die aber mit Knochenfragmenten gefüllt waren, von denen ein Teil mit Feuer in Berührung gekommen war . . . Der zweite Abschnitt des Innenraumes glich dem ersten optisch wie inhaltlich, aber im dritten befanden sich nur noch verbrannte Knochen, die sehr hart und fragmentiert waren. Nach M. Prunières Schätzung handelte es sich bei letzteren um einen Rauminhalt von 40 bis 60 Litern . . .«

Wir wollen es dem Leser überlassen, aus diesen merkwürdigen Entdeckungen seine Schlußfolgerungen zu ziehen.

Wir haben von Knochen gesprochen, die Spuren von Feuer tragen. Dieser Fall ist so häufig, daß wir ihn gesondert untersuchen müssen. Es handelt sich nicht um Einäscherungen, denn die Knochen sind nur angebrannt, und sie liegen außerdem neben Knochen, die mit keinem Feuer in Berührung kamen.

Selbstverständlich hat man eine Erklärung gesucht und auch gefunden: Wenn ein Dolmen geöffnet wurde, um neue Gebeine aufzunehmen, so verbreitete sich ein Geruch, der den Steinzeitmenschen unangenehm in ihre empfindlichen Nasen drang. Also zündeten sie ein Feuer an, um die Luft zu reinigen.

»Ähnliche Feuerspuren sind übrigens an fast allen Galeriegräbern im Seine-Becken zu beobachten«, schreibt Adrien de

Mortillet. »Sie sind nicht, wie manchmal angenommen wurde, Hinweise auf Einäscherungen oder auf einen Leichenschmaus. Es handelt sich einfach um die Spuren des Feuers, mit dem die Luft in den Grabkammern gereinigt und erneuert wurde, bevor man neue Leichen hineinlegte.«

Angesichts dieser zersplitterten und angebrannten Knochen sind manche auch auf die Idee gekommen, sie seien hier Menschenfressern auf der Spur. Diese Hypothese wurde natürlich leidenschaftlich bekämpft von den Prähistorikern, die im Gegenteil eher dazu neigten, uns idyllische Bilder des Lebens der Bauern und Hirten im Neolithikum zu malen. Dennoch stößt man hier auf höchst beunruhigende Fakten. Folgendes kann man beispielsweise über die menschlichen Gebeine lesen, die in einem Dolmen in der spanischen Estremadura gefunden wurden:

»An einigen Oberarm- und Oberschenkelknochen sind Spuren von Einschnitten zu sehen. Die meisten Knochen sind der Länge nach gespalten, eine nicht geringe Anzahl aber auch quer.«

Wir vermuten, daß ebenso signifikante Funde auch gegen Ende des letzten Jahrhunderts zur Zeit der großen Ausgrabungen in den Dolmen gemacht, aber willkürlich mit Stillschweigen übergangen wurden. Ähnliche Fakten sind zu entdecken, wenn man seine Untersuchungen innerhalb der gleichen Epoche auf andere Orte ausdehnt. In der Grotte von Montesquieu (Ariège) lagen menschliche Gebeine vermischt mit tierischen. Die einen wie die anderen waren regelmäßig in der gleichen Weise aufgebrochen und trugen Rillen oder Einschnitte. Bei Cheveau in Belgien wurden die Gebeine von Jugendlichen und Frauen ausgegraben. Alle Knochen, die Mark enthalten konnten, waren zerbrochen, manche von ihnen der Länge nach gespalten und angebrannt. Cartailhac war vermutlich schockiert von der Vorstellung, unter seinen Vorfahren könnten Kannibalen gewesen sein, und beschränkte sich auf die Bemerkung, daß die fraglichen Knochen, die ihm vor Augen lagen, ihn nicht überzeugt hätten. Er ließ sich bekanntlich nicht leicht überzeugen. Die Höhlenmalereien von Altamira sind ein Beweis dafür.

In den Grotten eines Tales im Département Marne (Petit Morin) wurden dreieckige Kiesel gefunden. Die schärfste Kante dieser Kiesel war ihre Basis. Schneidewerkzeuge dieser Art wurden oft gefunden: Sie steckten in der *Innenseite* menschlicher Wirbel. Mit anderen Worten, um in dieser Position in den Körper eines lebenden oder toten Menschen zu gelangen, hätte sie mit der Spitze nach hinten den gesamten Bauch durchdringen müssen. Es ist äußerst wahrscheinlich, daß dies nicht mit lebenden, sondern mit toten Menschen gemacht wurde. Aber wozu?

Verständlicherweise wurde von religiösen oder gar chirurgischen Praktiken gesprochen. Man denke nur an die gelegentlich, besonders in der Lozère nicht einmal selten, durchgeführten »Schädeloperationen«. In manchen Dolmen (Pariser Becken, Us, Ménouville, Epone etc.) wurden auch recht häufig Schädel gefunden, die Spuren von Eingriffen trugen. Es handelt sich um runde Löcher, die nicht unabsichtlich entstehen konnten. Aber wann wurden sie gebohrt? In die Köpfe lebender Menschen? Die Ränder der Löcher lassen sehr oft erkennen, daß der Knochen angefangen hatte weiterzuwachsen, was darauf hinweisen könnte, daß diese Trepanierung an Kindern ausgeführt wurde. Zu welchem Zweck? Wollte man oder versuchte man, auf künstliche Weise Verrückte zu erzeugen, die man als übernatürliche Wesen betrachtete? Man wagt es kaum zu denken, aber vielleicht war es eine eher religiöse als therapeutische Operation. Man hat sogar die Tonsur der Priester als ein Relikt davon betrachtet.

Wie dem auch sei, die weitaus meisten Schädeldurchbohrungen wurden nach dem Tod durchgeführt. Schließlich sind und waren die Krankheiten, die eine solche Operation erfordern, selten, und es scheint uns wahrscheinlicher, daß die betreffenden Löcher dazu dienten, den Schädeln – gleich, ob es sich um lebende oder tote Menschen handelte – das Gehirn zu entnehmen. Steinzeitmenschen dürften mit den Leiden eines besiegten Gegners wenig Mitleid gehabt haben. Wir dürfen nicht vergessen, daß Amulette aus Schädelkno-

228

chen getragen wurden. Es sind kleine Scheiben mit einem Durchmesser von etwa 3 cm, die aus Schädeln herausgeschnitten und mit einem Loch versehen wurden. Man nimmt an, daß diese Amulette von den meist bereits durchbohrten Schädeln toter Menschen stammen.

Wir sind der Meinung, daß die Anzeichen für Kannibalismus, die wir in den Dolmen finden, nicht so überraschend wären, wenn sie eine allgemeinere Bestätigung fänden. Es wäre auffallender, wenn sie völlig fehlten. Jedenfalls läßt der Zustand, in dem wir in den Dolmen die menschlichen Gebeine antreffen, eher an solche Praktiken glauben als an einen Totenkult.

Wir haben nicht die Absicht, aus all dem endgültige Schlüsse zu ziehen, sondern sind der Meinung, daß man noch weit davon entfernt ist, den Zweck der Dolmen genau bestimmen zu können. Die Spuren von Feuer, das Durcheinander der zerbrochenen und angehäuften Knochen, das alles läßt sich schlecht erklären. Die Hypothese sukzessiver Bestattungen scheitert an den Dolmen, deren Boden im Inneren mit einer Steinplatte bedeckt ist (Gavrinis, le Mané-Lud, Kerveresse, Le Bernard u. a.). Im Falle von Saint-Cézaire (Alpes-Maritimes), Lanuéjols (Lozère), Karleby (Schweden) u. a. finden wir die menschlichen Gebeine vermischt mit tierischen. Es gibt auch zahlreiche Dolmen mit menschlichen Gebeinen, in denen jedoch keinerlei sonstige Gegenstände zu finden sind. Die Hypothese des »Beinhaus-Dolmen« ist ihrerseits unvereinbar mit der Tatsache, daß wichtige Skelett-Teile, beispielsweise Schädel, oft oder gar regelmäßig fehlen.

Schließlich ist auch die Kategorie der Dolmen zu berücksichtigen, die unmittelbar auf Naturfelsen gebaut wurden. Wir haben bereits auf sie hingewiesen. Sie sind überall verstreut, am häufigsten jedoch im Département Ardèche. Bei diesen Dolmen war eine Erdbestattung der Toten von vornherein ausgeschlossen. Aber, so wurde eingewendet, diese Dolmen lagen früher gewiß einmal unter einem Grabhügel und bildeten damit eben doch eine »Grabkammer«. Man muß einige dieser Dolmen gesehen haben, um den geringen Wert dieses Argumentes zu erkennen. Auf felsigem Boden, wo ziemlich wenig Erde zu finden ist, hätte der Grabhügel nur aus Kieselsteinen gebildet werden können, und in manchen Fällen sieht man davon nicht die geringste Spur.

Zum Schluß möchten wir noch darauf hinweisen, daß die Dolmen nicht der einzige Ort waren, wo menschliche Gebeine in dieser recht merkwürdigen Weise untergebracht wurden. Die Menhire dienten dem gleichen Zweck, aber an ihrem Fuße sind bisher noch sehr wenig Ausgrabungen durchgeführt worden. Die Arbeiten von Paul du Chatelier haben wir schon erwähnt und möchten nun noch einen Passus zitieren, den Frémlinville zu Anfang des letzten Jahrhunderts geschrieben hat:

»Die Menhire sind die häufigsten unter den keltischen Monumenten, die sich bis in unsere Zeit erhalten haben. Daß sie fast immer ein Hinweis auf Grabstätten sind, ist durch viele Ausgrabungen bewiesen worden. Bei Ausgrabungen im Umkreis eines Menhirs der Gemeinde Plouhinec fand ich in sechs Fuß Tiefe menschliche Wirbel und Zähne; kleine, weißliche, in der Form und Größe von Oliven geschliffene Steine, die alle durchbohrt waren und daher früher vermutlich eine Halskette bildeten; und schließlich eines jener Steinbeile, auf die man so oft unter keltischen Monumenten stößt und die in fast jedem Kuriositäten-Kabinett zu finden sind. Am Fuße eines anderen, in der Nähe des Berges Ménébrée bei Guingamp, aufgestellten Menhirs fand einer unserer Kollegen, M. Baudouin-Maisonblanche, bei seinen Ausgrabungen mehrere menschliche Schädel. Von M. Pelletier erfahren wir, daß man im Jahre 1710 unter einem ähnlichen Monument in der Nähe von Quimper in einem groben Tongefäß elf Totenschädel fand.«

Den »Keltomanen« verdanken wir also gelegentlich, wie man sieht, recht interessante Hinweise.

Man hat die Dolmen als »Megalithgräber«, »megalithische Grabstätten«, »Burial Chambers« u. a. bezeichnet und ihren

Innenraum »Grabkammer« oder »Krypta« genannt. Was die gefundenen Gegenstände betraf, so hatten sie oft als »Bestattungsgerät« (mobilier funéraire) zu gelten, auch wenn es sich nur um einige Scherben oder Splitter handelte. Dieses pompöse Vokabular hatte die Aufgabe, die Realität zu verschleiern, denn diese entsprach durchaus nicht dem, was wir uns vorstellen, wenn wir diese Worte hören oder lesen.

Man hat das, was sich in den Dolmen anscheinend abgespielt hat, mit dem verglichen, was auf unseren Friedhöfen geschieht, wo die Totengräber die alten Gebeine wegschaffen, um für neue Bestattungen Platz zu machen. Über diesen Vergleich kann man nur lächeln. Denn unseres Wissens fällt es diesen Totengräbern nicht ein, die Knochen in kleine Stücke zu hauen, Schädel mit Fingerknöcheln zu füllen oder gar einige Knochen übers Feuer zu halten und andere wieder nicht. Überdies wurden die Dolmen keineswegs ausgeräumt, sondern im Gegenteil weiter gefüllt, manchmal bis an den Rand. Worum es hier ging, das war der verzweifelte Versuch, die Vorstellung vom »Grab-Dolmen« um jeden Preis zu retten, und sei es auch um den Preis der Lüge oder der Lächerlichkeit.

Unser Begriff des Grabes läßt sich auf die Realität des Dolmen nicht anwenden, da ist nichts zu machen. Menschliche Überreste wurden zwar in diesen Monumenten untergebracht, aber nichts weist darauf hin, daß dies in der Absicht geschah, die Toten zu ehren. Man könnte den Eindruck haben, daß sie im Gegenteil eher beleidigt werden sollten.

DIE STEINZEICHNUNGEN

Schon sehr früh hat man die in die Eingangssteine der Megalithbauten eingeritzten Zeichen und Zeichnungen bemerkt.
Sie sind nicht immer leicht erkennbar, und wer nichts von
ihnen weiß, geht an ihnen vorüber, ohne sie zu sehen. Im
übrigen sind viele von ihnen erst vor kurzer Zeit entdeckt
worden, und es gibt sicher noch viele weitere zu entdecken.
Diese Steinzeichnungen sind von großer Vielfältigkeit. Die in
den spitzbogigen Tragstein der Table des Marchands eingeritzten haben wir bereits kennengelernt. Wir wollen nun
noch einige andere betrachten, ohne allzu sehr ins Detail zu
gehen, denn um sie zu klassifizieren und zu beschreiben,
wäre ein eigener dicker Band vonnöten.
Wir möchten die eingeritzten Zeichen in zwei Kategorien
einteilen. Zur ersten Kategorie rechnen wir diejenigen, deren
Interpretation zu keinem Zweifel Anlaß gibt, d. h., die mit
einem Maximum an Wahrscheinlichkeit interpretiert werden
können. In die zweite Kategorie gehören dann alle Zeichen,
für die wir nach dem gegenwärtigen Stand unserer Kenntnisse keine Erklärung besitzen.
Die erste mit Gewißheit identifizierbare Form ist die der
Schlange. Sie findet sich an der Basis eines der Tragsteine
von Gavrinis und am Fuß des großen Menhirs der Steinreihen von Manio, in denen sich die von Kermario fortsetzen.
Man hat weitere Darstellungen der Schlange entdeckt, aber
sie besitzen nicht die gleiche Deutlichkeit wie die hier genannten. Die Schlangenformen von Gavrinis und Manio
sind, wie sich das gehört, von einigen Prähistorikern bestrit-
ten worden, aber man muß schon entweder nie eine
Schlange gesehen haben oder von zu viel Kritiksucht befallen
sein, um an den Steinen nicht auf den ersten Blick das Bild
dieses Reptils zu identifizieren. Das Zeichen hat im übrigen
nichts Ungewöhnliches. Die Schlange wurde von vielen Völkern der Antike verehrt und konnte ohne weiteres ein »To-
tem-Tier« der Stämme im Gebiet von Morbihan sein. Der

Luftaufnahme von Stonehenge

29 *Stonehenge: Innenansicht mit Trilithen und Blue-Stones*

30 *Stonehenge: Trilithe und liegende Steine*

31 *Ein Trilith von Stonehenge: Zwei aufrecht stehende Steine, verbunden durch eine horizontale Auflage*

32   *Der Verbindungsstein des Trilithen 55/56 mit den beiden Zapf-löchern*

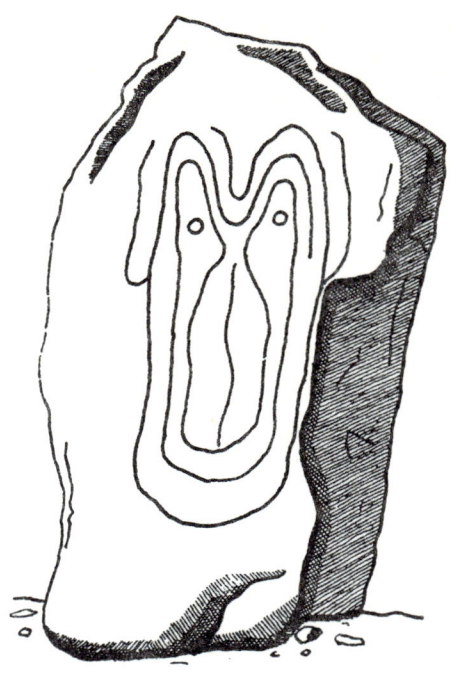

Der »Tintenfisch von Lufang«

Dolmen von Bryn Celli Du (Anglesey, Wales) trägt ebenfalls
schlangenförmige Zeichen.

Die zweite, mit Sicherheit identifizierbare Eingravierung ist
der »Tintenfisch von Lufang«, der so heißt, weil er in einen
der Tragsteine des gekrümmten Galeriegrabes von Lufang in
der Gemeinde von Crach (Morbihan) eingeritzt ist. Wie auf
unserer Zeichnung zu sehen ist, handelt es sich um eine aus-
gesprochen stilisierte Darstellung, in der die Fangarme als
Rahmen dienen. Neben den Tintenfisch von Lufang lassen
sich andere Eingravierungen stellen, die ebenfalls an gekrümmten Galeriegräbern zu finden sind (le Rocher, le Lizo,
Tachen-Paul, also nicht weit vom Meer entfernt). Man hat
diese Figur mit dem gleichermaßen stilisierten mykenischen
Tintenfisch verglichen, und dieser Vergleich scheint uns ge-

233

rechtfertigt. Auf die in die Pierres Plates eingeritzten Zeichnungen werden wir noch einmal zu sprechen kommen und halten uns im übrigen an das unbezweifelbare Beispiel des Tintenfisches von Lufang, der ebenfalls ein Totemtier darstellen könnte. Die Schlange und der Tintenfisch wären demnach die einzigen Darstellungen von Tieren, die auf Megalithbauten mit Sicherheit identifizierbar sind.

Eine weitere erkennbare Eingravierung ist das Bild eines stiellosen Beils. Allein am Dolmen von Gavrinis sind davon mehr als 30 zu zählen. Man findet es auch an dem von Mané-Lud und an zwei Menhiren des Kromlechs von Er-Lanic. Das Zeichen des Beils ist ferner eingeritzt in die Dolmen von Marly-le-Roi und Aubergenville (Seine-et-Oise), von Fontenille bei der Grosse Perotte, von Villa Pouçade Aguiar (Alvao, Portugal) und anderswo. Es ist wahrscheinlich das am weitesten verbreitete Zeichen.

Die Umrisse von Beilen, dieses Mal mit Stiel, hat man auch – zumindest mit einiger Wahrscheinlichkeit – in den Eingravierungen von Mané-Kerioned bei Plouharnel (Morbihan) (Abb. a) entdeckt. Diese Art von Eingravierungen steht vielleicht in einem Zusammenhang mit Zeichnungen an der Decke der Table des Marchands (Abb. b), die an einen Pflug erinnern.

Die Sonne finden wir in der Form einer Scheibe dargestellt, von der Strahlen ausgehen (Table des Marchands, Mané-Lud), oder auch in der Form des Sonnenrades (Dolmen von Petit-Mont bei Arzon, Morbihan) (Abb. d). Zu erwähnen ist auch die Sonnenscheibe an dem großartigen Menhir von Bulhoa (Portugal), deren Strahlen an Auswüchse erinnern, wie sie bei einer totalen Sonnenfinsternis zu sehen sind. In den Einritzungen an den Dolmen von Kerveresse und Mané-Lud bei Locmariaquer (Abb. c) glaubt man Schiffe erkennen zu können. Recht ähnliche Zeichen findet man auch auf den Decksteinen der Dolmen von Kirke Stillinge und Herrestrup in Dänemark sowie auf zahlreichen anderen skandinavischen Monumenten.

Unter den leicht interpretierbaren Zeichnungen gibt es auch

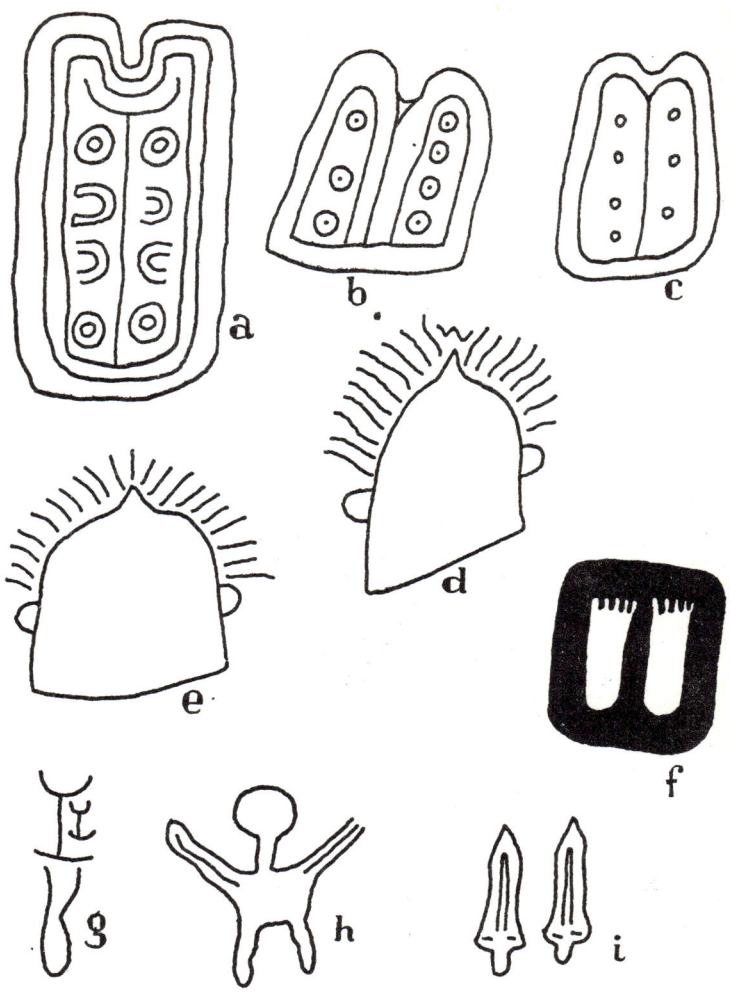

Verschiedene Steinzeichnungen

recht sonderbare; wir möchten vor allem auf das »Paar Füße«
am Dolmen von Petit-Mont im Département Morbihan hinweisen (Abb. f). Man hat angenommen, daß diese Füße einen
liegenden Körper, vielleicht den in den Grabhügel gelegten,

repräsentieren. Den liegenden Leichnam durch die Umrisse seiner Fußsohlen zu symbolisieren, wäre eine recht originelle Darstellungsweise. Es muß jedoch dem Leser überlassen bleiben, welchen Wert er dieser Erklärung zubilligt. Ein Zweifel daran, daß es sich wirklich um menschliche Füße handelt, ist jedoch ausgeschlossen. Im übrigen finden sich ähnliche Einritzungen an Naturfelsen bei Roch-Priol auf der Halbinsel Quiberon, bei Lorrez-le-Bocage und Nanteau (Seine-et-Marne), bei Grimentz in der Schweiz und auf einem Menhir bei Plogouvelin (Finistère). Sie sind auch auf einer Plastik im Museum von Blois zu sehen, und am Dolmen von Commequiers (Vendée) fanden wir eine ausgekratzte Stelle, die an einen Kinderfuß erinnert.

Zu erwähnen sind schließlich noch die 25 Kreuze und 130 Blütenbecher, die wir neben Rillen, die vielleicht von Menschenhand eingeritzt wurden, auf dem Deckstein des Dolmen von Saint-Michel-de-Llotes in den Ostpyrenäen finden. Es ist jedoch nicht zu sagen, ob es sich bei diesen Kreuzen um christliche Zeichen oder um extrem stilisierte Darstellungen des Menschen handelt. Das gleiche gilt von den 32 in den Menhir von Mazeyrac im Département Lozère eingeritzten Kreuzen.

Die Zeichen, deren Interpretation außer Zweifel steht, sind jedoch bei weitem in der Minderzahl. Ihnen steht eine Menge anderer Darstellungen gegenüber, deren Sinn uns rätselhaft geblieben ist. Man könnte meinen, daß zumindest einige von ihnen auch für die Menschen, die sie in den Stein ritzten, keinen Sinn hatten. Einige aber kehren immer wieder. Sie mußten sich also auf irgend etwas beziehen, aber wir zögern, uns auf eine der Möglichkeiten festzulegen, die sich anbieten.

Die Steinzeichnungen am Dolmen von Gavrinis sind bekannt. In ihrer ornamentalen Gesamtheit bilden sie zweifellos das Meisterwerk der megalithischen Kunst. Daß es sich um ein rein dekoratives Motiv handelt, scheint daraus hervorzugehen, daß ein in Stil und Form identisches auf einer

Terrakottavase aus dem Dolmen von Conguel bei Quiberon gefunden wurde. Es ist auch auf dem (mit einer falschen Kuppel versehenen) Dolmen von New Grange bei Droggheda in Irland zu sehen. Auf dem letzteren Monument ist der Stil jedoch »spiralenförmiger«.

Bei den Einritzungen von Gavrinis handelt es sich um reine Ornamente. Die Tatsache, daß sie an manchen Tragsteinen die gesamte erreichbare Oberfläche bedecken, scheint dies zu bestätigen. In einer der absonderlichsten Erklärungen dagegen wird behauptet, die Zeichen seien ganz einfach Nachbildungen von Fingerabdrücken; der Dolmen sei die Behausung eines Wahrsagers gewesen, der aus den Handlinien die Zukunft vorherzusagen wußte. Es trifft allerdings zu, daß die Ähnlichkeit mit Fingerabdrücken auf den ersten Blick ins Auge springt. Mérimée hat sie mit Tätowierungen der polynesischen Maori verglichen, was ebenfalls zutreffend ist, und der bereits erwähnte Menhir von Bulhoa in Portugal scheint früher einmal vollständig mit Eingravierungen im Stil von Gavrinis bedeckt gewesen zu sein.

Wir nehmen an, daß viele eingravierte Zeichen, wie etwa die von Gavrinis, des Menhirs von Bulhoa, der Table des Marchands u. a. (bezüglich des letzteren haben wir dies bereits erwähnt), darauf angelegt waren, bei schräg einfallendem Licht gesehen zu werden. Vielleicht geben diese geheimnisvollen Zeichen eine Bedeutung preis, wenn man sie, wie wir das für nötig halten, unter diesem Aspekt studiert. Die Entdeckung des eingravierten Schwertes von Stonehenge sollte in diesem Punkt eine Lehre sein*. Solange man allerdings davon ausgeht, daß Dolmen ursprünglich unter Grabhügeln lagen . . .

Hier müssen wir nun ein Bekenntnis ablegen, und glauben, daß der Leser es uns danken wird. Gavrinis liegt unter einem Grabhügel. Und in diesem einen Fall wären auch wir dafür,

---

* Erst im Jahre 1956 wurde im Licht der untergehenden Sonne an einem Tragstein dieses berühmten Monuments ein eingraviertes Schwert entdeckt. Bis dahin war es Hunderttausenden von Besuchern entgangen. (Vgl. Kapitel IV.)

dieses Monument unter seiner Hügeldecke zu belassen. Man wird verstehen, warum. Es geht darum, seine großartigen Ornamente zu bewahren, die eines Tempels würdig wären. Hat dieser Dolmen von Anfang an unter einem Grabhügel gelegen? Wir wissen es natürlich nicht. Während der Französischen Revolution und der napoleonischen Herrschaft hat er lange Zeit Deserteuren als Zufluchtsort gedient, und sie waren es vielleicht, die sein Inneres wohnlicher gestaltet haben. Wie dem auch sei, wir halten es jedenfalls für wünschenswert, daß seine wertvollen Eingravierungen vor Witterungseinflüssen geschützt werden, selbst wenn dies durch einen Grabhügel geschieht. Aber wie viele Monumente auf der Welt lassen sich mit Gavrinis vergleichen?

Wir halten es für fraglich, ob in den Steinzeichnungen der Pierres Plates ein stilisierter Tintenfisch zu sehen ist, denn er trägt keinerlei Ähnlichkeit mit dem von Lufang (Abb. a, b, c). Vor allem ist die Zahl der kreisförmigen Vertiefungen, in denen die Augen zu sehen wären, selbst dann zu hoch, wenn man annimmt, es handele sich um ein Bild mit zwei stilisierten Tintenfischen. Das Zeichen kehrt mehrfach wieder; wir meinen daher, daß es sicher einen Sinn hatte und kein rein dekoratives Motiv war. Auch hier haben manche der Phantasie freien Lauf gelassen. Einmal sah man in ihnen die Umrisse von Ohrringen der arabischen Tuareg, ein andermal brachte man sie mit der griechischen Geschichte in Verbindung und wollte in ihnen die sieben Führer von Theben erkennen . . .

Einem eingeritzten Zeichen, das auf den Dolmen im Département Morbihan sehr häufig zu finden ist, hat man die Bezeichnung »Wappenschild« gegeben (Abb. e, d). Es hat die Form eines Schildes, dessen Spitze nach oben weist, und der im allgemeinen mit Griffen an beiden Seiten versehen ist. Übrigens scheinen die Sonne und die Kornähren auf der Table des Marchands zu einer Zeichnung dieser Art zu gehören. Man hat darin auch die Darstellung einer Hütte gesehen und die obere Erhöhung als Rauchfang interpretiert. In Analogie zu den Menhir-Statuen in Südfrankreich haben man-

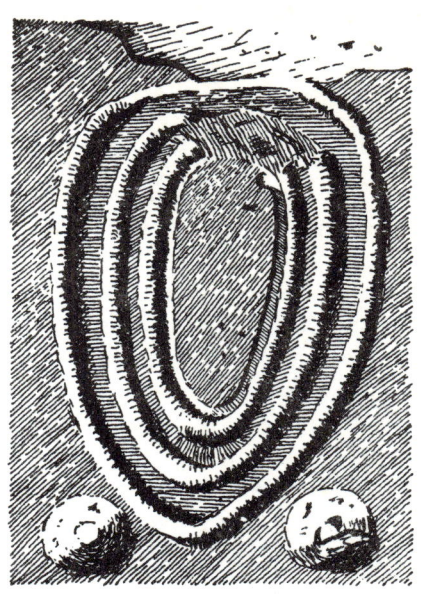

Steinzeichnung auf einer Platte des Dolmens von Aveny
(Seine-et-Oise)

che auch an menschliche Figuren gedacht. Die Zahl der Interpretationen ist hier fast so groß wie die der Menschen, die sie studiert haben. Gut erkennbare Wappenschilder findet man vor allem an den Dolmen (mit falscher Kuppel) der Ile-Longue bei Baden (Morbihan). Die Identifizierung dieses Zeichens als Schild scheint uns um so wahrscheinlicher, als manche andere Zeichen an einen Bogen erinnern.

Eine noch merkwürdigere Steinzeichnung wurde auf einigen Dolmen im Département Seine-et-Oise, nämlich im Falle von Aubergenville, La Bellehay und Aveny, entdeckt. Wir haben versucht, mittels der obigen Abbildung eine Vorstellung davon zu vermitteln. Natürlich hat man sich lange gefragt, was dieses Zeichen wohl bedeuten könne. Jemand kam auf den Gedanken, es könnte sich um eine weibliche Vulva handeln, wobei dann die beiden unteren Kugeln als männliche Symbole zu verstehen wären. Andere wiederum wollten darin das Gesicht und die Brüste einer Frau sehen, obwohl Augen, Nase und Mund fehlen. Die konzentrischen Wülste sollten dann nicht als Halsketten aufzufassen sein, sondern als Falten eines Stoffes, der nach heute noch in manchen orientalischen Ländern praktizierter Art das Gesicht umhüllt. Man hat auch versucht, hier eine derart stilisierte Darstellung der weiblichen Gottheit zu sehen, von der später noch die Rede sein wird, daß man von einer »kopflosen« Frau sprechen könnte, von der nur Brüste und Halsketten dargestellt sind. Déchelette setzte diese Zeichen mit denen auf sardischen Menhiren gleich, was uns jedoch ein wenig gewaltsam erscheint. Wir wollen es phantasievollen Betrachtern überlassen, sich weitere Erklärungsmöglichkeiten auszudenken. Die Zeichen am Dolmen von Dampmesnil (Eure) könnten zur Not mit denen von Aveny in Verbindung gebracht werden.

»Spazierstöcke« (Abb. e) finden wir in den Dolmen von Lizo (Carnac) und vor allem von Mané-Rutual (Locmariaquer) eingeritzt. Am Dolmen von Mané-Kerioned (Plouharnel) ist auch ein Hörnerpaar, das Zeichen der ägyptischen Göttin Hathor (Abb. f), zu erkennen. Was die Zeichen betrifft, die man in keinerlei Richtung zu interpretieren weiß, glaubt man bei den wichtigsten Dolmen im Département Morbihan fast überall etwas von ihnen wahrzunehmen. Unsere Abbildungen g und h sind Beispiele dafür. Viele von ihnen sind nicht mehr deutlich zu erkennen und wirken unvollständig. Angesichts von Einritzungen wie den oben genannten ist es jedoch gestattet, sich zu fragen, ob ihr Urheber mit ihnen überhaupt etwas darstellen wollte. In manchen glaubte man eine Art von Kataster-Skizzen oder Landkarten erkennen zu können, während andere, ebenso unverständliche, als Zeichen eines Alphabets interpretiert wurden. Wir stünden demnach vor einer prähistorischen Schrift, die zu entziffern wäre. Diese Hypothese ist an sich keineswegs widersinnig, wenn es möglich wäre, diese »Schriftzeichen« an einer größeren Anzahl von Dolmen zu entdecken.

Verschiedene Steinzeichnungen

Was bei der Gesamtheit der Einritzungen in Megalithbauten besonders auffällt, ist die Seltenheit menschlicher Körperformen. Man glaubte, sie in extremer Stilisierung erkennen zu können, aber hier scheinen Zweifel angebracht. Eine Eingravierung am Dolmen von Soto in Andalusien ließ beispielsweise an »Mutter und Kind« denken (Abb. g). Diese Interpretation konnte sich auch darauf stützen, daß in der Nähe die Skelette einer Frau und eines Kindes gefunden wurden. Wenn man jedoch von einem solchen Grad von Abstraktion und Stilisierung ausgeht, so lassen sich menschliche Formen in sehr viele Zeichen hineininterpretieren. Auch an den Tragsteinen von Dolmen in der Provinz Beira in Portugal will man menschliche Körperformen erkannt haben. Die Menhirstatuen, ausgenommen die auf Korsika, lassen sich bei genauerem Hinsehen ebenfalls in dieser Richtung interpretieren. Die Darstellungen von Männern oder Frauen, um die es sich dort in den meisten Fällen wahrscheinlich handelt, erscheinen derartig deformiert und geradezu karikiert, daß sie fast nichts Menschliches an sich haben. Man könnte meinen, die Menschen der Megalithkultur hätten sich vor der Darstellung des Menschen gescheut. Und wenn, wie das manchmal vorkommt, kein Zweifel möglich ist, dann geht aus daneben liegenden Einritzungen (Abb. h und i) deutlich hervor, daß sie nicht aus der Zeit stammen, in der die Dolmen gebaut wurden.

Vermutlich gibt es noch eine Menge eingeritzter Zeichen zu entdecken. Manche treten nicht deutlich hervor und werden erst bei besonderer Beleuchtung erkennbar. Die bereits genannten Beispiele zeigen, daß durchaus klar gezeichnete Figuren der Aufmerksamkeit zahlloser Betrachter lange Zeit entgehen können. Da die meisten dieser eingravierten Zeichen gleichzeitig mit den Dolmen und Menhiren entstanden, sind wir jedenfalls überzeugt, daß es möglich sein müßte, mit ihrer Hilfe das Geheimnis der Megalithen zu erhellen.

HYPOTHESEN ÜBER DEN URSPRUNG UND DIE VERBREITUNG DER MEGALITHBAUTEN

Als Rabelais seinem Helden Pantagruel die Erbauung des Dolmen von Poitiers zuschrieb, war er vielleicht der erste, der eine Hypothese über den Ursprung der Megalithbauten zu Papier brachte. Rabelais war keineswegs der einzige, der eine solche oder ähnliche Idee vorbrachte, und ihnen sollte dann eine lange Reihe weiterer Erklärungen folgen, die kaum vernünftiger waren. Nicht ganz zwei Jahre nach Rabelais' Tod erschien 1555 eine neue Hypothese, und zwar eine »wissenschaftliche«. In einem Werk mit dem Titel *De gentibus septentrionalibus* erklärte der Erzbischof von Uppsala, ein gewisser Olaüs Magnus, die Dolmen seien die Grabstätten der Goten gewesen.

Gegen Ende des 16. Jahrhunderts erzielte ein *Britannae descriptio* betiteltes Buch einen großen Erfolg und zahlreiche Auflagen. Es war das Werk des Geographen Guillaume Camden und enthielt eine der erfinderischsten Erklärungen der Megalithbauten, zumindest der britischen: Sie seien an Ort und Stelle hergestellt worden, und zwar mit Hilfe von Sand, Kalk, Vitriol und einem öligen Bindemittel. In Latein klingt das alles sehr gelehrt.

Im 18. Jahrhundert erschien dann wieder ein Werk mit vielversprechendem Titel: *Abhandlung über einzigartige Zusammenfügungen von Steinen, die man an verschiedenen Orten Europas antrifft.* Der Autor war ein französischer Physiker namens Deslandes. Er war ein Geist, dem man nichts vormachen konnte. Die Riesen, Feen, Zauberer und Zwerge – mit all dem Gefasel räumt er auf:

»Diese Steine sind eine Folgeerscheinung der Erschütterungen, denen die Erde aufgrund dieser großen Zahl von Überflutungen, Erdbeben und Bränden ausgesetzt war, und von denen ihre ganze Oberfläche entstellt wurde. In Küstennähe sind diese Erschütterungen besonders spürbar.« (Deslandes bezieht sich vor allem auf die Megalithen von Morbihan.)

»Und was man an regelmäßigen Strukturen wahrzunehmen glaubt, ist nicht nur vor dem Hintergrund der unendlichen Zahl unregelmäßiger Kombinationen zu sehen, die von den Erdbewegungen hervorgebracht werden, sondern ist ein Teil von diesen.«

Der Physiker Deslandes verdiente einen besseren Platz in der Geschichte der Megalithforschung, denn er war ein Vorläufer und sollte Schule machen. Wie man später feststellen konnte, gab es in der Tat fast überall dort, wo die Wissenschaft der Archäologie hinkam, plötzlich keine Geheimnisse mehr.

Für das Thema, das uns beschäftigt, ist das Jahr 1665 ein besonderes Datum. *Les Temples druidiques* lautet der Titel eines Werkes, das diese Jahreszahl trägt. Vom Autor, dem englischen Antiquar John Aubrey, dem Stonehenge keine Ruhe ließ, war schon die Rede. Diesmal war es eine bedeutende und langlebige Idee, die hier zur Welt kam, und sie ist auch heute noch nicht vollständig verschwunden. Die Megalithbauten, schreibt Aubrey, seien das Werk der Kelten, und zwar seien es Tempel, die den Druiden als Altäre dienten. In Frankreich wurde diese Hypothese von Dom Bernard de Montfaucon in seinem Buch *Antiquité expliquée et representée* aufgegriffen. Bei Kocherel in der Normandie war 1685 unter einem Grabhügel ein Dolmen entdeckt und ausgegraben worden. Montfaucon liefert eine Zeichnung dieses Monuments, das er den Kelten oder Galliern zuschreibt. Für ihn ist es ein Grabmal, das den in Nordeuropa gefundenen gleicht. In England, wo diese Idee anscheinend geboren wurde, war man sich seiner Sache sicher. John Aubrey hatte bekannt, daß er mit seinen Vermutungen noch im Dunkeln tappe. Stukeley, Cooke, Borlase u. a. hatten dagegen keine Bedenken mehr. Die Megalithbauten, das sind die Altäre, die Wohnstätten und die Tempel der Druiden, der Erz-Druiden. Ganz Westeuropa zieht nach, und alles das ist interessant zu lesen, denn oft stößt man dabei auf ein wertvolles Detail. Bei Stukeley erfahren wir beispielsweise, wie man zu seiner Zeit einen Megalithbau durch Feuer zerstörte.

Von Zeit zu Zeit jedoch meldeten sich Stimmen, die in diesen Chor des perfekten Konsensus nicht einstimmten. Um 1720 schrieb ein gewisser Keysler, daß die Decksteine der Dolmen mit ihren groben Unebenheiten für sakrale Opferungen nicht geeignet seien. Fast gleichzeitig beschrieb Martinho de Mendoça de Pina, ein portugiesischer Gelehrter, die Dolmen seines Landes – von denen er 315 studiert hatte –, hütete sich jedoch, eine Hypothese über ihren Zweck aufzustellen und beschränkte sich auf die Behauptung, daß es sich um die ältesten Monumente der Welt handele. In Frankreich hatte Robien 1715, also einige Jahre zuvor, geäußert, die Dolmen der Bretagne seien Grabmäler.

In der Mitte des 18. Jahrhunderts erschienen in sieben Bänden die *Antiquités égyptiennes, étrusques, romaines et gauloises* von Anne-Claude, Philippe de Tubières-Grimoard de Pestel de Levis, Comte de Caylus. Dieser Mann war zugleich ein Gelehrter und ein Künstler, und er begnügte sich nicht mit seinen zahlreichen Adelssitzen, sondern reiste viel umher, vor allem im vorderen Orient, wo er als einer der ersten nach dem alten Troja forschte. Mit einem für seine Zeit erstaunlichen Weitblick fragte er sich, ob die Megalithbauten nicht vor den Kelten entstanden und das Werk eines Volkes von Seefahrern sein könnten. Im Hinblick auf ihren Zweck schrieb er:

».. . muß man diese und ähnliche Monumente, die aufgrund ihrer eigentümlichen Form nicht als Wohnstätten dienen konnten, vielleicht als Teile eines Kults betrachten? Welche Mutmaßung dürfte man in diesem Punkte wagen? Welche Vorstellung wäre vernunftgemäß? Wir wissen es nicht, und die beste Antwort auf diese Fragen ist Schweigen.«

Wir haben La Tour d'Auvergne-Coret zitiert, den »Ersten Grenadier von Frankreich«, der 1800 bei Oberhausen den Heldentod starb. Wenn er auch aus Carhax (Finistère) stammte, so wird man doch kaum erwarten, einen solchen Mann in der Geschichte der Megalithforschung anzutreffen. Mit seinem Buch *Origines gauloises, celles des plus anciens peuples de l'Europe* trug er viel dazu bei, daß sich in Frankreich die Vorstellung verbreitete, die Dolmen und Menhire seien das Werk der Gallier. Fast gleichzeitig erhob sich jedoch noch eine weitere Stimme des Widerspruchs: auch diesen Legrand d'Aussy, dem wir zusammen mit La Tour d'Auvergne die Begriffe »Dolmen« und »Menhir« verdanken, haben wir bereits zitiert. Im Jahre 1795 war Legrand d'Aussy Mitglied des Jesuitenordens. Mit seiner Unterscheidung zwischen Steinzeit, Kupferzeit und Eisenzeit dürfte er der erste gewesen sein, der sich an eine kohärente Periodisierung der Vorgeschichte machte. Auch er hielt daran fest, daß die Dolmen von den Galliern stammten, aber, wie Robien ein Jahrhundert vor ihm, hielt er sie für Grabmäler. Er widersprach La Tour d'Auvergne insofern, als er nicht wie dieser glaubte, die Dolmen seien Altäre, auf denen die Gallier ihre Verträge beschworen und die Druiden Menschenopfer darbrachten. Er machte darauf aufmerksam, daß bei Cäsar, auf den La Tour d'Auvergne sich bezogen hatte, nirgendwo geschrieben steht, die Gallier hätten auf großen Steinen Menschen geopfert. Legrand d'Aussy war jedoch ein Prediger in der Wüste.

Der 1749 in Lorient »in der Nähe eines keltischen Monuments« geborene Jacques Cambry »sah sich veranlaßt, Nachforschungen über die Druiden und ihre seit 2000 Jahren vergessenen Lehren anzustellen«. Viele seiner Ideen scheinen von den britischen Archäologen seiner Zeit beeinflußt zu sein. Damals kam es in Mode, die Megalithbauten aus der Perspektive des Astronomen zu betrachten. Für Cambry haben die Dolmen, Kromlechs und Steinreihen eine astronomische Thematik und symbolisieren die Sterne, Planeten und ihre Konstellationen. Für ihn sind die Dolmen keine Grabmäler. Er schreibt:

»Wenn man gelegentlich Asche und Gebeine in Dolmen findet, so waren sie von Menschen dorthin gebracht worden, die sie irrtümlich für alte Grabmäler hielten und nun diese bereits bestehenden Bauten dazu nutzen wollten, die sterblichen Überreste ihrer geliebten Verstorbenen vor den Unbilden der Zeit zu bewahren.«

246

Und an einer anderen Stelle: »Ich zweifle nicht, daß die Dolmen, durch welche die Menschen an die Heiligkeit ihrer Verpflichtungen untereinander gemahnt wurden, später Sinnbilder der religiösen Wahrheit des Schwures wurden, und daß ihre Kinder unter diesen Steinen eine Art von Weihe empfingen.«

Die Dolmen seien ganz offensichtlich Zeichen von Verträgen, die unter den Völkern in Epochen geschlossen wurden, die sich im Dunkel der Zeit verlieren; sie seien unbestreitbare Embleme der Einheit, der Standhaftigkeit und Unwandelbarkeit etc.

In seiner Begeisterung für die Druiden bezeichnet Cambry ihr Heiligtum, die Steinreihen von Carnac, als »das älteste und größte Monument der Welt!«

Auf sein Betreiben wurde 1805 die keltische Akademie gegründet, deren erster Präsident er wurde. Er starb 1807, und die Akademie bekam 1814 den Namen *Société royale des Antiquaires de France*. Die Zahl der Arbeiten über die Megalithbauten vervielfältigte sich, aber man blieb bei der Annahme, daß es sich um druidische Monumente handele. In alten Jahrbüchern von Gemeinden liest man oft, in ihren Umgebungen seien druidische Monumente zu sehen, wobei übrigens zwischen Dolmen, Menhiren, Findlingen oder anderen ungewöhnlichen Felsen kein Unterschied gemacht wird. Wenn die Prähistoriker um 1900 vor allem von »Keltomanen« sprechen, so sind die Archäologen dieser Epoche gemeint. Hier ein Beispiel für ihre Ausdrucksweise:

»Es scheint heute erwiesen, und die besonnensten Fachleute sind davon überzeugt, daß die Dolmen unter den Kelten bei den wichtigsten öffentlichen Zeremonien des Druiden-Kultes, nämlich denen, die vor versammeltem Volke stattfanden, eine wichtige Rolle spielten. Sie waren die Altäre, von denen herab die Druiden zur Menge sprachen, und auf denen die oft menschlichen Opfer dargebracht wurden.«

Übrigens grassierte die »Keltomanie« auch im Ausland, vor allem in Großbritannien. In Spanien beschrieb Mitjana »el Templo Druida de Antequera«, und der Dolmen von Ronda war für ihn »la piedra de los sacrificios« (der Opferstein). Nur Skandinavien blieb verschont, vermutlich, weil die Kelten in keinem historischen Text dieses Teils von Europa vorkamen. Von welcher Begeisterung aber waren die Keltomanen beseelt!

»Beim Anblick der druidischen Monumente hält man inne, versinkt in nachdenkliche Betrachtung, möchte sich in die Zeit ihrer Erbauung zurückversetzen und das Altertum mit dem machtvollen Ernst seines Antlitzes wiedergewinnen . . . Ein großes Erinnern, unbestimmt, verworren, erschreckend, ein fürchterliches Geheimnis, eine Ahnung von verborgener und übernatürlicher Macht schwebt über diesen gewaltigen Steinmassen.«

Diese romantischen Ansichten waren verzeihlich und im Grunde auch gar nicht unsympathisch. Man stellte sich die Seeschlacht zwischen Cäsar und den keltischen Venetern vor einem Schauplatz mächtiger Megalithen vor, und das entflammte die Phantasie. Auf einem Dolmen wie dem von Saint-Priest-la-Feuille, dessen Deckstein sich wölbt wie eine Halbkugel, oder auf dem von Bagneux, auf den man nur mit einer Leiter steigen kann, Opfer oder gar Menschenopfer zu zelebrieren, wäre gewiß ein wenig umständlich gewesen, aber es gibt auch viele andere Monumente, vor allem die von Locmariaquer, bei denen sich eine solche Verwendung vorstellen ließe. Schließlich hatte man bei den Ausgrabungen der großen Dolmen keine menschlichen Gebeine gefunden und konnte somit auch nicht auf den Gedanken kommen, es handele sich um Grabmäler. Zur Verwunderung mancher Archäologen waren es auch de facto die Menhire und nicht die Dolmen, durch die man auf diesen Aspekt hingewiesen wurde, und zwar aus dem einfachen Grund, daß man bei Ausgrabungen am Fuß der bretonischen Menhire auf menschliches Gebein stieß.

Das war es denn auch, was man den Keltomanen nicht verzeihen konnte: Sie glaubten nicht an den Grabdolmen. Es genügt zu lesen, mit welchen Worten beispielsweise Cartailhac seinen Vorgänger Legrand-d'Aussy dafür pries, daß die-

33   *Stonehenge – ein Sonnentempel?*

34   *Außenansicht des Sarsen-Kreises*

35   *Der Zapfen auf der Spitze des Steins 56*

36 *Dolmen von Carrowmore, Co. Sligo, Irland*

37   *Portaldolmen von Proleek, Co. Louth, Irland*

ser die Dolmen zwar den Kelten zuschrieb, sie aber für deren Grabmäler hielt. Für die damalige Wissenschaft war an der keltischen Hypothese nichts Unzulässiges. Und im übrigen wäre es schön, wenn man den Megalithen schon immer soviel Respekt erwiesen hätte, wie das die Keltomanen taten.

Während die Keltomanie unter den Wissenschaftlern eines natürlichen Todes starb, ist sie ansonsten noch heute nicht ganz verschwunden. Viele von uns haben in den Geschichtsbüchern ihrer Kindheit noch etwas von Druidensteinen gelesen. Wir haben sogar mit eigenen Augen gesehen, wie die Priester einer neo-druidischen Religion an bestimmten Tagen in lange weiße Gewänder gehüllt bei Stonehenge und Carnac in aller Öffentlichkeit ihres Amtes walten. Stukeley und Cambrey wären in Verzückung geraten, hätten sie an solchen Darbietungen teilnehmen können.

Neue Forschungen ließen das Problem der Megalithen allmählich in einem neuen Licht erscheinen. Zunächst erfuhr man, daß viel mehr von ihnen existierten, als man bis dahin angenommen hatte. Es gab sie nicht nur in der Bretagne, sondern von überall her in Frankreich wurden jetzt Funde gemeldet, manchmal sogar sehr zahlreiche. Man staunte damals, wie man auch heute noch oft staunt, daß keine Départements in Frankreich, zumindest zahlenmäßig, so reich an Dolmen sind wie Aveyron und Ardèche. Durch die Eroberung Algeriens lernte man die Dolmen Nordafrikas kennen, Forschungsreisende berichteten von denen in Palästina, im Kaukasus, in Indien . . .

Es schien plötzlich, als gäbe es Dolmen auf der ganzen Welt. Boucher de Perthes begründete die Wissenschaft der Prähistorie. In Dänemark wies Worsae nach, daß die Dolmen aus der Steinzeit stammten. Schritt für Schritt näherte man sich den modernen prähistorischen Vorstellungen. Die dazwischenliegende Periode ist in Frankreich durch zwei große Namen markiert: Prosper Mérimée und Alexandre Bertrand. Mérimée hatte lange Zeit das Amt des Denkmalpflegers der historischen Monumente inne, das Guizot geschaffen hatte.

Von jeder seiner vielen Reisen, die er zwischen 1834 und 1840 unternahm, schickte er einen Bericht an das Ministerium. Mit rigoroser Genauigkeit beschreibt er nur das, was er selbst gesehen hat und was in der Wirklichkeit existiert. Bezüglich der Dolmen erwähnt er beispielsweise nie jene Rillen, durch die angeblich das Blut der Opfer abfloß. Er war vermutlich der erste, der besonders auf Gavrinis hinwies, dessen Tragsteine mit ihren Eingravierungen ihn stark beeindruckten. »Carnac und Erdeven«, schreibt er, »sind sie so, wie sie dastehen, nicht wunderbar genug? Muß die Phantasie sie noch vergrößern?« Vielleicht hat er die Megalithen als erster mit den Augen der Vernunft oder gar der Skepsis betrachtet. In den Augen der Öffentlichkeit trug sein literarischer Ruhm dazu bei, diese Monumente interessant zu machen.

Während Henri Martin um 1845 in seiner großen *Histoire de France* die Megalithen noch den Galliern zuschrieb, stellte die Académie des Inscriptions et Belles Lettres zehn Jahre später in einem Preisausschreiben die folgende Aufgabe:

»Durch eine gründliche Prüfung der seit Anfang des Jahrhunderts gemachten Entdeckungen ist zu bestimmen, welchen Beitrag sie zu unseren Kenntnissen über den Ursprung der Wesensmerkmale und der Bestimmung der sogenannten keltischen Monumente (Menhire, Dolmen, Galeriegräber, Grabhügel etc.) geleistet haben. Die genannten Monumente, die sich auf dem Gebiet des alten Galliens befinden, sind hinsichtlich ihrer Unterschiede und Gemeinsamkeiten mit denjenigen zu vergleichen, die in anderen Teilen Europas, und insbesondere in England, gefunden wurden.«

Der Preis wurde Alexandre Bertrand verliehen, von dem die erste Karte mit der geographischen Verteilung der Dolmen in Frankreich stammt. Er versuchte nachzuweisen, daß diese Monumente keine Grabmäler waren und unternahm eine erste Klassifikation. Er lieferte einen Nachweis für den natürlichen Ursprung der Findlinge und eine erste Erklärung für die Verbreitung der Megalithen:

»Wenn man die Gebiete betrachtet, in denen besonders viele zu finden sind, so möchte man annehmen, daß die Stämme, die sie errichteten, zunächst eine Weile an den Südküsten des Baltikums lebten, von Holstein und Dänemark Besitz ergriffen, sich sodann über das westliche Schweden von Insel zu Insel nach England wandten und schließlich, nachdem sie rechts und links, in Irland und Schottland, in Gallien und Cornwall, starke Kolonien zurückgelassen hatten, den Flüssen folgend, die sich im Westen in den Atlantik ergossen, ins Innere des Landes drangen.«

Alexandre Bertrand begnügte sich also damit, zu zeigen, wie die Megalithen in Westeuropa verteilt waren, ließ zugleich aber auch durchblicken, daß sie von einem Volk von Seefahrern errichtet worden waren. Implizit stellte er die Behauptung auf, die Dolmen seien von einem besonderen Volk, den Megalithmenschen, erbaut worden. Diese Idee wurde von Baron von Bonstellen in seinem *Essai sur les dolmes* aufgegriffen. Aus einem sehr einfachen Grund hat man diese Hypothese jedoch wieder aufgegeben: Was man in den Dolmen fand, war auch anderswo zu finden. Bonstetten hatte angenommen, daß der Ursprung der Dolmen in Indien, an der Malabar-Küste, zu suchen sei.

Gegen Mitte des letzten Jahrhunderts begann dann eine Periode der Zerstörung, die wahrscheinlich schlimmer war als jede vorherige. Für diese systematischen Zerstörungen gibt es zwei Hauptgründe: die Ausbreitung des Straßen- und Eisenbahnnetzes und die Ausgrabungen.

Die Vorstellung vom »Grabdolmen« hatte sich überall durchgesetzt. Man kann sogar sagen, daß sie mit Begeisterung aufgenommen wurde, denn ein prähistorisches Grab konnte man mit gutem Gewissen durchsuchen und seinen Inhalt entleeren. Die Entdeckungen, aufgrund derer die Epochen der Prähistorie alsdann ihre Namen erhielten (Le Moustier, Saint-Acheul, Solutré etc.), ließen eine wahre Ausgrabungswut hervorbrechen. In den Berichten der Forscher ist nicht selten ihre Leidenschaft zu spüren, die fiebrige Freude des glücklichen Finders oder die Enttäuschung dessen, der nichts entdeckt hat.

Was in den Dolmen gefunden wurde, haben wir bereits aufgeführt. Die Funde gestatteten den Prähistorikern die zeitliche Einordnung der Megalithen; ihre räumliche Verteilung blieb jedoch noch ungeklärt. Auf den ersten Blick schien dies ein unlösbares Problem zu sein. In der Tat, wie sollte man erklären, daß Dolmen nur an den Randgebieten der Alten Welt zu finden waren, und daß sich dazwischen ungeheure Leerräume auftaten? Aber mit dieser Schwierigkeit wurde man rasch fertig, denn Prähistoriker sind nie mit ihrem Latein am Ende. Die Dolmen Koreas, Indiens, des Kaukasus, Palästinas oder auch Nordafrikas hatten einfach in keinem Zusammenhang mit den westeuropäischen zu stehen. Sie waren spontane Schöpfungen der jeweiligen Völker und stammten aus späteren oder manchmal auch gleichzeitigen Epochen. Das Problem war damit auf die europäischen Dolmen beschränkt. Was die Menhire betraf, so wurde diese Frage »mit äußerster Vorsicht« angegangen, d. h., man sprach sozusagen überhaupt nicht von ihnen oder nahm zumindest an, für sie gelte das Gleiche wie für die Dolmen.

Ein Blick auf eine Landkarte, auf der die westeuropäischen Megalithen verzeichnet sind, zeigt, daß es für das Problem ihrer Verbreitung nur eine beschränkte Zahl von Lösungsmöglichkeiten gibt. Der Geburtsort der megalithischen Idee könnte in Südeuropa liegen, etwa in Andalusien, oder im Norden, etwa in Dänemark, oder im Norden und Süden zur gleichen Zeit oder irgendwo zwischen diesen Gebieten.

Mit seinen Ausgrabungen bei Mykene, Tiryns und Orchomenos machte Schliemann auf eine besondere Gattung von Gräbern aufmerksam, das Kuppelgrab. Es handelt sich um gemauerte Bauten, die sich spitzbogig oder parabolisch über einem kreisförmigen Bogen erheben. Sehr häufig öffnet sich dieser Hauptbau in einen identisch angelegten Nebenbau. Das beste Beispiel dafür wurde als »Schatzkammer des Atreus« bzw. »Grab des Agamemnon« auf Mykene bekannt.

Nun gibt es in Westeuropa sogenannte »Dolmen mit falscher Kuppel«, die Analogien mit mykenischen Grabmälern aufweisen. Sie enthalten wie diese eine gemauerte Hauptkammer mit spitzbogigem Rippengewölbe über kreisrundem Grundriß. Auch ein kleinerer Nebenbau ist oft zu finden. Die bekanntesten Dolmen mit falscher Kuppel sind La Cueva de la Pastora bei Sevilla, La Cueva del Romeral in der Gegend von Antequera, der Tumulus der Ile Longue im Département Morbihan und New Grange in Irland.

Die Ähnlichkeit dieser beiden Typen von Monumenten ist natürlich vielen Prähistorikern aufgefallen. Der Schluß lag nahe, daß Seefahrer aus dem östlichen Mittelmeer, aus Mykene, der Ägäis oder Kreta, die Idee und die Bauweise des »Dolmen mit falscher Kuppel« in den Westen trugen. Aus diesem bereits ausgebildeten Typ hätten sich dann alle anderen Typen, die Galeriegräber wie die einfachen Dolmen, entwickelt. Der Ausgangspunkt wäre in Südspanien, in der Gegend von Almeria, anzusetzen. Von dort aus hätten sich die Idee des Dolmen und zugleich mit ihr das Kupfer und die glockenförmigen Vasen zu Wasser und zu Lande ausgebreitet. Der Weg der Dolmen wäre demnach mit dem verknüpft gewesen, den im Hochmittelalter der Bernstein und das Zinn nahmen. Portugal, Nordspanien und Südfrankreich wären auf dem Landwege erreicht worden, während man natürlich Schiffe benützt hätte, um die Atlantikküste entlang in die Bretagne, nach England, oder nach Skandinavien zu gelangen. Diese Hypothese wurde vor allem von Montelius, Sophius, Müller und Déchelette vertreten.

Man hat hier von der »orientalischen Fata Morgana« gesprochen und ihr die nordische Hypothese entgegengestellt, wonach die Dolmen ohne fremde Einflüsse in den skandinavischen Ländern entstanden sind und sich von dort allmählich nach Süden gebreitet haben. Wozu das Licht aus dem Orient suchen? »In der orientalischen Theorie unterschätzt man offenbar den praktischen Sinn der Einwohner unserer Länder bzw. der Menschen überhaupt, denn es ist nicht nötig, die Belehrungen entlegener Völker zu empfangen, um große Steine aufzurichten und Steinplatten darüber zu legen. Zu dieser einfachen Idee ist jedermann in der Lage . . .«

So dachte De Morgan, und Salomon, Reinach, Breuil, Capitan und andere schlossen sich ihm an. Die Idee des Dolmen wurde demnach spontan aus dem Genius des nordischen Menschen geboren, und durch Weiterentwicklung gelangte man von relativ einfachen Monumenten zu den komplizierteren, wie etwa den Galeriegräbern. Im übrigen konnte der Dolmen auch aus Steinbehältern entwickelt worden sein, wie sie überall auf der Welt zu finden sind.

Der schwedische Prähistoriker Aoberg nahm an, daß die Megalithen mit dem Beil aus Kieselstein von Skandinavien nach Frankreich vordrangen, während das spanische Beil aus härterem Stein in Südfrankreich Verbreitung fand.

Andere wiederum, die mit der orientalischen Hypothese ebenfalls nicht einverstanden waren, suchten den Ursprung der Dolmen in Portugal. Sie vermuteten, daß die Dolmen und die glockenförmigen Vasen, deren Bruchstücke oft in den Dolmen zu finden waren, sich auf dem gleichen Wege ausgebreitet hatten. Die Hersteller und Benützer dieser Vasen wären demnach die Träger der Dolmenidee. Diese Hypothese wurde vor allem durch den spanischen Prähistoriker Bosch-Gimpera entwickelt. Für ihn verlief der Weg der Megalithen von Portugal aus in zwei Richtungen: einmal nach Osten durch Andalusien bis zum Gebiet von Almeria, wo die Megalithkultur sich mit einer Kultur vermischt, die bereits das Kupfer kennt; zum anderen über Galicien, Asturien und die Pyrenäen nach Norden. Die glockenförmige Vase wäre so durch Katalonien in die südfranzösischen Gebiete von Aveyron, Gard, Hérault, Ardèche etc. gelangt. Für das übrige Frankreich unterscheidet Bosch-Gimpera zwischen zwei Gruppen, nämlich einerseits der Bretagne, die seiner Ansicht nach von Spanien aus zu Schiff erreicht wurde, und andererseits ein Gebiet, das er mit »Seine-Oise-Marne« bezeichnet. Letzteres schließt die Galeriegräber der Seine- und Oise-Täler ebenso wie die Grabgrotten des Marne-Tals ein. Bosch-Gimpera rechnet dazu auch alle Megalithbauten in den Départements Charente, Poitou und Touraine etc. und nimmt an, daß diese aus dem Norden stammten.

Nun ist es durchaus möglich, die prähistorischen Funde in Frankreich in geographische Gruppen einzuteilen. Nicht so leicht ist dagegen eine solche Gruppierung, wenn man von den Megalithen selbst ausgeht. Die kontinuierliche Aufeinanderfolge, die man hier sehen und mit der man das Problem lösen wollte, läßt sich jedenfalls nicht etablieren. Aus diesem Grund hatte Bosch-Gimpera in seiner Theorie auch keine befriedigende Erklärung für die »Nahtstellen« zwischen den verschiedenen Gruppierungen.

Wir möchten hier nun weder auf die vielen Varianten dieser Hypothese eingehen noch uns über die gegenwärtigen Hypothesen verbreiten. Sagen wir einfach, der Ursprung der Megalithbauten sei eher im Orient zu suchen. Ihre Idee, so wollen wir annehmen, gelangte durch ein nicht genau zu bestimmendes Volk von Seefahrern in den Westen. Dieses Volk bringt mit sich das Kupfer und die Technik des »falschen Kuppelbaus«. Deren Prototyp dürfte aus Mesopotamien stammen und in der Gestalt des *Tholos* von Mykene und von Orchomenos zu ahnen sein. Wenn man den Dolmen aus der Grabgrotte herleitet, so fragt sich nur, ob es sich dabei um natürliche oder auch um künstliche handelte. Im Tal von Petit Morin beispielsweise gibt es nämlich künstliche Grabgrotten, und die Tatsache, daß ihr Bau mit dem der Dolmen im Pariser Becken vergleichbar ist, verstärkt diese Hypothese. Manche Forscher sehen den Ursprung der Dolmen auch in den Grabgrotten auf Sardinien und den Balearen.

Die Jahre zwischen etwa 1880 und 1930 waren eine Zeit intensiver Megalithforschung. Alle Zeitschriften, die auch nur irgend etwas mit Prähistorie zu tun hatten, veröffentlichten mehr oder weniger interessante Artikel zu diesem Thema. Alles war akzeptabel, vorausgesetzt, man ging von der Konzeption des »Grabdolmen« aus. Auf diese Weise wurden Details aller Art zusammengetragen, die sonst für immer verlorengegangen wären. Neben wissenschaftlich brauchbaren gab es da freilich manche völlig überflüssige Mitteilungen zu lesen. Eine 1915 erschienene Beschreibung des Dolmen von

Janville-sur-Juine im Département Seine-et-Oise ist da beispielsweise von einer beängstigenden Vollständigkeit. Mehr
als ein Dutzend Zeichnungen sowie Auszüge aus der Kata-
ster- und der Generalstabskarte begleiten da etwa zwanzig
Seiten kleingedruckten Text. Man fragt sich, ob dieser Artikel
jemals vollständig gelesen wurde. Wir selbst müssen geste-
hen, daß wir dazu nicht den Mut aufbrachten. Nach 1930
sind die Megalithen nicht mehr in Mode, und einschlägige
Artikel werden ziemlich selten.
Die alten Theorien hatten zumindest einen Vorteil: Sie waren
präzise formuliert und leicht zu verstehen. Von den späteren
läßt sich dies nicht mehr sagen. Der Leser verliert sich in ihnen, und es ist fraglich, ob die Autoren selbst die Übersicht
behielten. Sie sind großenteils auf eine sehr fragwürdige Einteilung der Zonen gegründet, in denen Dolmen zu finden
sind, und ihre Vorstellungen von einer Entwicklung der verschiedenen Dolmentypen sind nicht weniger fragwürdig.
Fast immer wird angenommen, diese Entwicklung habe mit
dem einfachen Dolmen begonnen und über einige Zwi-
schenstufen zum Galeriegrab geführt. Es wird dem Leser
nicht entgehen, daß diese Annahmen, selbst wenn sie richtig
wären, keinerlei Antworten auf die Fragen enthielten, die
uns von den Megalithen, zumindest von den bedeutendsten,
gestellt werden. Keinen Platz in diesem System haben die
Dolmen mit falscher Kuppel, die mit Trockenstein gemauerten Ganggräber, die Steinkistengräber, die Grabgrotten,
kurz alles, was nach Grabstätte aussieht, gleich, ob darin
menschliche Gebeine gefunden wurden oder nicht. Und wer
dann noch Dolmen wie etwa die von Mettray oder La Rochepot einordnen möchte, der kennt sich am Ende gar nicht
mehr aus.
In allen diesen Theorien bleiben die Menhire natürlich ihrem
traurigen Schicksal überlassen, dort zu stehen, wo sie eben
stehen.
Wir möchten dieses Kapitel mit einem Hinweis auf eine Hypothese schließen, die in den Abhandlungen im allgemeinen
nicht berücksichtigt wird. Sie stützt sich nicht auf die Vorstel-

lung *eines* Weges, auf dem die Idee der Megalithen vordrang,
sondern auf ein Vordringen an vielen Punkten. Sie wurde
unseres Wissens zum ersten Mal von dem Engländer W.-J.
Perry formuliert. Während des 1. Weltkrieges veröffentlichte
er einen Artikel mit dem Titel *The Relationships between the
geographical Distribution of megalithic Monuments and ancient
Mines*, in dem er die Gebiete mit Megalithen in Zusammenhang brachte mit den Gebieten, in denen sich alte Bergwerke
befanden.

Die Idee des Dolmen wäre demnach von den Metallsuchern
und Prospektoren verbreitet worden. Diese Hypothese war
nicht widersinnig und leicht zu belegen, aber sie wurde, wie
man unschwer erraten wird, abgelehnt. Man erhob zwei
Haupteinwände. Der erste war sinnvoll, der zweite weniger.
Zunächst bemängelte man das Fehlen archäologischer
Zeugnisse. Das ist ein ernstzunehmender Einwand – aber
der zweite folgt sogleich. Die Idee der Megalithbauten, so
fand man, könne unmöglich von Metallsuchern verbreitet
worden sein, denn in den Dolmen habe man so gut wie kein
Metall gefunden.

Drei oder vier Jahrtausende nach dem Bau der Megalithen
wagten sich Schiffe auf der Suche nach Gold und Gewürzen
auf die Ozeane. Zu ihrer Ausrüstung gehörten immer auch
Priester, die den fernen Völkern den katholischen Glauben
zu bringen hatten. Und wo immer dies möglich war, erbaute
man eine Kirche oder hinterließ zumindest ein Kreuz.
Warum sollte sich etwas Ähnliches nicht auch zwei oder drei
Jahrtausende vor unserer Zeitrechnung zugetragen haben?

> Je mehr man über die Mühe nachdenkt, die es gekostet haben
> muß, die Bestandteile dieser ungeheuren Monumente, für
> die man stets die schwersten und härtesten Steine auswählte,
> die weit und breit zu finden waren, zu behauen, zu trans-
> portieren und aufzurichten, um so mehr kommt man zu der
> Überzeugung, daß die Baumeister dieser primitiven Epochen
> um der Ehre willen, sie zu überwinden, sich selbst mutwillig
> Schwierigkeiten schufen.
> LEGRAND D'AUSSY

DIE TECHNIK

Wir kommen nun zu dem schwierigsten Teil dieses Buches. Es gibt freilich eine Reihe von Leuten, vor allem Prähistoriker, die in den technischen Aspekten der Megalithbauten keinerlei Schwierigkeiten sehen. Man weiß nicht recht, ob die Befriedigung, mit der sie angeben, alle Fragen, die vom Bau eines Dolmen oder der Errichtung eines Menhirs aufgeworfen werden, seien auf dem Papier zu lösen und gelöst, echt oder geheuchelt ist. Wer sich damit nicht zufrieden gibt, ist für sie ein Liebhaber von Haarspaltereien oder ein Mensch, dem es an gutem Willen gebricht. Es werden sich gewiß noch Gelegenheiten ergeben, einige Beispiele für derartige Erklärungen anzuführen, die ebenso einfach wie aufschlußreich sind, mit denen wir uns aber, auch auf die Gefahr schärfster Kritik, nicht begnügen wollen.

Zunächst eine Vorbemerkung: Wenn wir uns mit der Technik der Megalithbauten befassen, so stehen nur deren schwere Elemente zur Debatte. Die Errichtung mancher kleiner Dolmen in Frankreich und anderswo ist ebensowenig ein Problem wie die vieler Menhire. Wenn es also um die Masse der Dolmen in den Départements Ardèche oder Hérault ginge, würde sich dieses Kapitel erübrigen; Kolosse wie die von Mettray, Bournand, Crucuno, Porspoder oder Kerloaz zwingen uns jedoch, die Dinge in einem anderen Licht zu sehen.

Vor der folgenden Frage sind wir oft gestanden, und wir fürchten sie mehr als jede andere: Mit welchem Verfahren wurden die Dolmen erbaut? Unsere Antwort lautet in aller Offenheit: Wir wissen es nicht. Man hat sich diese Frage seit Jahrhunderten gestellt, und die Antwort unserer Vorfahren ist bekannt: Die Dolmen sind das Werk von Feen oder Riesen. Im Grunde ist dies eine richtige Antwort. Sie ist richtig, da der Bau mancher Dolmen unsere Vorstellung von den Möglichkeiten normaler Menschen übersteigt, und sie bleibt richtig, solange wir nicht selbst in der Lage sind, nun mit

Hilfe von Seilen, Baumstämmen und Erdaufschüttungen einen Steinblock von 100 Tonnen in eine Höhe von drei Metern zu schaffen. Was uns beim Studium der Megalithen am meisten irritiert, ist die Unmöglichkeit, umfassende Hypothesen und Theorien aufzustellen, die sich auf ihre Gesamtheit anwenden ließen. Immer gibt es Sonderfälle und Einzelheiten, die alles wieder in Frage stellen. Überdies verraten uns keinerlei archäologische oder sonstige Spuren, welcher Verfahren die Erbauer der megalithischen Monumente sich bedienten. Wir wissen lediglich, daß man riesige Steinblöcke transportierte, daß man Löcher grub, um sie aufzurichten, und daß man sie übereinanderlegte. Das ist alles.

Bei der Errichtung der Megalithbauten wurden mit Sicherheit nicht nur ein, sondern mehrere Verfahren angewandt. Mit anderen Worten, die Probleme, die sich bei Dolmen und Menhiren stellen, variieren von Fall zu Fall. Zu berücksichtigen sind jeweils das Gewicht der Monolithen, ihre Form, die Länge des Transportweges, der Bauplatz und die Beschaffenheit des Bodens. Ohne uns allzu vielen Illusionen hinzugeben, wollen wir dennoch versuchen, uns vorzustellen, wie man vor 40 oder 50 oder gar mehr Jahrhunderten derartige Leistungen vollbrachte.

Schematisch ließe sich die Errichtung eines Menhirs folgendermaßen denken: Man grub ein Loch und brachte darüber das Ende jenes Blockes, das dafür vorgesehen war. Der Monolith mußte sodann aus dem Gleichgewicht gebracht und aufgerichtet werden. Mit Hilfe großer Steine verkeilte man ihn schließlich im Boden. Oder aber man grub, wie im Falle von Stonehenge, eine abgeschrägte Rampe, die gegen das für den Tragstein bestimmte Loch hin abfiel. Der Stein wurde sodann über die Rampe hinaufgezogen, gekippt und in die Vertikale gebracht. Alle drei Menhire, die Paul du Chatelier in der Nähe von Plœmeur (Finistère) untersuchte, besaßen eine derartige Rampe. Zu betonen ist freilich, daß wir hier mit einer schematischen Vorstellung arbeiten. In der Wirklichkeit mußten dabei gewaltige Schwierigkeiten auftreten.

In erster Linie hing alles davon ab, wie tief man den Stein in den Boden senkte. Unabhängig von der Größe des Menhirs betrug diese Tiefe im allgemeinen – und das gilt auch für die Mehrzahl der riesigen Menhire in der Bretagne – ein Drittel ihrer Gesamtlänge. Der große Menhir von Avrillé (Vendée), der sieben Meter über den Boden aufragt, steckt nur 1,70 m tief im Boden. In einem solchen Fall konnte das Gewicht des versenkten Teiles bei der Aufrichtung des Monolithen nur eine geringe Hilfe bilden. Bis zu einer gewissen Höhe war dies mit Hilfe von Hebeln ohne weiteres möglich. Darüber hinaus waren diese Mittel praktisch unwirksam. Man hatte sodann die Wahl, entweder mit Seilen zu arbeiten, die über einen Tragbalken liefen, oder jedesmal, wenn man mit den Hebeln nicht weiterkam, einen Erdwall aufzuschütten und auf diesem erneut die Hebel anzusetzen. Diese beiden Verfahren konnten natürlich auch gleichzeitig angewandt werden.

Mit welchen Werkzeugen wurden nun die Erdlöcher gegraben? Unseres Wissens hat man bis jetzt noch nichts gefunden, was als Werkzeug eines Erdarbeiters angesehen werden könnte. Das ist recht merkwürdig, denn einerseits waren die Ausgrabungsarbeiten bei einigen Monumenten durchaus keine Kleinigkeit, und andererseits wurden in einigen ganz bestimmten Fällen Geräte gefunden, die zum Wegschaffen von Erde dienen konnten. Bei Stonehenge fand man beispielsweise eine große Menge von »Pickeln« aus Hirschgeweih und von »Schaufeln« aus Schulterblättern von Rindern. Nichts dergleichen war im Umkreis anderer Megalithen zu entdecken. Dennoch muß es solche Werkzeuge gegeben haben. Auf Pickel aus Hirschgeweih, die denen von Stonehenge sehr ähnlich waren, stieß man in Steinzeitgräbern auf der Insel Hœdic (Morbihan). Außerhalb der Dolmen hat man freilich bisher noch nicht viel gegraben. Hat man also mit den Händen geschaufelt und Pfähle über dem Feuer gehärtet? Möglich ist alles, aber für uns wäre dies wieder eine der »verzweifelten« Lösungen.

260

Man stellt sich im allgemeinen vor, bei der Aufrichtung der großen Menhire sei es darauf angekommen, eine genügend große Anzahl von Menschen zur Verfügung zu haben, und in der Prähistorie hätten eben Hunderte oder notfalls Tausende von Menschenhänden unsere modernen Maschinen ersetzt. Das ist teilweise richtig, unter bestimmten Umständen war es jedoch damit nicht getan. Man lasse 500 Männer versuchen, einen 150 Tonnen schweren Menhir aufzurichten. Ihre Kraft wirkt nur horizontal und kann den Block nur über den Boden ziehen oder schieben. Nun gilt es aber, Kräfte in die Vertikale oder zumindest schräg nach oben zu entfalten. Das ist nur möglich, wenn die Menschen sich auf einer Ebene oberhalb des Geländes und des Blocks befinden, den sie aufrichten möchten. Sie müßten also von einer den Menhir beträchtlich überragenden Anhöhe, vielleicht einem künstlichen Hügel aus, an ihren Seilen ziehen oder, was die einfachere Lösung wäre, ihre Zugkräfte über einen oder mehrere Balken laufen lassen. Das dafür nötige Gerüst nennt man auch eine »Block-Rolle«.

Besonders bei schweren und langen Menhiren kam man mit diesen Gerüsten natürlich schon besser zurecht. Dieses Hilfsmittel wurde vermutlich von den Ägyptern bei der Aufrichtung ihrer Obelisken benützt. Eine beträchtliche Verringerung der nötigen Kräfte erreichte man ferner dadurch, daß man die Menhire in der Regel mit dem sich verjüngenden Ende nach oben aufrichtete. Es gibt jedoch Ausnahmen. Der große Menhir von Kerscaven bei Penmarc'h ist am oberen Ende größer und schwerer als an der Basis. Um ihn aufzurichten, waren gewaltige Kräfte vonnöten. An die Verwendung von Holzgerüsten glauben wir auch noch aufgrund weiterer Tatsachen. Sobald der Monolith so weit aufgerichtet war, daß sein Gewicht auf die Kante zwischen dem horizontalen Boden und der vertikalen Wand des Loches drückte, in den man ihn setzen wollte, mußte diese Kante selbst dann zerstört werden, wenn man sie mit Balken verstärkt und damit die Reibung verringert hatte. Der Menhir »klebte« an der eingedrückten Kante und lag dort fast wie auf einer geneigten Rampe. Über diesen Punkt kam man wesentlich leichter hinweg, wenn der Seilzug über ein Holzgerüst lief.

Erforderlich war dabei auch ein »Bremssystem«, das den Menhir daran hinderte, in die eine oder andere Richtung zu kippen, und mit dem man eventuell seine Position so korrigieren konnte, daß er genau in die Vertikale kam. Das erforderte um den Block herum weitere Gerüste und weitere Mannschaften. Kurz, auch wenn man davon ausging, daß eine unbegrenzte Zahl von Arbeitskräften eingespannt werden konnte, war die Errichtung eines Menhirs sicher keine so simple Operation, wie es auf den ersten Blick scheinen könnte.

Wir denken hier an die großen Menhire der Bretagne, wie Porspoder, Dol, Louargat, Glomel u. a. Die Aufrichtung des riesigen Menhirs von Locmariaquer muß außergewöhnliche Schwierigkeiten bereitet haben. Daß die Bewohner des Gebiets von Morbihan sich an die Bewältigung dieser Aufgabe machten, setzt die Kenntnis einer Technik voraus, die sie gewiß nicht selbst erfunden hatten. Dieser Koloß ruht nämlich auf einer abgerundeten, aber noch immer ziemlich kegelförmigen Basis. (Vgl. unsere Überlegungen bezüglich der Frage, mit welchem Ende dieser große Menhir in die Erde gesteckt wurde.) Während er sich der vertikalen Position näherte, konnte er leicht in die eine oder andere Richtung kippen und mußte mit Hilfe ziemlich langer Seile gehalten werden. Hätte man ihm eine stabilere Basis gegeben, vielleicht stünde er heute noch. Wahrscheinlich hatte man es darauf abgesehen, möglichst hohe Menhire zu errichten, und reduzierte darum die Basis im Boden auf ein Minimum. Auch diese Überlegung läßt uns an die Verwendung von Gerüsten denken.

Vor allem in den Steinreihen von Carnac sieht man gelegentlich Blöcke, die aufgrund ihrer runden Form für eine senkrechte Aufstellung eigentlich nicht geeignet sind. Sie erreichen nur eine bescheidene Höhe, weisen jedoch einen beträchtlichen Durchmesser auf. Man fragt sich, wie hier wohl die Seile angelegt wurden, so daß sie nicht abglitten. Auf die gleiche Schwierigkeit stößt man bei anderen, ungewöhnlich geformten Menhiren, etwa dem »scheibenförmigen« von Avrillé (Vendée). Manchmal könnte man wirklich glauben, die Leute hätten sich selbst mutwillig Schwierigkeiten bereitet. Im großen Kromlech von Avebury gibt es kubisch geformte Menhire, die auf eine ihrer Spitzen gestellt wurden, während es natürlich viel leichter gewesen wäre, sie auf eine Basis zu stellen. Ein weiteres und ebenfalls sehr charakteristisches Beispiel für diese scheinbar oder wirklich gewollten Schwierigkeiten bietet uns ein merkwürdiger Menhir in der Nähe des Ursprungs der Steinreihen von Kermario bei Carnac. Dieser Block gleicht einer riesigen, auf ihre Spitze gestellten Birne. Am oberen Ende beträgt sein maximaler Umfang 5,50 m, an der Basis dagegen nur 3,75 m. Wir wissen nicht, wie tief er im Boden steckt, aber seine Aufrichtung war zweifellos ebenso schwierig wie gefährlich.

Man bekommt tatsächlich den Eindruck, daß die Erbauer der Megalithen sich mit ihren Blöcken amüsierten und sich durch nichts, weder durch ihr Gewicht noch durch ihre Dimensionen oder ihre Formen, abschrecken ließen. Sie scheinen mit diesen Monolithen so umgegangen zu sein wie ein Kind mit seinen Kieselsteinen, was uns wiederum an das vorangestellte Zitat von Legrand d'Aussy erinnert. Der Unterschied zwischen Schwierigkeit und Leichtigkeit, der uns angesichts dieser und ähnlicher Schöpfungen, von denen noch die Rede sein wird, ins Auge springt, scheint für diese Menschen keine Rolle gespielt zu haben. Man bekommt zumindest dieses Gefühl.

Natürlich war es nicht überall, wo Menhire aufgerichtet wurden, nötig, die Technik der Holzgerüste anzuwenden. Der Menhir von Monsireigne (Vendée) hat eine so breite und flache Basis, daß er von alleine stehen bleibt. Der Menhir von Château-la-Valière (Indre-et-Loire) steckt bei einer Gesamthöhe von 6,70 m 3 m tief im Boden. Der von Lécluse (Nord) ist 5 m hoch und ebenso tief im Boden vergraben. Im Falle des Menhirs von Oisy-le-Verger (Pas-de-Calais), der nur 3 m aus dem Boden, aber 8 m in den Boden ragt, wird man ein nachträgliches Einsinken vermuten dürfen. Die Aufrichtung solcher Blöcke unter solchen Voraussetzungen war gewiß keine ungeheure Leistung, und die Zahl vergleichbarer Beispiele ließe sich vervielfachen. Das ändert jedoch nichts daran, daß die gigantischen Monolithen der Bretagne mit Hilfe einer bereits vorher entwickelten Technik aufgerichtet wurden.

Es stellt sich nun ein neues Problem, nämlich die Frage, wie die einzelnen Teile der Monumente zur Baustelle transportiert wurden. Dieses Problem betrifft übrigens Menhire und Dolmen gleichermaßen. Sicher ist, daß ein Transport praktisch überall stattgefunden hat. In flachem Gelände waren dabei keine übergroßen Schwierigkeiten zu überwinden. Sobald man imstande war, einen Block 2 m weit zu befördern, war es auch über 2 km möglich. Das war nur eine Frage der Zeit und der Arbeitskräfte. Man kann sich diesen Transport kaum anders vorstellen als auf Rollen, d. h. auf Baumstämmen. Ein direkt auf dem Boden liegender Block von 100 oder mehr Tonnen ließe sich einfach nicht bewegen. Damit ist das Problem jedoch noch lange nicht gelöst.

Wer über die technischen Verfahren nachdenkt, die bei Megalithbauten verwendet wurden, der hat zunächst immer die Größe und das davon abhängende Gewicht im Auge. Wir haben jedoch bereits von einem dritten Element gesprochen, der Form, das ebenfalls in Betracht zu ziehen ist, und wir möchten diesen Punkt unterstreichen, weil er allzu leicht übersehen wird.

Auf einem Relief von Ninive ist zu sehen, wie in der Antike vor allem Monumentalstatuen befördert wurden. Während eine Gruppe von Menschen an Seilen zieht, die an einem floßartigen Sockel befestigt sind, auf dem die Statue ruht, drücken andere von hinten mit Hilfe von Hebeln, und wieder andere sind damit beschäftigt, Rollen unter den Sockel zu legen. Man stellt sich eine große Zahl von Arbeitskräften vor, die mit Knüppeln angetrieben werden. Die Beförderung großer Steinblöcke mit glattem Boden, die wohl in ähnlicher Weise bewerkstelligt wurde, bildet jedoch unserer Meinung nach eine relativ leichte Aufgabe im Verhältnis zum Transport riesiger, unbehauener Natursteine.

Es fällt in der Tat nicht schwer, uns vorzustellen, wie ein vierkantig behauener Steinblock über eine annähernd ebene Straße zu rollen wäre, aber die Wirklichkeit war zumindest in sehr vielen Fällen sicher ganz anders. Prinzipiell ist ein normaler Menhir weder zylinderförmig noch seitenparallel. Viele von ihnen haben die Form einer Zigarre oder gar einer Birne, und besonders die Vorsprünge, die sie manchmal aufwiesen, mußten den Transport sehr erschweren, denn man konnte nur eine beschränkte Zahl von Rollen unter sie legen. Bei manchen dieser Kolosse fragen wir uns, wie es überhaupt möglich war. Sie sind zu »bauchig«, als daß man mit rollenden Baumstämmen hätte arbeiten können. Hat man sie mit Hilfe von Hebeln wie Tonnen gerollt? Hat man das Gelände besonders präpariert, um sie darüber ziehen zu können? Das wären nur Notlösungen. Der Transport dieser unförmigen Kolosse bleibt uns ein Rätsel.

Aber selbst wenn wir im Fall der langen Menhire oder Dolmensteine von der Beförderung auf Rollen ausgehen, so stellt sich sogleich ein weiteres Problem, das der Straße. Wie das Fundament beim Bau eines Hauses bildete sie die Grundlage der ganzen Operation. Ein hervortretender Felsen, eine Böschung oder ein Graben, ein steiler Hang oder ein Wasserlauf waren Hindernisse, die es zu beseitigen oder zu umgehen galt. Blöcke von 100 Tonnen über unvorbereitetes Gelände zu befördern, war ausgeschlossen. Wie also waren diese Straßen beschaffen? Merkwürdigerweise sind von ihnen, zumindest soviel wir wissen, keinerlei Spuren erhalten. Natürlich handelte es sich um sehr rudimentäre und nicht auf Dauer angelegte Straßen, und sie hatten auch genügend Zeit, wieder zu verschwinden, aber wir kennen Gegenden, in denen sich die Landschaft seit der Erbauung der Dolmen kaum verändert haben dürfte.

Bei manchen Monolithen war zur Beförderung eine glatte Fläche von mindestens 8 Metern erforderlich. Hätte man sie mit Steinplatten angelegt, so müßten wenigstens geringfügige Spuren zu finden sein. Es waren also vermutlich »bewegliche« Straßen, die man während des Transportes hinter sich abbrach, um sie vorne weiterzubauen. Möglicherweise wurde der Boden auch mit Holzbalken in Längsrichtung belegt.

Ein Minimum von Erdarbeiten war dennoch unvermeidlich. Von einem gewissen Gefälle an war es nicht mehr möglich, einen mehr als 100 000 kg schweren Block eine Steigung hinaufzubefördern. Man wird Bäume gefällt, den Boden eingeebnet und Felsstücke entfernt haben. Zu fragen wäre auch, wie der Boden auf den Druck reagierte, der auf ihm lastete. Die Beförderung auf Rollen war also in jeder Hinsicht eine knifflige Angelegenheit. Eine beträchtliche Menge von Arbeitskräften war ebenso unerläßlich wie der Besitz von langen und kräftigen Seilen.

Wie mochten diese Seile beschaffen sein? Sie bestanden wahrscheinlich aus geflochtenen und gewundenen Lederriemen, die selbst dann, wenn mit Hilfe von Hebeln kräftig nachgeholfen wurde, die Zugkraft von 100 Männer auszuhalten hatten. Sie werden also auch ziemlich lang gewesen sein. Der Transport runder oder elliptischer Menhire erforderte ferner gewisse Vorkehrungen. Um zu verhindern, daß er beim kleinsten Stoß oder der geringsten Neigung davonrollte, mußte der Block verkeilt oder sonstwie festgehalten werden . . .

Kurz und gut, das technische Transportproblem der Monolithen ist angesichts der räumlichen und zeitlichen Verhältnisse nicht leicht zu lösen. Wir würden weniger staunen, wenn der große Menhir von Kerloaz inmitten der Ruinen von Luxor stünde. Er steht jedoch in einer verlassenen Heidelandschaft. Auch wenn wir assyrische oder ägyptische Skulpturen zu Hilfe rufen, stellt er uns vor unlösbare Probleme.

Nach der Technik des Dolmenbaus fragen, heißt, sich mit den gewaltigen Leistungen der megalithischen Baumeister befassen. Einen 80 Tonnen schweren Block zwei oder drei

Meter hochzuheben bedeutet ein wesentlich größeres Wagnis als einen Monolithen aufzurichten, selbst wenn dieser dreimal so schwer ist. Ebenso sprachlos wie vor diesen Wunderwerken stehen wir aber auch vor der Unbekümmertheit, mit der diese Probleme – wiederum auf dem Papier – manchmal gelöst werden. Man höre nur, was ein gewisser De Longuemar zu den Dolmen des Haut-Poitou zu sagen hat:

»Eine glatte Felsplatte, so schwer sie auch sein mag, kann selbst über eine leicht ansteigende Fläche bewegt werden, wenn man sie mit Hilfe von Hebeln zentimeterweise auf richtig plazierten Rollen vorwärtstreibt. Der Deckstein des Dolmen wurde auf diese Weise gehoben. Sodann wurden seitlich die Tragsteine angebracht, die Grabkammer geleert, indem man die Erde und die Steine entfernte, die man zur Erleichterung der vorherigen Arbeiten aufgehäuft hatte . . . Dieses Verfahren genügte völlig, um Kalksteinblöcke, wie etwa den 10 Kubikmeter umfassenden und 27 000 Kilogramm schweren Pierre Pèse von Panessac oder auch den Pierre Folle von Ormeaux, der 33 Kubikmeter hat und 92 000 Kilogramm wiegt, in eine Höhe von 2 Metern zu heben.«

Und völlig ungerührt schließt unser Autor mit den Worten: »Die Volksstämme, von denen die Dolmen des Haut-Poitou errichtet wurden, waren somit auf dem Weg der Zivilisation noch sehr wenig fortgeschritten.«

Aus dem *Manuel* von Déchelette wollen wir noch ein weiteres Beispiel anführen:

»Die Erfahrung lehrt, daß keinerlei mechanische Hilfsmittel, ja nicht einmal Seile nötig sind, um Steinblöcke von beträchtlichem Gewicht zu transportieren, aufzurichten und zu heben. Zum Heben genügt eine Kombination von Hebelwirkungen, gefolgt von sukzessiven Aufschüttungen. Wenn man den Block auf diese Weise in eine gewisse Höhe gebracht hat, läßt man ihn über eine mit Ton bestrichene Böschung herabgleiten. Durch mehrmalige Wiederholungen dieser Operationen kann der Block weitertransportiert und sogar über Steigungen hinweg befördert werden.«

Diese Beispiele – denen sich so manche andere anfügen ließen – zeigen die unverkennbare und permanente Tendenz der Prähistoriker, die Möglichkeiten und zugleich die Leistungen der Schöpfer von Megalithbauten zu verkleinern. Deren Großartigkeit hatte für sie etwas Störendes, denn sie stand im Widerspruch zu den Gegenständen, die in den Dolmen gefunden wurden. Diese wiederum wiesen auf Menschen hin, die eben »auf dem Weg der Zivilisation noch wenig fortgeschritten waren«. Man wollte Menschen, die auf der Stufe der Steinzeit oder wenig darüber standen, keine Leistungen zugestehen, die man sich selbst, mit den damaligen Mitteln, nicht zugetraut hätte.

Ein Problem, das zu den schwierigsten der Prähistorie gehört, ist nicht damit zu lösen, daß man ein paar Striche auf ein Stück Papier wirft. »Die Erfahrung lehrt . . .«, sagt Déchelette. Aber ein fester Punkt allein genügt nicht, um die Welt aus den Angeln zu heben. Man braucht auch noch die passenden Hebel. Und die Frage ist, ob man auf sie den nötigen Druck ausüben kann. Das hängt nun alles davon ab, welche Art von Block man bewegen oder heben möchte. Es liegt auf der Hand, daß die von Déchelette skizzierte Methode beim Bau Tausender von Dolmen in Frankreich und anderswo ausreichte. Unsere Aufgabe aber muß sein, vom Transport und der Plazierung von Decksteinen Rechenschaft zu geben, die 50 Tonnen und mehr wiegen.

Darüber besitzen wir bisher noch keinerlei Erfahrungen. Wir haben von Fällen berichtet, in denen Decksteine gehoben wurden (Périssat, Conflans-Sainte-Honorine, Saint-Germain-de-Confolens etc.), aber keiner von ihnen wog mehr als 20 Tonnen. Der Rekord scheint bei dem 35 Tonnen schweren Deckstein des Dolmens von Ecluzelles (Eure-et-Loire) zu liegen. Pioniere brachten ihn an seinen Platz zurück. Sie benützten dabei unter anderem vier Schraubwinden mit einer Leistungsfähigkeit von je 15 Tonnen.

Wie die großen Menhire, so wurden die riesigen Decksteine der Dolmen wahrscheinlich auf rollenden Baumstämmen transportiert. Zuvor aber mußten sie natürlich freigelegt und in eine Position gebracht werden, in der die Rollen unter ihnen Platz fanden. Wenn der Monolith bereits auf dem Boden lag, war diese Operation vielleicht nicht übermäßig schwer. Mit größeren Schwierigkeiten mußte man rechnen, wenn es darum ging, ein Felsstück loszulösen. In diesem Fall mußte man das übrigens gar nicht seltene Glück haben, Naturspalten zu finden. In diese trieb man Holzkeile, ließ sie durch Flüssigkeiten aufquellen und erreichte damit die Abspaltung des Steines. Vielleicht benutzte man auch die Sprengkraft des Eises, durch die, wie wir uns überzeugen konnten, schon mancher Deckstein eines Dolmen zerstört wurde.

Den Block nun auf Rollen zu schaffen, ihn sozusagen aufzuheben, mußte mit besonderen Schwierigkeiten verbunden sein. Bei breiten und dünnen Platten war dies vielleicht mit Hebeln zu schaffen, die von jeweils mehreren Männern niedergedrückt wurden; bei einigen besonders schweren und engen Steinen, wie denen von Mettray und Antequera, mußte dieses »Aufheben« recht schwierig werden. Selbst wenn der Boden darunter ausgehöhlt war, hatte man Mühe, an den Seiten Hebel anzubringen, sie dann sehr lang sein mußten und folglich ziemlich hoch in die Luft ragten. Wenn sie jedoch von mehreren Männern an Seilen herabgezogen wurden, dürfte genügend Druck entstanden sein, um die Blöcke zu heben. Eventuell wurde die Arbeit auch durch günstige Umstände erleichtert. Ein Block konnte sich zum Beispiel zufällig in einer Kipplage befinden, wodurch die erforderlichen Hebelkräfte sich wesentlich verringerten. In manchen Fällen wird es auch möglich gewesen sein, die Rollen an Ort und Stelle unter den Block zu schieben usw.

Um die Decksteine auf die Tragsteine zu plazieren, bediente man sich vielleicht des einfachsten Hilfsmittels der »Mechanik«, der schiefen Ebene. Die Tragsteine wurden bis oben hin zugeschüttet und die Neigung des dabei entstehenden künstlichen Hügels dem Gewicht des Steines entsprechend abgeflacht. Denn wer einen 70 000 Kilogramm schweren Monolithen auf Rollen eine schiefe Ebene hinaufbewegen möchte, riskiert, daß der Stein dabei außer Kontrolle gerät und an seinen Ausgangspunkt zurückrollt. Je größer der Neigungswinkel, um so größer war diese Gefahr. Außerdem wurde der Block vermutlich mit Seilen umwickelt, damit man auf ihn von der anderen Seite aus eine zusätzliche Zugwirkung und überdies auch eine Bremswirkung ausüben konnte.

Die Steinhaufen, die man oft in der Nähe von Dolmen findet, sind vielleicht Überreste solcher schiefen Ebenen. Sobald nun der Deckstein oben angekommen war, mußten die Rollen entfernt werden, damit er auf die Tragsteine zu liegen kam. Das war nun wiederum keine bequeme Operation, denn dabei hatte man keinen sehr festen Boden unter den Füßen. Die Tragsteine mußten im Boden gründlich verankert und verkeilt werden, denn bei der Plazierung der Decksteine war mit heftigen Stößen zu rechnen.

Der Bau eines Dolmen scheint auf den ersten Blick kein schwieriges Problem, sondern vor allem eine Frage der Arbeitskräfte zu sein. In Wirklichkeit aber nützt es wenig, wenn Hunderte von Männern Hunderten von anderen Männern bei der Arbeit zuschauen. Wer sich ein ungefähres Bild von dem machen möchte, was die Plazierung des Decksteines bei manchen Dolmen bedeutete, der stelle sich folgendes vor: Eine unserer Superlokomotiven ist entgleist und liegt mit den Rädern nach oben zwei Meter neben dem Gleis in einem Feld. Man möchte sie zurück auf das Gleis setzen, und dem Ingenieur, der die Arbeiten leitet, stehen Steine, Seile aus geflochtenem Rindsleder, Bäume und eine Infanteriedivision zur Verfügung. Die Plazierung der riesigen Decksteine mußte die gleichen Probleme bzw. noch schwierigere stellen, denn an einer Lokomotive lassen sich Seile leichter befestigen als an einem Steinblock. Unlösbar ist das Problem nicht, denn es ist gelöst worden. Beim Studium der Megalithen stößt man jedoch, wie gesagt, immer wieder auf besondere Fälle, von denen auch die vernünftigsten Lösungen wieder in Frage gestellt werden.

Der Dolmen von Pépieux im Département Aude ist auf eine

zwanzig Meter hohe, die ganze Umgebung überragende Anhöhe gebaut. Die Hänge dieses Hügels sind dermaßen steil, daß wir uns einfach nicht vorstellen können, wie die Steinblöcke hinauftransportiert wurden. Das Monument – es handelt sich mit Sicherheit um ein echtes Galeriegrab – ist eine vollständige Ruine, aber einige der übriggebliebenen Blöcke haben ein respektables Gewicht. Der einzige noch vorhandene Deckstein wiegt als Bruchstück gute zehn Tonnen. Wie in aller Welt hat man diesen Block, der ursprünglich vielleicht das Doppelte wog, in die Höhe geschafft? Hat man ihn mit Seilen und mit reiner Muskelkraft gewissermaßen senkrecht hochgezogen? Hat man eine gigantische schiefe Ebene aufgeschüttet? Der heute zerstörte Dolmen von Villeréal (Lot-et-Garonne) stellt uns vor das gleiche Problem, und es existieren gewiß noch viele andere Dolmen dieser Art.

Es gibt jedoch noch ein anderes, noch viel seltsameres Faktum, vor dem fast alles, was wir in diesem Kapitel gesagt haben, wieder zusammenbricht. Auf die groben Unebenheiten, die an der Innenseite eines der Decksteine des Dolmen von Bournand zu beobachten sind, haben wir bereits einmal hingewiesen. Es handelt sich dabei um keinen Einzelfall. Wir sehen das gleiche Phänomen am Deckstein der »Grosse Perotte« von Fontenille, an dem des Dolmen von Kergavat zwischen Plouharnel und Carnac, sowie, wenn auch weniger deutlich, an den Dolmen von Crucuno und Mané-Groh. Diese Unebenheiten sind so groß, daß zwischen der Spitze des Tragsteins und der Unterseite des Decksteins ein Stützblock nötig wurde, um letzteren in der Horizontale zu halten. Wir wollen vorläufig auf die Frage verzichten, wie dieser Stützblock, auf dem Dutzende von Tonnen lasten, in seine Position gebracht wurde. Diese groben Unebenheiten an der Unterseite mancher Decksteine bilden jedoch dadurch ein noch größeres Rätsel, daß sie uns von dem Gedanken abbringen, diese riesigen Monolithen könnten auf Rollen transportiert worden sein. Wie aber sonst, mit welchen anderen Mitteln konnten sie auf ihre Tragsteine plaziert werden?

Da liegen sie nun fein säuberlich auf ihren Tragsteinen, ragen mit ihren großen Vorsprüngen in den Innenraum des Monuments und überlassen es dem Besucher, sich den Kopf zu zerbrechen, ganz so, als sei es den Erbauern der Megalithen vor allem darum gegangen, den künftigen Generationen unlösbare Rätsel aufzugeben . . .

Wurden die Decksteine
der großen Dolmen umgedreht?

Die in die Table des Marchands eingravierten Zeichen sind seit langem bekannt. Cambry, de Frémlinville, Galles, de Closmadeuc, Le Rouzic und alle die anderen, die sich mit diesem berühmten Monument beschäftigt haben, sprachen von ihnen mit Begeisterung. Eine dieser Einritzungen an der Unterseite des Decksteines, das sogenannte »Equide«, verdient jedoch unsere besondere Aufmerksamkeit. Sie wurde um 1880 von Henri Martin entdeckt und der Wissenschaft mitgeteilt, aber von niemandem beachtet. Das heißt, niemand zog die Konsequenzen aus einer besonderen Eigentümlichkeit: ein Teil der Eingravierung wird von einem der Pfeiler verdeckt. Diese scheinbar unwichtige Tatsache beweist ganz einfach, daß das Zeichen *vor* seiner Plazierung in den Stein geritzt worden war.

Aber in welchem Stadium konnte dies beim Bau des Dolmen geschehen sein? Man wird sich kaum die Mühe gemacht haben, den Stein hochzuheben, damit jemand etwas einritzen konnte. Diese Seite des Steines muß also freigelegen haben, als dies geschah. Und da sie jetzt die Unterseite ist, bleibt nur eine Schlußfolgerung übrig: Dieser riesige Block ist einmal umgedreht worden!

Man hat von dieser Tatsache auch Notiz genommen. In einem 1895 im Bulletin der Société d'Anthropologie de Paris erschienenen Artikel griff Gabriel de Mortillet eine Bemerkung von Dr. de Closmadeuc aus dem Jahre 1885 auf und schrieb: ». . . (der Deckstein) besteht aus sehr kompaktem

38   *Neolithische Steinkiste von Züschen/Waldeck*

39   *Steinkreis von Drombeg, Co. Cork, Irland*

40   *Großsteingrab »Visbeker Braut« auf der Ahlhorner Heide (Emsland)*

41   *Steinsetzung in Schiffsform bei Näsinge, Schweden*

Granit mit einer Dichte von über 2,50 . . . Sein Gewicht beträgt demnach 36 750 Kilogramm. Nun haben die Erbauer der Dolmen diesen riesigen Block nicht nur herbeigeschafft und auf seine Träger gehoben, sondern sie mußten ihn auch noch umdrehen, um die Skulpturen anzubringen. Der Deckstein des Dolmen von March'hand trägt, wie gesagt, an seiner Unterseite die Skulptur eines riesigen gestielten Beiles, daneben aber auch noch das Bild eines Tieres, das uns zu denken gibt. Denn da ein Teil dieses Tieres von einem Pfeiler verdeckt wird, konnten diese Skulpturen und Eingravierungen nicht nach der Plazierung des Steines ausgeführt worden sein. Während der Arbeit des Künstlers war diese Seite also die Oberseite des Steines. Danach mußte der schwere Granitblock umgedreht werden, damit man ihn plazieren konnte. Das erforderte eine Menge ungeheurer Anstrengungen. Wie konnte man das zu einer Zeit bewerkstelligen, als unsere wissenschaftlichen und mechanischen Kenntnisse noch so wenig fortgeschritten waren?«

Gabriel de Mortillet blieb bei dieser Frage stehen. Zwanzig Jahre später kam Major Devoir erneut auf diese Eingravierungen zu sprechen, aber auch er ging nicht über diesen Punkt hinaus, und aus seinem Text wird man im übrigen nicht recht schlau. Sodann wurde am Dolmen von Kerveresse, der sich ebenfalls in der Gemeinde von Locmariaquer befindet, ein ganz ähnliches Phänomen beobachtet. Auch dort mußte die Einritzung einiger Blumen der Plazierung des Steines vorausgegangen sein. Eine frappierende Schlußfolgerung drängte sich auf: Die Decksteine der Dolmen waren generell umgedreht worden. Aber wie und warum? Unseres Wissens hat sich bisher niemand um diese Frage gekümmert. Dieses Problem hat uns keine Ruhe gelassen, und nach langer Zeit haben wir uns schließlich gefragt, ob die Lösung des Rätsels nicht in dem Verfahren liegen könne, das man zur Plazierung dieser Steine anwandte. Die groben Unebenheiten der Unterseite machten, wie gesagt, die Beförderung auf Rollen unmöglich. Wenn sie jedoch umgedreht waren, lagen sie auf ihrer glatten Seite und konnten auf Rollen gebracht werden. Sie mußten am Ende nur umgedreht werden, damit die Unebenheiten nach unten kamen. Aber wie?

Es gibt hier offenbar nur eine Lösung. Der schwere Deckstein mußte in der Nähe der Tragsteine gekippt werden. Anders war es nicht zu machen. Unsere Skizze zeigt die vier Hauptphasen dieses Vorgangs. Im wesentlichen erforderte diese Methode nur Erdaufschüttungen – und natürlich die nötige Schubkraft zur Fortbewegung riesiger Massen. Die vierte Phase zeigt, daß der Deckstein durch die allmähliche Entfernung der aufgeschütteten Erde ohne Erschütterungen auf seine Tragsteine zu liegen kam. Und damit erklärt sich auch, warum wir manchmal zwischen Tragstein und Deckstein eingekeilte Steine finden.

Wir haben damit natürlich nicht bewiesen, daß dieses Verfahren tatsächlich benützt wurde. Es bleibt eine Hypothese. Da wir uns jedoch keine andere Methode vorstellen können, gestatten wir uns die folgende Feststellung: Wenn wir den Auftrag hätten, eine dieser Großtaten der megalithischen Baumeister nachzuvollziehen, so würden wir es mit dieser Methode versuchen. Die Erfahrung würde lehren, ob unsere Überlegungen nur auf dem Papier oder auch in der Wirklichkeit gültig sind. Leider wird es nicht so bald zu einem derartigen Experiment kommen.

Nehmen wir also einmal an, die Erbauer der Dolmen seien so verfahren. Damit wäre noch nicht das gesamte Problem gelöst. Die Frage nach dem Warum wäre noch nicht durch die Frage nach dem Wie beantwortet. Kommen wir zurück zum

Diese Skizze zeigt, wie die Steine möglicherweise gedreht werden konnten

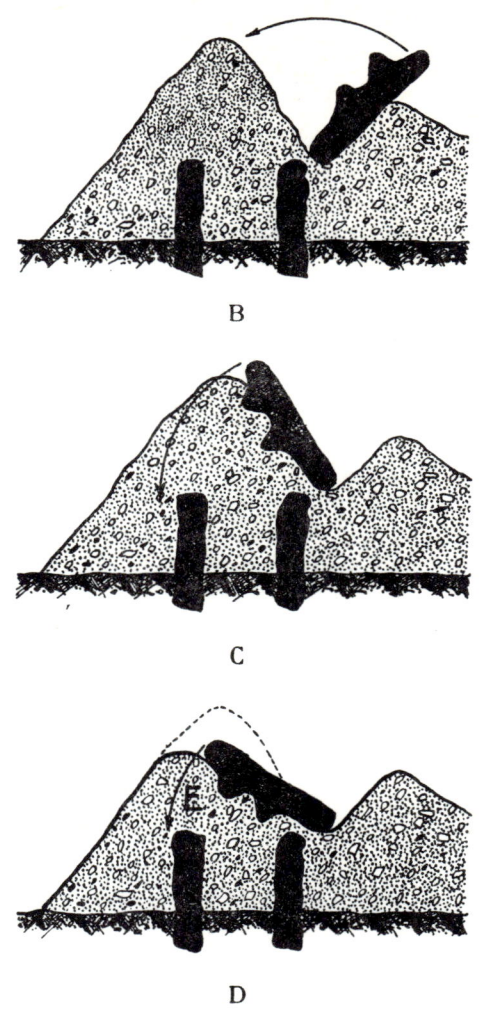

B

C

D

Table des Marchands. Der Transport von dessen Deckstein
wurde nämlich weder an der Ober- noch an der Unterseite
von größeren Unebenheiten behindert. Und dennoch wurde
er umgedreht. Warum? Wir sehen dafür keinen Grund. Das
gleiche gilt letztlich auch für die Steine mit großen Unebenheiten. Schließlich hätte man sie auch mit den Unebenheiten

nach oben auf die Tragsteine legen können und die Vorsprünge, falls sie aus diesem oder jenem Grunde störten, entfernen können.

Einen zwingenden Grund für die Umdrehung der Steine gab es also nicht. Aber sie sind umgedreht worden, das scheint außer Zweifel zu stehen, und das Motiv bleibt unerfindlich. Es sei gestattet, daß wir dazu unsere persönliche Meinung äußern. Betrachten wir die Methode der Umdrehung, die wir vorgeschlagen haben, etwas genauer. Wenn man es recht bedenkt, so erweist sie sich als die ökonomischste Lösung im Hinblick auf den Arbeitsaufwand, vor allem aber auch als die sicherste im Hinblick auf die Stabilität des ganzen Baues. Wenn man einen Block in eine geeignete Position gebracht hat, so ist es, unabhängig von seinem Gewicht, relativ leicht, ihn zu kippen. So ähnlich muß es bei der Errichtung der großen Menhire zugegangen sein. Man brauchte gewaltige Erdaufschüttungen, aber diese waren zu bewältigen, denn hier konnte eine große Zahl von Arbeitskräften eingesetzt werden, und jeder konnte einen seinem Alter oder seinem Geschlecht entsprechenden Beitrag leisten. Man wird sich also fragen dürfen, ob das Kippen der Steinblöcke nicht einfach die geläufigste Methode war. Damit ließe sich so mancherlei erklären. Wir bekämen auch eine befriedigende Antwort auf die Frage, wie es möglich ist, einen 50 und mehr Tonnen schweren Stein über oder neben Tragsteine zu befördern, ohne die Stabilität des gesamten Systems zu gefährden.

Es ließe sich nun denken, daß dieses Verfahren nur bei der Plazierung der Kolosse unter den Decksteinen verwendet wurde. Wir glauben das nicht, denn man scheint auch bei Dolmen mittlerer Größe wie denen von Kerveresse und Mané-Groh davon Gebrauch gemacht zu haben. Überdies scheint diese Technik auf keine bestimmte Region beschränkt geblieben zu sein, denn Fontenille, Crucuno und Bournand weisen darauf hin, daß sie auch in der Charente, der Bretagne und der Touraine Anwendung fand. Und nun möchten wir dieses lange technische Kapitel mit einer letzten Frage beschließen.

Liegt der Position der »beweglichen Steine«
eine Absicht zugrunde?

Im Hinblick auf einen der Dolmen von Livernon (Lot) schrieb Baron von Bonstetten 1865:

»Am Bau des Dolmen von *Pierre Martine* bei Livernon (Lot) ist eine Besonderheit zu beobachten, auf die ich hier aufmerksam machen möchte. Sein Deckstein sieht von weitem wie ein Schiff aus, und seine gewölbte Form erlaubt es, ihn mit einem bloßen Druck der Hand über den beiden Punkten, auf denen er aufliegt, in eine Schaukelbewegung zu versetzen. Die Anlage der Tragsteine scheint darauf hinzuweisen, daß es sich hier um keinen reinen Zufall handelt, sondern um einen kunstvoll hergestellten Gleichgewichtszustand.«

Oder hören wir, wie jemand anderer den gleichen Sachverhalt beschreibt:

»Der Deckstein liegt nicht in seiner ganzen Breite auf den Tragsteinen, sondern befindet sich auf zwei kleinen, drei Fuß langen Erhöhungen in einem derart vollkommenen Gleichgewicht, daß er mit einem Fingerdruck bewegt werden kann.«

Oder wir lesen:

»Unter den Dolmen, die Anomalien aufweisen, dürfte der von Saint-Bard (Creuse) der interessanteste sein. Sein Deckstein befindet sich in einem solchen Gleichgewichtszustand, daß der Druck einer Hand genügt, um ihn hin und her zu schaukeln.«

Man könnte noch weitere Beispiele anführen und muß sich fragen, ob diese Zustände absichtlich herbeigeführt wurden. Wer diese Fragen zu bejahen wagt, ist für manche Prähistoriker beim Glauben an Feen und Riesen stehengeblieben.

Es war bereits von einigen Decksteinen die Rede, die, wenn sie ihren Halt nicht total verloren hatten, doch mindestens zu einem guten Teil über den Rand der Tragsteine hinausragten. Das gilt für die Dolmen von Mané-Lud und Mané-Rutual bei Locmariaquer, Draché (Indre-et-Loire), le Mas-d'Azil

(Ariège), Sauclières (Aveyron), einen Dolmen von Adrian-opel (Westtürkei) u. a. Wir haben zunächst an eine Unge-schicklichkeit oder einen Fehler geglaubt, mußten uns dann aber eines anderen besinnen. Wer es fertigbrachte, die kolos-salen Decksteine zu plazieren, dem waren solche Fehlgriffe einfach nicht zuzutrauen, und wir möchten uns mit solchen billigen Lösungen auch nicht lange aufhalten.

Wenn sich ein irgendwie gearteter Körper im Gleichgewicht befindet, so genügt der geringste Druck, um ihn in Schwin-gungen zu versetzen und das Gleichgewicht zu zerstören. Wenn er sich jedoch nicht genau im Gleichgewicht befindet, ist dazu eine größere Kraft nötig. Genauso scheinen die Decksteine mancher Dolmen plaziert worden zu sein. Das ist um so wahrscheinlicher, als wir nicht selten auf Pfeiler sto-ßen, die den Deckstein gar nicht berühren. Wollte man Hohl-räume unter ihnen schaffen, um ihnen Verschiebungen zu gestatten? Leider hat auch hier die Zeit ihr Werk getan, und die meisten dieser Decksteine sind vermutlich aufgrund von Verwitterung unbeweglich geworden.

Wir wollen bei dieser Frage nicht allzu lange verweilen. Um darüber zu einer präzisen Ansicht zu gelangen, wären sehr viele Beobachtungen und Nachforschungen nötig. Wir wol-len uns mit der Feststellung begnügen, daß ein neues Kapitel über die Technik der Megalithbauten zu schreiben wäre, wenn man zu dem Schluß gelangte, daß die Beweglichkeit der Decksteine mancher Dolmen absichtlich herbeigeführt wurde.

DAS GEHEIMNIS DER MEGALITHEN

Unter den Prähistorikern besteht, wie wir gesehen haben, die Neigung, die Megalithen Europas und die von Asien und Afrika gesondert zu betrachten. Es wird angenommen, daß man in Indien, Korea oder Algerien zu dieser oder jener Zeit spontan auf die Idee kam, einen Dolmen zu bauen, und daß diese Monumente mit denen in Westeuropa nichts zu tun haben. Bereits Cartailhac schrieb:
»Ich bin überzeugt, daß es gefährlich ist, Monumente, nur weil sie einige Analogien aufweisen, über große Entfernungen hinweg miteinander in Zusammenhang zu bringen. Es war ein Irrtum, die algerischen Dolmen mit den unsrigen zusammen zu gruppieren. Sie sind spontane, unabhängige und zeitlich weit auseinander liegende Schöpfungen.«
Cartailhac gehört zu jenen Forschern, von denen wir sprachen, das heißt, wenn er in der Steinzeit gelebt hätte, wäre er sicher ein großer Erfinder gewesen. Wir müssen darum jedoch nicht seine Betrachtungsweise teilen. Wir müssen zugeben, es fällt uns schwer, uns zwischen Monumenten, die so weit voneinander entfernt liegen wie die in der Bretagne und die in Korea, irgendwelche Verbindungen vorzustellen. Auf den ersten Blick erscheint uns das um so abwegiger, als drei bis vier Jahrtausende nach dem Bau unserer Dolmen vergehen mußten, bevor der erste Europäer die koreanische Halbinsel zu Gesicht bekam. Dennoch, wir stehen vor einer Tatsache. Wir wissen, wie irritierend sie sein kann, sie läßt sich aber nicht mit ein paar Sätzen beseitigen.
Einer der Gründe, die uns an einen gemeinsamen Ursprung glauben lassen, ist ihre geographische Verteilung und Gruppierung sowie, alles in allem, ihre Seltenheit. Wenn wir rekapitulieren, so sehen wir in der Alten Welt folgende sechs Hauptgruppen: Westeuropa, Nordafrika, Palästina, das Schwarze Meer, Indien und Korea. Wenn es sich um eine spontane Schöpfung ganz verschiedener Menschen handeln würde, müßte es viel mehr von ihnen geben. Zu viele Glieder

fehlen in dieser Kette, die von einem Ende des eurasischen Kontinents zum anderen reicht.

Wir sind der Meinung, daß weder die Idee noch die Methoden und technischen Verfahren in irgendeinem der Völker geboren wurden, in deren Ländern wir Megalithbauten antreffen. Sie wurden ihnen von außen gebracht, von einem anderen Volk oder von dessen Repräsentanten. Wir wissen in der Tat, daß zur damaligen Zeit der Entwicklungsstand keines der betreffenden Völker ausreichte, um solche Methoden und Techniken, geschweige denn ein abstraktes Denken zu entwickeln. Gestützt wird diese Ansicht durch das Fehlen aller anderen Spuren. Wir kennen Dolmen, Kromlechs und Steinreihen, und das ist praktisch alles. Und das gilt für alle Gebiete, in denen wir die Idee von Megalithbauten aufspüren können. Keines der »Dolmen-Völker« hat aus eigener Kraft ein höheres oder auch nur unterschiedliches Entwicklungsstadium erreicht. Dabei wäre doch nach einem solchen »Start« noch einiges zu erwarten gewesen. Mit dem Verschwinden derer, die das »Know-how« besaßen, kam alles ins Stocken oder man griff zu leichteren Methoden. Die Idee des Dolmen kam von außen, denn wenn sie sich durch Wanderung verbreitet hätte, wäre dies auf recht engem Raume geschehen. Solche Wanderungen mag es durchaus gegeben haben, zum Beispiel vom spanischen Katalonien hinauf in den Süden des französischen Zentralmassivs oder umgekehrt. Diese beiden Gebiete dürften aber kaum direkt von der Bretagne und weniger noch von Skandinavien aus beeinflußt worden sein. Die Idee wurde von denen gebracht, die Dolmen auf Korsika und in Nordafrika bauen ließen und danach in das Gebiet von Morbihan und nach Schweden gelangten.

Man hat den Einwand erhoben, daß der zentrale Mittelmeerraum nicht ärmer an Megalithbauten sein dürfte als die entlegene und schwer erreichbare Atlantikküste, wenn die Idee des Dolmen von einem seefahrenden Volk aus dem östlichen Mittelmeer stammte. In der Tat sind die Gebiete mit den meisten Megalithbauten, nämlich Portugal, die Bretagne und

Skandinavien, am weitesten entfernt vom Vorderen Orient. Daran ist nicht zu rütteln, aber das ist ebenso wenig ein Argument, wie die Reisen des Herodot dafür oder dagegen sprechen, daß 2000 Jahre vor ihnen jemand das gleiche tat. Es wurde ferner eingewandt, daß es nur einem Volk von Eroberern – welchen Eroberern? – hätte gelingen können, die religiösen Gebräuche selbständiger Völker derart zu verändern. Dieses Argument ist nicht stichhaltiger als das vorherige. Ihm zuzustimmen hieße, das Werk und den Einfluß aller christlichen Missionare, die nicht als Eroberer auftraten, zu leugnen. Außerdem könnten wir das nur beurteilen, wenn uns zugleich die Religion derer, von denen die Idee der Megalithbauten gebracht wurde, und derer, die sie empfingen, bekannt wäre. Möglicherweise besaßen sie Gemeinsamkeiten. Aus den Megalithbauten erfahren wir jedoch nichts über die religiösen Vorstellungen der Erbauer. Wenn es sich um einen Totenkult und folglich um einen Jenseitsglauben handelte, so muß das nach den Überresten, die wir in den Dolmen finden, ein recht sonderbarer Kult gewesen sein. Das einzige, worauf wir aufgrund vieler Indizien schließen können, ist irgendeine Form des Sonnenkults.

Man hat das Problem der Megalithen unnötig kompliziert. Als ob es nicht bereits genügend schwer zu lösen wäre. Man suchte Lösungen darin, daß man von Monumenten ausging, die gar keine Megalithen waren oder allenfalls zu einer gesonderten Kategorie gehörten. Man suchte eine Entwicklung nachzuweisen, die vom einfachen Dolmen bis zum Galeriegrab führte oder umgekehrt. Nun sind sie alle nach dem gleichen Prinzip und im gleichen Stil gebaut, und wenn wir vor manchen Dolmen oder Galeriegräbern ein niedrigeres Eingangstor finden, so hat es keinen Sinn, von Entwicklung zu reden, denn dieses Eingangstor ist mit seinen zwei Längssteinen, auf denen ein Querstein ruht, nichts weiter als eine einfache Replik des Monumentes selbst. Und wenn eine Entwicklung feststellbar wäre, was hätten wir damit für die Lösung des Problems der Megalithen gewonnen?

Wir glauben an keine Entwicklung, sondern, wie gesagt, eher an »regionale Schulen«. Wer sich mit dem Phänomen der Dolmen in ihrer Gesamtheit lange beschäftigt hat, der wird, vorausgesetzt es handelt sich um keinen Einzelfall, anhand einer Fotografie oder eines Planes bestimmen können, aus welchem Gebiet das betreffende Monument stammt. Abgesehen von den Erfordernissen des verwendeten Materials war der Bau nämlich auch eine Frage des Reichtums bzw. der »finanziellen Mittel«, wie wir heute sagen würden. Bescheidene Monumente finden wir in Regionen, die aller Wahrscheinlichkeit damals schon so arm waren, wie sie es heute noch sind. Die kleinen Dolmen der Causses und der Garrigues konnten nur das Produkt einer schwach bevölkerten Landschaft sein, deren Boden nur wenig Menschen ernährte. Die großen Dolmen der Touraine und der Bretagne waren dagegen das Werk eines Volkes, das diese Gebiete aufgrund des reicheren Bodens und des dortigen Fischfangs dichter besiedeln konnte. Wenn wir die Megalithen in landwirtschaftlich reichen oder armen Regionen gleichermaßen verteilt finden, oder wenn die ärmeren Gegenden sogar mehr von ihnen aufweisen, so verhält es sich doch umgekehrt bei deren Dimensionen. Um den großen Menhir von Locmariaquer oder das Galeriegrab von Essé zu errichten, waren viel mehr Menschen nötig als zum Bau irgendeines Dolmen der Ardèche oder der Lozère. Wie hätte auch ein Stamm mit hundert Männern einen Stein von 80 000 Kilogramm transportieren und plazieren können? Die großen Kathedralen wurden auch nur in den Städten gebaut, während man sich auf dem Lande mit bescheideneren Kirchen begnügte.

Das Verschwinden der Megalithkultur stellt uns vor ein fast ebenso großes Problem wie ihr Erscheinen. Nachdem der Gebrauch des Kupfers und der Bronze sich durchgesetzt hatte, baute man keine Dolmen mehr, womit aber nicht gesagt ist, daß dieses Ende keine tieferen Ursachen hätte. Man könnte auch schließen, daß diejenigen, die diese Dinge gebracht hatten, eines Tages nicht mehr in die betreffenden

Gebiete kamen. Wann und warum? Wir wissen es nicht. Sicher ist, daß sie nicht nur selbst allmählich verschwanden, sondern daß auch ihre Kenntnisse und Methoden verlorengingen. Übrig blieben allein die grandiosen Zeugnisse ihrer Anwesenheit und eine Erinnerung, in der sie sich allmählich in übernatürliche Wesen verwandelten.

Die Hypothese – genauer gesagt: die provisorische Hypothese –, die wir für die wahrscheinlichste halten, lautet, daß die Fremden in die Dolmen-Gebiete kamen, um dort Erz zu suchen. Es ist die einzige Hypothese, mit der sich die Anwesenheit von Seefahrern in diesen Ländern rechtfertigen ließe. Auch andere Schätze, die es bei ihnen nicht gab, besonders Bernstein, könnten sie angezogen haben. Der Haupteinwand, der sich dagegen erheben läßt, lautet folgendermaßen: Wir kennen kein zivilisiertes Volk, das eine Flotte besaß, einen intensiven Gebrauch von Bronze oder Bernstein machte und im eigenen Lande Dolmen baute. Mit wenigen Ausnahmen ist diese Sitte, die eine so große Verbreitung fand, bei den antiken Kulturen, die wir studierten, nicht bekannt.

Wenn die Megalithen auf Westeuropa und auf Dolmen mittlerer Größe beschränkt wären, könnte man an spontane Schöpfungen denken. Schließlich konnte irgendwann einmal in Dänemark, der Bretagne, Portugal, an den Ufern des Nils oder auf einer ägäischen Insel irgend jemand auf die Idee verfallen, einen Dolmen zu bauen. Die sehr weite und doch zugleich eng begrenzte geographische Verbreitung macht das Problem jedoch komplizierter. Und Monumente wie die von Bournand und Antequera, wo man mit den Schwierigkeiten zu spielen schien, und geometrische Anlagen wie die der Kromlechs von Crucuno oder der Anneau des Brodgar zwingen uns geradezu, den Ursprung der Megalithen dennoch im Kreis der großen Zivilisationen zu suchen.

Der Blick wendet sich also in das östliche Mittelmeer. Wir haben den Dolmen mit falscher Kuppel erwähnt, der mit den mykenischen Gräbern so nahe verwandt ist. Diese Verwandtschaft ist so frappierend, daß sich der Gedanke an Seefahrer aus dem Ägäischen Meer kaum vermeiden läßt. Aber ließe sich dieser Ursprung auf die Megalithkultur in ihrer Gesamtheit beziehen? Die Dolmen mit falscher Kuppel sind, wie gesagt, selten und verstreut. In Skandinavien ist uns keiner bekannt. Aber in Irland, der Bretagne, Portugal, Andalusien, Nordafrika und an den Ufern des Schwarzen Meeres sind welche zu finden. Fast alle liegen sie in Küstennähe. Selbst wenn neue entdeckt werden, wie das kürzlich in der Bretagne der Fall war, werden sie im Verhältnis zur Masse der anderen Dolmen und Galeriegräber wahrscheinlich eine Seltenheit bleiben.

Daß mykenische Seefahrer im Laufe des zweiten Jahrtausends vor unserer Zeitrechnung in Westeuropa erschienen sein könnten, ist durchaus nicht unwahrscheinlich. Das Merkwürdige wäre, daß sie keine Spuren hinterlassen haben. Immerhin mußte die antike Welt das für die Bronze nötige Zinn irgendwo herholen. Diejenigen, die es in Westeuropa förderten, schafften es nicht selbst ins Ägäische Meer. Wir brauchen uns also nicht zu wundern, wenn wir die Dolmen mit falscher Kuppel dort finden, wo früher einmal Zinn gefördert wurde.

Wir meinen nun jedoch nicht, daß man den Seefahrern aus der Ägäis die Gesamtheit der Megalithbauten oder auch nur den ursprünglichen Anstoß zuschreiben könnte. Lassen wir einmal die möglichen architektonischen Unterschiede zwischen dem Dolmen mit falscher Kuppel und dem mykenischen Grab beiseite, setzen wir voraus, daß dies chronologisch möglich wäre, und nehmen wir also an, der Dolmen mit falscher Kuppel sei der Ausgangspunkt. Von diesem ziemlich hochentwickelten Monument aus wäre man dann im architektonischen, wenn auch keineswegs im technischen Sinne, in einer Art von Dekadenz zum Galeriegrab, von dort zum Ganggrab und schließlich zum einfachen Dolmen herabgestiegen.

Wir hielten es daher für recht problematisch, im Dolmen mit falscher Kuppel den Ursprung der Idee des Dolmen zu sehen. Wir betrachten ihn eher als eine Form des Monuments, die sich vom Typ des Dolmen ebenso unterscheidet wie die künstlichen Grabgrotten. Wir wissen freilich, daß man in Mykene die zum Heben schwerer Steinblöcke nötige Technik besaß. Der in sechs Meter Höhe plazierte Monolith der mykenischen »Schatzkammer des Atreus« dürfte 120 Tonnen wiegen. Damit hatte man die gewaltigsten Leistungen der Erbauer der Dolmen erreicht oder überboten. Auch wäre auf den stilisierten Tintenfisch hinzuweisen, den wir in Lufang ebenso wie in Mykene dargestellt finden, sowie auf die Ähnlichkeit der Ornamente von New Grange in Irland (Dolmen mit falscher Kuppel) mit denen von Gavrinis (Ganggrab), wo mykenische Einflüsse in Westeuropa erkennbar werden. Vielleicht sollte auch noch der Dolmen auf dem Peloponnes erwähnt werden, den Bonstetten gezeichnet hat. Aber selbst wenn man annähme, daß die Idee von der Ägäis ausging, bliebe zu erklären, wie sie in die anderen Regionen der Megalithkultur gelangte.

Im Dolmen mit falscher Kuppel sehen wir weder einen Anfang noch ein Ende. Der Vorstellung vom Anfang stehen chronologische Schwierigkeiten entgegen. Das mykenische Grab stammt aus dem 15. Jahrhundert v. Chr., und wenn man die Monumente Mesopotamiens nach dem Prototyp dieses Grabes durchsucht, so kommt man zwangsläufig wieder zurück nach Mykene. Außerdem wäre das eine sehr billige Lösung. Der Kuppeldolmen von Baden war sehr viel leichter zu bauen als das Galeriegrab von Essé. Und wenn man den Dolmen mit falscher Kuppel als einen Endpunkt betrachtet, so steht man vor der Aufgabe, seine »primitiven Vorläufer« zu erklären.

An der Vorstellung, daß es 2000 Jahre v. Chr. Menschen gab, die die Welt nach Erz durchsuchten, ist eigentlich nichts Abwegiges. So wie unsere Gesellschaft abhängig ist vom Eisen, der Kohle, der Elektrizität und dem Erdöl, so waren antike Zivilisationen während großer Teile ihrer Geschichte auf Kupfer und Zinn gegründet. Es ging dabei um Leben und

Tod, denn nur der Besitz der Bronze sicherte die Gleichheit der Waffen. Das zinnhaltige Cassiterit war das Uran der damaligen Zeit. Nun war das Zinn, das auf dem Territorium der großen antiken Zivilisationen zu finden war, nicht der Rede wert. Man mußte es suchen.

Mit den Phöniziern liefert uns die Antike ein Beispiel für diese Prospektoren des Metalls. An ihre Leistungen brauchen wir hier nicht zu erinnern. Ganz ohne Zweifel gehörten sie zu den besten Seefahrern des Altertums, und auf den ersten Blick wäre ihnen die Verbreitung der Dolmen durchaus zuzutrauen. Durch ihre Verbindungen mit Palästina waren sie schließlich eines der seefahrenden Völker, die in direktem Kontakt mit einer megalithischen Religion standen. Man weiß außerdem, daß sie das Rote Meer befuhren und daß sie darum auch nach Indien und sogar nach Korea hätten gelangen können. Die phönizische Hypothese wäre somit in Betracht zu ziehen. Bekanntlich hat sie viele Prähistoriker zu sarkastischen Bemerkungen veranlaßt. Eine ganze Weile war man von einer Art »Phönizomanie« besessen. Aber Ironie und Verdikt von »Autoritäten« waren in dieser Art von Diskussionen noch nie schlüssige Argumente. Gegen die phönizische Hypothese steht u. a. das fast gänzliche Fehlen archäologischer Funde. Aber auch dieses Fehlen können wir nicht als Beweis gelten lassen. Es muß Zurückhaltung hervorrufen, nicht Ablehnung, kann die Lokalisierung eines Faktums ausschließen, nicht das Faktum selbst. Das Fehlen archäologischer Zeugnisse verbietet es uns beispielsweise, genau zu bestimmen, auf welchen Inseln die Phönizier ihr zinnhaltiges Erz suchten, streicht diese Inseln jedoch nicht aus den Geschichtsbüchern. Es schiene uns ziemlich unklug, aufgrund solcher Befunde zu behaupten, die Phönizier seien niemals in diesen oder jenen Teil Westeuropas gelangt. Im übrigen steht es damit wie mit anderen Völkern. Das Geheimnis der Megalithkulturen ruht vielleicht auf dem Grund der Meere, und die Archäologie des Meeresbodens steckt noch in ihren Kinderschuhen.

Den Phöniziern waren die Megalithbauten gewiß bekannt,

denn ganz in ihrer Nähe gab es welche. Als hervorragende Seeleute besaßen sie auch alle nötigen Eigenschaften, um die Idee des Dolmen in ferne Länder zu tragen. Persönlich würden wir die phönizische Hypothese gern akzeptieren, wenn wir hier nicht wieder einmal auf chronologische Unstimmigkeiten stießen. Alle großen Leistungen der Phönizier, ihre Expeditionen ins sagenhafte Ophir, ihre Umseglung Afrikas, die Seefahrten Hannos und Himilcos und die Fahrten zu den Cassiterit-Inseln fanden mindestens ein Jahrtausend nach der Zeit der Megalithbauten statt. Außerdem werden uns diese Seefahrer eher als kluge Kaufleute geschildert und weniger als Träger einer religiösen Idee.

Vor allem gibt es jedoch noch zwei wichtige Fakten, die unserer Meinung nach der phönizischen Hypothese zuwiderlaufen. Erstens wissen wir, daß die Phönizier zwischen 1000 und 1200 v. Chr. die westeuropäischen Küsten befuhren. Es müßte dort also Megalithbauten aus dieser Zeit geben, aber wir glauben nicht, daß es sie gibt. Fast alle Gegenstände, die in Dolmen gefunden werden, sind mindestens 1000 Jahre älter. Es müßten in vielen von ihnen Gegenstände aus der Vierten Periode der Bronzezeit zu finden sein, und das ist nur selten der Fall. Und zweitens: Die Phönizier kamen häufig nach Sardinien und auf die Balearen. Man hat jedoch – und dieses Faktum ist vielleicht das wichtigste – auf Ibiza und Mallorca keinen einzigen echten Dolmen gefunden, und auf Sardinien sehr wenige.

Wenn wir der Frage des Zinns so große Bedeutung beimessen, so geschieht dies aus mehreren Gründen. Zunächst haben wir hier eine Übereinstimmung der Daten: In der Epoche der Megalithbauten bestand bei den großen Zivilisationen im östlichen Mittelmeer bereits ein Bedarf an diesem Metall. Zumindest hat dies den Anschein, denn im Hinblick auf die Datierung dieser Monumente wollen wir zurückhaltend bleiben. Auch eine Art räumlicher Übereinstimmung kann angenommen werden. Megalithen gibt es nur dort, wo man keine Bronze kannte. Das Zinn war jedoch nicht der einzige knappe Rohstoff. Besonders das Gold und der Bernstein spielten in der antiken Welt eine große Rolle. Merkwürdigerweise war keiner dieser Stoffe in den Territorien der großen Zivilisationen in ausreichender Menge vorhanden.

Wenn man sich die Verbreitung der Megalithidee durch seefahrende Metallsucher vorzustellen sucht, so muß man vor allem im Auge behalten, daß es sich um kleine Gruppen handelte. Die Metallvorkommen lagen meist im Inneren der Länder, und ein Teil der Mannschaft mußte zur Bewachung des Schiffes zurückbleiben. Es war also eine kleine Truppe, die da inmitten von mißtrauischen und feindseligen Völkern auf Abenteuer ausging. So ähnlich wie den spanischen Conquistadores ihre Feuerwaffen gab diesen Männern ihre bronzene Bewaffnung immerhin eine gewisse Überlegenheit. Man nahm Kontakt mit der Bevölkerung auf, die Prospektoren zeigten eine Probe des gesuchten Erzes, und wenn es in der betreffenden Gegend vorkam, so konnte man die Bevölkerung gewiß leicht dazu bewegen, es gegen Wein, Öl, bunte Tücher, metallene Trinkgefäße und dergleichen einzutauschen.

Was jedoch schwerer zu erklären ist, sind die Megalithbauten. Wie und vor allem zu welchem Zweck hätten die seefahrenden Metallsucher die Bevölkerung zur Errichtung solcher Monumente bewegen sollen? Sie das Erz beschaffen zu lassen, mag plausibel sein, sie dann aber mit ungeheurem Aufwand zum Bau von Dolmen und Menhiren zu veranlassen, klingt nicht sehr wahrscheinlich. Aber wie viele Dinge gibt es doch, die ebenso wenig Anspruch auf Wahrscheinlichkeit erheben können und die dennoch geschehen sind! Gehörten diese Seefahrer vielleicht zu einem sehr religiösen Volk? Mußten ihre Reisen und ihre Pakte mit den jeweiligen Volksstämmen durch »ewig unveränderliche Zeugen« markiert werden, wie es in der Bibel steht oder wie der Keltomane Cambry sich das vorstellte? Und das führt uns zu einer dritten Hypothese, nämlich zu den »religiösesten aller Menschen«, wie Herodot sie nannte.

Geographisch gesehen ist Ägypten unter den großen Zivili-

42   *Granitblock mit Ornamenten der La Tène-Zeit in Turoe, Co. Galvey, ursprünglich in prähistorischem Ringwall gelegen*

43   *Dolmen von Poulnabrone, Co. Clare, Irland*

sationen das Land, von dem die Idee der Megalithen am ehesten verbreitet werden konnte. Es ist das einzige Land, von dem aus Schiffe zugleich nach Europa und nach Asien segeln konnten, und das somit in der Lage war, mit allen Gebieten der Welt, in denen Dolmen zu finden sind, ohne Zwischenträger unmittelbar in Verbindung zu treten. Ägyptische Schiffe befuhren das Mittelmeer und das Rote Meer. Die Ägypter, deren Gebiet von einer Art »Meer« durchzogen ist, waren ein Volk von Seefahrern. Die Wasserstraßen waren ihre einzigen Transportwege, und schon in prähistorischer Zeit haben sie auf Tongefäße und Felsen Schiffe gezeichnet. Die ägyptische Flotte war zweifellos eine der besten der antiken Welt. Eine Eingravierung aus der Zeit des »Alten Reiches«, die in einem Mastaba bei Gizeh entdeckt wurde, ist in dieser Hinsicht sehr instruktiv. Sie stammt aus der VI. Dynastie (also um 2400 v. Chr.) und stellt eines der damaligen ägyptischen Schiffe dar.

Dieses Schiff wird ausschließlich von Segeln angetrieben, eine Rudermannschaft scheint jedoch bereit zu sein, notfalls einzugreifen. Der Bug des elegant geformten Rumpfes ist leicht und das Heck deutlich angehoben, wodurch es in der Lage ist, Rückenwind zu nutzen. Vorne sieht man Leute mit einem Senkblei, was vermuten läßt, daß das Schiff sich an unbekannte Küsten wagte. Das Steuerruder wird vom hinteren Ende aus bedient. Dort steht auch ein Seemann mit zwei Seilen in der Hand, die an den beiden Enden der Rahe befestigt sind. Wir können daher annehmen, daß die Ägypter die Technik des Kreuzens beherrschten oder zumindest recht gut zu navigieren verstanden. Mit einem solchen Schiff konnte man sich durchaus auf das Meer wagen.

Wenn wir so viel von der ägyptischen Flotte reden, so deshalb, weil man nicht gewohnt ist, die Ägypter als ein Volk von Seefahrern zu betrachten. Man denkt sich diese Leute gern »festverankert« in ihrem Niltal und hauptsächlich mit der Landwirtschaft und ihren Monumentalbauten beschäftigt. Es gibt da jedoch ein Faktum, das uns immer schon sehr merkwürdig schien. Man weiß, daß Nechao II. um 600 v.

Chr. phönizische Seeleute aufforderte, Afrika zu umsegeln und durch die Säulen des Herkules nach Ägypten zurückzukehren. Was diese auch höchstwahrscheinlich taten. Aber wie konnte der Pharao wissen, daß man nach der Umseglung Afrikas zu den Säulen des Herkules zurückkam?

Die ägyptische Hypothese bereitet keine chronologischen Schwierigkeiten, und es besteht auch kein Mangel an Argumenten, die für sie sprechen. Auch geographisch gibt es, wie gesagt, keine Schwierigkeiten. Um 2400 v. Chr. ließ Teti I. Schiffe ins Rote Meer auslaufen. Sehr früh entstand in Ägypten ein Bedarf nicht nur an Zinn, sondern auch an Kupfer. Die Vorkommen auf der Halbinsel Sinai waren, falls es sie gab, schnell erschöpft. Und wenn auch Ägypten, wie es scheint, viel fertige Bronze geliefert bekam, so brauchte es doch immer mehr Gold, als in den eigenen Gruben zu finden war. Waren die ägyptischen Seeleute die großen Verbreiter der megalithischen Idee?

Auch diese Hypothese ist nicht unsinnig. Die Ägypter waren die größten Künstler, die je mit Stein gearbeitet haben, und manche ihrer Leistungen auf diesem Gebiet sind uns bis heute ein Rätsel geblieben. Man könnte sie sogar als »Fanatiker des Steins« bezeichnen. Sie besaßen die Kunst, von Felsbänken riesige Blöcke abzulösen. So groß und schwer diese auch sein mochten, sie wußten, wie man sie transportierte und aufrichtete. Sie besaßen alle Voraussetzungen, um anderen Völkern die Kunst und die Technik der Megalithbauten zu lehren. Die Errichtung des großen Menhirs von Locmariaquer wäre für sie ein Kinderspiel gewesen, denn sie hatten sich damit beschäftigt, Blöcke mit drei- oder vierfachem Gewicht aufzustellen. Angesichts solcher Lehrer wäre die Technik der Megalithbauten kein Rätsel mehr.

Die ägyptische Hypothese ließe sich auch durch weniger bedeutsame Tatsachen untermauern. Am Dolmen von Mané-Kerioned finden wir das Hörnerzeichen von Hator und Astarte eingraviert. Das sogenannte »Schild-Wappen«, das wir an so vielen Dolmen im Département Morbihan antreffen und dessen Spitze immer nach oben weist, erinnert an die mit der Spitze nach oben getragenen Gürtelschnallen der ägyptischen Krieger. Hinweisen könnte man sodann noch auf die eingravierten Schlangen, die »schlangenförmige Gestalt« von Steinreihen und Dolmengalerien, das in den Hieroglyphen Ra und die Sonne darstellende Zeichen, besonders aufschlußreich erscheint uns jedoch die Entdeckung eines ausschließlich für ein Rind bestimmten Grabes bei Carnac. Es wurde im Laufe der zwischen 1904 und 1907 von Charles Keller und Zacharie le Rouzik durchgeführten Ausgrabungen im großen Tumulus von Saint-Michel gefunden. Bei diesem Fund, der – aus naheliegenden Gründen – meist mit Stillschweigen übergangen wird, ist der ägyptische Einfluß kaum zu übersehen. Es handelt sich, wie wir glauben, um einen Einzelfall, der dadurch aber nichts an Bedeutung verliert.

Kurz, es fehlte nicht an Elementen, aus der ägyptischen Hypothese eine der akzeptabelsten zu machen. Zu einer endgültigen Überzeugung führen sie dennoch nicht. Zu viele Faktoren sind dabei noch unberücksichtigt geblieben. Einer der wichtigsten betrifft die Megalithbauten Skandinaviens. Die anderen Dolmengebiete, selbst Korea, mochten die Ägypter auf der Suche nach Gold erreicht haben. Aber was in aller Welt hätte sie an die Küsten des Baltikums locken sollen? Der Verbrauch von Bernstein im Alten Reich hätte wirklich gewaltig sein müssen, um derartige Expeditionen zu rechtfertigen. Auf Bernstein stößt man allerdings schon in den Gräbern der V. Dynastie, also um 2500 v. Chr.

Die Seltenheit der archäologischen Zeugnisse darf hier nicht außer acht gelassen werden. Wenn die Megalithen auf die Bretagne, genauer gesagt, auf Morbihan beschränkt wären, würden wir nicht zögern. Wir haben dort genug Zeugnisse, um die ägyptische Hypothese zu stützen. In den übrigen Gebieten mit Dolmen haben wir jedoch keine. Es sollte sich überall irgend etwas finden lassen, irgendein Gegenstand unzweifelhaften Ursprungs, ein eingraviertes Zeichen oder ein anderes Indiz. Denn wenn die Ägypter die Idee des Megalithen überallhin verbreitet hätten, dann wäre dies in großem Stil geschehen. Tausende von Schiffen hätten im Laufe der Jahrhunderte die Meere durchpflügt und wären in Osteuropa und anderswo gelandet. Die Länder wurden vermutlich von kleinen Gruppen durchstreift, aber es wäre dennoch merkwürdig, daß sie keinerlei Spuren hinterließen. Außerdem müßten auch in Ägypten Spuren von diesen vielen gefährlichen Expeditionen in ferne Länder zu finden sein. Außer einigen vagen Andeutungen ist aber nichts dergleichen zu bemerken. Zumindest ist uns nichts davon bekannt. Und schließlich und vor allem haben Monumente vom Typ des Dolmen keinerlei Äquivalente in Ägypten. Immer wieder wäre auf diese Frage zurückzukommen: Warum hätten die ägyptischen Seefahrer den Bau von Monumenten anregen und leiten sollen, die sie in ihrer Heimat selbst nie errichteten.

ZUSAMMENFASSUNG

De facto ist von den drei Hypothesen – der ägäischen, der phönizischen und der ägyptischen – keine wirklich befriedigend. Wenn die letztere die beste zu sein scheint, weil sie von keinem der uns bekannten Fakten geschwächt wird, so vermissen wir doch andererseits die zu ihrer Bestätigung nötige Menge von Zeugnissen und Funden. Wir können hier nur auf die Resultate zukünftiger Entdeckungen warten. Bisher fanden Ausgrabungen immer nur im Inneren der Dolmen statt. Wann wird man sich dazu entschließen, auch außen zu graben? Wann wird man anfangen, die Megalithen im Seitenlicht zu beobachten, die Decksteine im Gleichgewicht zu studieren, genaue topographische Aufnahmen zu machen, kurz, das Problem von Grund auf neu aufzurollen?

Bis dahin werden die Megalithen das größte Rätsel unserer Vergangenheit bleiben. Sie schweben über den prähistorischen Kulturen, ohne ihnen etwas hinzuzufügen oder wegzunehmen, so vollständig unabhängig von ihnen, als stammten sie von den Bewohnern eines anderen Planeten. Wenn wir sie ignorierten, würden sich unsere Vorstellungen von dieser Epoche der menschlichen Vergangenheit in keiner Weise ändern. Sie erschienen plötzlich, und ebenso plötzlich verschwanden sie auch wieder, von einzelnen Ausläufern und Imitationen abgesehen. Und so erlauben sie kaum eine andere Schlußfolgerung, als daß das Studium der Megalithen noch gar nicht wirklich begonnen hat.

Das Problem steht also in seiner Gesamtheit vor uns, und wir wollen es zum Schluß kurz zusammenfassen. Alle Dolmen der Welt stellen eine gewisse stilistische Einheit dar. Aus dem manchmal insulären, d. h. zugleich weitverstreuten und eng begrenzten, Charakter der geographischen Verteilung dieser Monumente dürfte hervorgehen, daß die Idee des Dolmen von einem Volk verbreitet wurde, das über eine Flotte verfügte. Diese Seefahrer übertrugen ihre Idee möglicherweise, während sie nach Rohstoffen suchten, die sie auf ihrem eigenen Territorium nicht vorfanden. Das Wissen und die technischen Kenntnisse, die man angesichts mancher dieser Monumente glaubt voraussetzen zu müssen, zeigen, daß sie unter der Leitung von Menschen gebaut wurden, die aus einem Land mit hochentwickelter Kultur stammten. Von allen Ländern, von denen die Idee der Megalithbauten hätte ausgehen können, paßt jedoch keines vollständig zu den Gegebenheiten des Phänomens. Wenn man alle Argumente, die jeweils dafür oder dagegen sprechen, gegeneinander abwiegt, so neigt sich die Waage allzuoft zur negativen Seite hin. Im übrigen könnte vielleicht schon ein einziges Argument den Ausschlag geben: Keines der in Frage kommenden Völker hat in seinem eigenen Land Dolmen gebaut.

Vielleicht ist dies eine Überbewertung dieses Arguments. Im Lande der Erfinder selbst hatte man die nötige Muße, um Grabmäler, Paläste oder Tempel zu errichten. Auf Expeditionen in ferne Länder dürfte dies kaum der Fall gewesen sein. Falls jedoch die Notwendigkeit empfunden wurde, im fremden Land irgendeinen Bau zu hinterlassen, so stellte der Dolmen eine ebenso einfache wie praktische Lösung dar. Sollte daher sein Fehlen im hochentwickelten Heimatland weniger überraschend sein, als wir auf den ersten Blick annehmen möchten? Man zögert mit der Antwort und kommt zu einem sehr einfachen Schluß:

Das Problem der Megalithen ist bis heute unlösbar geblieben. Und zwar unlösbar in allen Einzelheiten: Datum, Ziel, Technik, Ursprung, geographische Verteilung . . . Zumindest wurden auf diese Fragen bis heute noch keine Antworten gefunden, denen nichts Provisorisches anhaften würde und bei denen ein gründlicher Irrtum ausgeschlossen wäre. Soll das immer so bleiben? Dies zu behaupten wäre unklug und lächerlich, denn aus einer Reihe verständlicher Gründe sind die Megalithbauten bisher quantitativ wie qualitativ ungenügend untersucht worden. Der Hauptgrund dafür liegt in ihrer großen Verstreutheit. Zum detaillierten Studium der Monumente eines einzigen französischen Départements – man denke etwa an Aveyron, Finistère oder Indre-et-Loire –

bräuchte der Einzelgänger, der den Mut hat, sich in eine solche Aufgabe zu stürzen, selbst dann noch Jahre, wenn er dabei die uneigennützige Hilfe anderer hätte. Ein weiterer Grund liegt in der Vielzahl der Kenntnisse, die zu einem solchen Studium nötig sind. Folklore, Geologie, Kulturgeschichte, Archäologie, Prähistorie, Physik, Astronomie, alle diese Disziplinen spielen dabei eine Rolle. Man braucht zwar oft nur die Kenntnis der Grundlagen, aber auch die müssen erst erworben werden. Aus der Feder eines amerikanischen Archäologen stammt ein recht bemerkenswerter Satz: »Überall, wo die Archäologie hingekommen ist, gibt es plötzlich keine Geheimnisse mehr.« Das mag für die Profis zutreffen, für den gewöhnlichen Sterblichen aber nicht. Dem Physiker Deslandes, dessen Worte wir hier zitiert haben, bargen die Megalithbauten keine Geheimnisse. Überall auf der Welt stehen jedoch Monumente, derer die Archäologie sich bemächtigte, ohne daß ihr Geheimnis sich dabei verflüchtigt hätte. Manchmal hat es sich sogar noch ein wenig verdichtet. Jeder kennt solche Monumente. Ihnen allen, die Megalithen eingeschlossen, ist etwas gemeinsam: Nachdem sie nicht gänzlich erklärt werden konnten, sind sie für die Phantasie ein willkommenes Labyrinth. Sie laden ein zur Erfindung unkontrollierter und unkontrollierbarer, wenn nicht gar abwegiger Hypothesen. Dagegen lehnen sich die Wissenschaftler dann auf und verfallen ihrerseits fast unweigerlich in eine rein negative Haltung.

Man braucht nicht in die Ferne zu schweifen, um Geheimnisse zu finden. Es genügt, sich umzusehen und sich an die Wirklichkeit zu halten, wie wir das in unserem Buch versucht haben. Ist es nötig, in dieser Wirklichkeit, die bereits so voll ist von Wundern, nach Übernatürlichem zu suchen? Der große Menhir von Kerloaz oder der Dolmen von Mettray, zwingen sie uns nicht, unsere Augen einmal wirklich aufzumachen? Das Geheimnis steht vor unserer Tür, und wir können nur wiederholen:
– Von wem? – Warum? – Wann? – Wie?

LITERATURHINWEISE

ATKINSON, R. J. C.: Stonehenge. London 1956
ATKINSON, R. J. C.: Stonehenge and Avebury and neighbouring monuments. London 1959
BREUIL, HENRI/BOYLE, M. E.: Quelques dolmens ornés du Morbihan. Paris 1959
CLARK, GRAHAM: Frühgeschichte der Menschheit. Stuttgart 1964
CLES-REDEN, SIBYLLE VON: Die Spur der Zyklopen. Werden und Weg einer ersten Weltreligion. Köln 1960
CZARNETZKI, ALFRED: Anthropologie der hessischen Steinkammgräber. Marburg/Lahn 1975
DANIEL, GLYN: The Megalith Builders of Western Europe. London 1958
FORDE-JOHNSTON, J.: Prehistoric Britain and Ireland. London 1976
GABALOWNA, L./WISLANSKI, T.: Néolithique. Bonn 1964
GILBERT, MAX: Pierres megalithiques dans le Maine et Cromlechs en France. Guernsey 1962
GLOB, P. V.: Vorzeitdenkmäler Dänemarks. Neumünster 1968
HADINGHAM, EVAN: Circles and standing stones. London 1975
HAWKINS, GERALD S.: Stonehenge decoded. Garden City 1965
HAWKINS, GERALD S.: Beyond Stonehenge. New York 1973
HENSHALL, A. S.: The Chambered Tombs of Scotland. 2 Bde. Edinburgh 1963/1972
HÜLLE, WERNER: Steinmale der Bretagne. Ludwigsburg 1967
Inventaire des mégalithes de la France. Paris 1963 ff.
KIRCHNER, HORST: Die Menhire in Mitteleuropa und der Menhirgedanke. Mainz 1955
LEISNER, GEORG UND VERA: Die Megalithgräber der Iberischen Halbinsel. Berlin 1956 ff.
LELIÈVRE, LÉON: Menhirs et marches sacrées. Caën o. J.
MACKIE, EVAN W.: The Megalith Builders, London 1977
MEYER, ALBRECHT: Gavrinis. Bretonische Felsbilder aus alteuropäischer Mysterienwelt. Stuttgart 1974

MICHELL, JOHN: Secrets of the Stones. The Story of Astro-Archaeology. New York 1977

MÜLLER, R.: Der Himmel über dem Menschen der Steinzeit. Astronomie und Mathematik in den Bauten der Megalithkulturen. Heidelberg 1970

MÜLLER-KARPE, HERMANN: Geschichte der Steinzeit. 2. Auflage. München 1976

NACHTIGALL, HORST: Die amerikanischen Megalithkulturen. Berlin 1958

NIEL, FERNAND: Dolmens et menhirs. 4. Auflage. Paris 1972

OZOLS, JAKOB: Die baltische Steinkistengräberkultur. Berlin 1969

PAULCKE, WILHELM: Steinzeitkunst und Moderne Kunst. Stuttgart 1923

PEACH, WYSTAN ADAMS: Stonehenge. A new theory. Cardiff 1961

PÉQUART, MARTHE LUCIE VESORINE/PÉQUART, SAINT-JUST/LE ROUZIC, ZACHARIE: Corpus des signes gravés des monuments mégalithiques du Morbihan. Paris 1927

PIGGOTT, S.: The Neolithic Cultures of the British Isles. Cambridge 1970

RIDLEY, MICHAEL: The megalithic art of the Maltese islands. Poole/Dorset 1976

ROCHE, DENIS: Carnac. Le mégalithisme. Paris 1969

RÖDER, JOSEF: Pfahl und Menhir. Eine vergl. vorgeschichtl. u. volks- u. völkerkundl. Studie. Neuwied 1949

SCHECK, HANNS: Malta. Steinzeittempel und Hypogeum. München-Grünwald 1969

SCHRICKEL, WALDTRAUD: Westeuropäische Elemente im neolithischen Grabbau Mitteldeutschlands und die Galeriegräber Westdeutschlands und ihre Inventare. Bonn 1966

SCHULDT, EWALDT: Die mecklenburgischen Megalithgräber. Berlin 1972

SCHWABEDISSEN, HERMANN (HG.): Die Anfänge des Neolithikums vom Orient bis Nordeuropa. Köln 1972 ff.

SEEGER, ELSE: Vorgeschichtl. Steinbauten der Balearen. Leipzig 1932

SPAHNI, JEAN CHRISTIAN: Les Megalithes de la Suisse. Basel o. J.

SPROCKHOFF, ERNST: Die nordische Megalithkultur. Leipzig 1938

SPROCKHOFF, ERNST: Atlas der Megalithgräber Deutschlands. Frankfurt a. M. 1966 ff.

STURMS, EDUARD: Die steinzeitlichen Kulturen des Baltikums. Bonn 1970

THOM, ALEXANDER: Megalithic sites in Britain. Oxford 1967

TWIST, R. M.: Stonehenge. Its liturgical background. St. Anthony-in-Roseland/Cornwall 1964

DE VALERA, R./Ó NUALLÁIN, S.: Survey of the Megalithic Tombs of Ireland. 2 Bde. Dublin 1961/64

WEGEMANN, GEORG: Stonehenge. Detmold 1956

ORTSREGISTER

(Erfaßt sind Standorte und -inseln des europäischen Raums und einige überseeische; Stichwortmäßig *nicht* erfaßt sind Länder, Gebiete sowie die einzelnen französischen [frz.] Départements)

Cruz-Moquen (bei Carnac; frz. Dept. Morbihan) 199
»Cueva de Menga« (bei Antequera; S-Spanien) 124 f.
»Cueva de Viera« (bei Antequera; S-Spanien) 124 ff.
Cuise-Lamothe (frz. Dept. Oise) 68
Culey-le-Patry (frz. Dept. Calvados) 25
Cursus (Erdwerk in Verbindung mit Stonehenge; i. d. Ebene
    von Salisbury; engl. Grafschaft Wiltshire) 137, 171, 175 f.,
    179, 182

Dakar (Senegal; W-Afrika) 42
Dampmesnil (frz. Dept. Eure) 240
Dekkan (Vorderindien) 43
Distré (frz. Dept. Maine-et-Loire) 103
Doingt (frz. Dept. Somme) 27
Dol (frz. Dept. Ille-et-Vilaine) 25, 49, 55, 203, 262
Draché (frz. Dept. Indre-et-Loire) 28 f., 58, 277
Dragwignan (frz. Dept. Var) 101
Droghedda (Irland) 187, 237
Durrington Walls (engl. Grafschaft Wiltshire) 176, 181 f.

Ecluzelles (frz. Dept. Eure-et-Loire) 268
Ecuelles (frz. Dept. Seine-et-Marne) 212
Edfou (Wüste in Oberägypten) 42
El-Haria (N-Afrika) 56
Ellez (Tunesien; N-Afrika) 42, 210
El Vilar (Spanien) 210
Enfida (Afrika) 42
Enstone (engl. Grafschaft Oxfordshire) 210
Epone (frz. Dept. Seine-et-Oise) 225, 228
Erdeven (frz. Dept. Morbihan) 44, 67, 78, 90, 94, 250
Er-Lanic (Insel im Golf u. Dept. Morbihan) 65 ff., 70, 212,
    234
Espolla (Spanien) 210
Essé (frz. Dept. Ille-et-Vilaine) 20, 45, 99, 113, 115 ff., 121,
    123, 203 ff., 217, 282, 285
Es-Snam (Afrika) 42
Estremadura (O-Portugal/W-Spanien; Landschaft) 227

Evora (Alentejo; Portugal) 96
Exford (engl. Grafschaft Gloucestershire) 210

Fargo Plantation (engl. Grafschaft Wiltshire) 181
Fère-en-Tardenois (frz. Dept. Aisne) 27
Filitosa (Korsika) 41
Fontenille (Frankreich) 203, 234, 271
Fontevrault (frz. Dept. Vienne) 121
Fougères (frz. Dept. Ille-et-Vilaine) 96

Gavrinis (Insel im Golf u. Dept. Morbihan) 127, 217, 229,
    232 f., 236 ff., 250, 285
Geay (frz. Dept. Charente-Maritime) 25
Genillé (frz. Dept. Indre-et-Loire) 21
Glenne (frz. Dept. Saône-et-Loire) 24
Glomel (frz. Dept. Côtes-du-Nord) 55, 262
Goidel (frz. Dept. Morbihan) 211
Gouesnon (frz. Dept. Finistère) 29
Gouvix (frz. Dept. Calvados) 24
Grignogan (frz. Dept. Finistère) 55
Grimentz (Schweiz) 236
Groix (frz. Insel der Bretagne) 40
Grossa (Korsika) 57
Grovely Castle (engl. Grafschaft Wiltshire; Stonehenge)
    173
Guern (frz. Dept. Morbihan) 22
Guernsey (engl. Insel im Kanal) 21, 27, 40
Guidel (frz. Dept. Morbihan) 22
Guimarc (frz. Dept. Finistère) 28
Guingamp (frz. Dept. Côtes-du-Nord) 230
Guitté (frz. Dept. Côtes-du-Nord) 96, 212
Guyotville (Algerien; N-Afrika) 42

Haidra (Afrika) 42
Hammamet (Afrika) 41
Ham-sur-Meuse (frz. Dept. Ardennes) 38
Havelte (Holland) 127

Herrestrup (Dänemark) 234
Hœdic (Insel; frz. Dept. Morbihan) 40, 260
Holyhead (Insel Anglesey; Wales, England) 57
Huelva (S-Spanien) 125 ff., 203, 242

Ibiza (span. Insel; Mittelmeer) 40, 287
Ile-aux-Moines (Insel im Golf u. Dept. Morbihan) 64, 217,
 219
Ile d'Yeu (frz. Insel im Atlantik) 40, 219
Ile-Longue (bei Baden; frz. Dept. Morbihan) 239, 253

Janville-sur-Juine (frz. Dept. Seine-et-Oise) 256
Jersey (engl. Kanal-Insel) 40
Jethou (Kanalinsel) 58
Jovaignes (frz. Dept. Aisne) 29
Jütland (dänische Halbinsel) 37

Kairuaan (Tunesien; N-Afrika) 42
Karleby (Schweden) 225, 229
Karlskrona (Schweden) 37
Kef (Tunesien; N-Afrika) 42
Kerbors (frz. Dept. Côtes-du-Nord) 219
Kercado (bei Carnac; frz. Dept. Morbihan) 102
Kergavat (frz. Dept. Morbihan) 271
Keriaval (bei Plouharnel; Morbihan) 96
Kerien (frz. Dept. Côtes-du-Nord) 55
Kerlagat (frz. Dept. Morbihan) 209
Kerlescan (Carnac; Morbihan) 82 f., 86 f., 90 f., 93, 212
Kerloaz (frz. Dept. Finistère) 29, 54, 258, 266, 295
Kermario (Carnac; Morbihan) 82 f., 86 f., 90, 93, 232, 263
Kermorvan (Halbinsel; frz. Dept. Finistère) 64
Kerscaven (Halbinsel Penmarc'h; frz. Dept. Finistère) 56,
 261
Kerveresse (frz. Dept. Morbihan) 108, 229, 234, 273, 275
Kervihan (Halbinsel Quiberon; Morbihan) 212
Kerzerho (frz. Dept. Morbihan) 94 f.
Khasias (Indien) 56

Kircowan (a. d. Grenze zw. England u. Wales) 58
Kirke Stillinge (Dänemark) 234
Kocherel (i. d. Normandie) 244
Korsika (frz. Insel im Mittelmeer) 41, 45, 57, 217, 242, 280
Kourégan (Carnac; Morbihan) 209
Krim, Halbinsel (Rußland) 42
Kristianstad (S-Schweden) 224

Labastide-Rouairoux (frz. Dept. Tarn) 22
La Bellehay (frz. Dept. Seine-et-Oise) 239
Lacabarède (frz. Dept. Tarn) 57
La Jarne (frz. Dept. Charente-Maritime) 21
Lande-Saint-Simeon (frz. Dept. Orne) 22
Lanuéjols (frz. Dept. Lozère) 229
Lanvéoc (frz. Dept. Finistère) 67
Lanyon 103
Larkhill (engl. Grafschaft Wiltshire) 175
La Rochepot (frz. Dept. Côte-d'Or) 24, 255
La Roque Balan (auf →Guernsey) 27
La Roque-des-Albères (frz. Dept. Pyrénées-Orientales) 101
Lascara (Algerien; N-Afrika) 42
Laumière (frz. Dept. Aveyron) 103, 218
Lavret (Insel im frz. Dept. Côtes-du-Nord) 218
Le Bernard (Frankreich) 229
Lécluse (frz. Dept. Nord) 263
Le Lizo (Carnac; frz. Dept. Morbihan) 233, 240
Le Mas-d'Azil (frz. Dept. Ariège) 277
Le Net (frz. Dept. Morbihan) 210
Lestridiou (frz. Dept. Finistère) 29
L'Homme Mort (frz. Dept. Lozère) 213
Liao-Toung (Halbinsel in China) 43
Liège (Belgien) 38
Lion (Golf von; Mittelmeer) 45
Livernon (frz. Dept. Lot) 277
Locmariaquer (frz. Dept. Morbihan) 16, 20, 44, 50–54, 58,
    102, 104 ff., 108, 118–121, 125, 127, 156, 179, 210 f., 216, 229,
    232, 234, 237 f., 248, 262, 273 ff., 277, 282, 290

Lomède (frz. Dept. Lozère) 210
Lorrez-Le-Bocage (frz. Dept. Seine-et-Marne) 236
Louargat (frz. Dept. Côtes-du-Nord) 55, 262
Loudun (frz. Dept. Vienne) 121 f.
Lufang (bei Crach; frz. Dept. Morbihan) 233 f., 238, 285
Luzech (frz. Dept. Lot) 58

Macomer (Sardinien) 41
Madagaskar (Insel a. d. Ostküste Afrikas) 44
Mainland (Insel der Orkney-Inseln) 38, 74–77, 283
Mainland (Insel der Shetland-Inseln) 57
Malabar (SW-Indien) 43
Malaga (Andalusien; Spanien) 126
Mallorca (Insel d. span. Balearen) 40, 287
Mallow (engl. Grafschaft Cork) 224
Malta (Staat u. Inselgruppe; Mittelmeer) 41, 45
Malves (frz. Dept. Aude) 56
Mammar (S-Schweden) 224
Mané-Groh (Locmariaquer; frz. Dept. Morbihan) 108, 110,
    271, 275
Mané-Kerioned (Plouharnel; Morbihan) 234, 240, 290
Mané-Lud (Locmariaquer; Morbihan) 50, 52, 127, 279, 229,
    234, 277
Mané-Rutual (Locmariaquer; Morbihan) 50, 127, 210, 234,
    240, 277
Manio (Carnac; Morbihan) 83, 212, 232
Marazion (engl. Grafschaft Cornwall) 181
Marconnière (Hochebene; frz. Dept. Lozère) 225 f.
Marlborough (Downs) (engl. Grafschaft Wiltshire) 68, 140,
    146, 174, 181 ff., 192
Marly-le Roi (frz. Dept. Seine-et-Oise) 234
Marrakesch (Marokko; N-Afrika) 41
Mazeyrac (frz. Dept. Lozère) 236
Meada (Portugal) 56
Ménébrée (frz. Dept. Côtes-du-Nord) 230
Ménec (Carnac; frz. Dept. Morbihan) 68, 82 f., 86 f., 90–93
Menorca (Insel d. span. Balearen) 40 f., 154

Ménouville (frz. Dept. Seine-et-Oise)   210, 228
Mériel (frz. Dept. Seine-et-Oise)   222
Mesvres (frz. Dept. Saône-et-Loire)   27
Mettray (frz. Dept. Indre-et-Loire)   99, 110–113, 121, 125,
   255, 258, 269, 295
Millau (frz. Dept. Aveyron)   207
Minerve (frz. Dept. Hérault)   211
Missy-aux-Bois (frz. Dept. Aisne)   220
Monastier (frz. Dept. Lozère)   221
Monsaraz (Portugal)   68
Monsireigne (frz. Dept. Vendée)   24, 263
Monte Abraho (bei Lissabon; Portugal)   204
Montesquieu (frz. Dept. Ariège)   227
Montguyon (frz. Dept. Charente-Maritime)   24, 215
Montigny-l'Engrain (frz. Dept. Aisne)   221
Montmerei (frz. Dept. Orne)   24
Montreuil (frz. Dept. Seine-et-Oise)   222
Mont-Saint-Eloi (frz. Dept. Pas-de-Calais)   57
Moulins (frz. Dept. Indre)   203
Mukden (China)   43
Münster (N-Dtschld.)   101
Muntant (Spanien)   210
Mykene (Griechenland)   127, 156, 252 f., 255, 283 ff.

Naillac (frz. Dept. Creuse)   24
Namur (Belgien)   37
Nanteau (frz. Dept. Seine-et-Marne)   28, 236
Nelgherris (Indien)   43
Neuville-Pont-Pierre (frz. Dept. Indre-et-Loire)   211
New-Grange (bei Droghedda; Irland)   187, 237, 253, 285
Nod-sur-Seine (frz. Dept. Côte-d'Or)   58
Noguès (frz. Dept. Aveyron)   208
Noirmoutier (frz. Insel a. d. Westküste; Dept. Vendée)   40
Normanton Downs (engl. Grafschaft Wiltshire)   179

Oléron (frz. Insel; Dept. Charente-Maritime)   40
Orkney-Inseln (Inselgruppe v. d. N-Spitze Schott-
   lands)   28, 38, 56, 74–77, 283

BILDQUELLENNACHWEIS

Aero-Film Ltd., London: 28

Britische Zentrale für Fremdenverkehr, Frankfurt a. M.: 25, 26, 33

Foto Claus Hansmann, München: 17, 31

Irische Fremdenverkehrszentrale, Frankfurt a. M.: 36, 37, 39, 42, 43

Foto G. Klammet, Ohlstadt: 6, 7, 40, 41

laenderpress, Düsseldorf: 13 (Erich Lessing-magnum), 14 (Erich Lessing-magnum), 15 (Erich Lessing-magnum), 22 (Erich Lessing-magnum), 22, 27, 29 (Streichan), 30 (Streichan)

Fremdenverkehrsamt Malta, Frankfurt a. M.: 11

Bildarchiv Foto Marburg: 18, 38

Leonard von Matt, Buochs/Schweiz: 12

Foto Matuschek, Stuttgart: 16

Photo Gillette Niel, Paris: 20, 32, 34

Photo Noël Le Boyer: 19

Portugiesisches Touristik-Amt, Frankfurt a. M.: 2

Photo Roger-Viollet, Paris: 23, 24

Salisbury Museum, Foto R. J. C. Atkinson: 35

Bilderdienst Süddeutscher Verlag, München: 21 (Brigitte Schmidt)

Foto Bernhard Wagner, Leinfelden: 1, 3, 4, 5, 8, 9, 10

Sämtliche Skizzen, Zeichnungen, Pläne und Karten im Textteil stammen vom Autor.